Inhaltsverzeichnis

Der Pilgerweg

Immer wieder brechen Menschen pilgernd auf. Sie machen sich auf den Weg in der Sehnsucht nach einem unmittelbaren Naturerlebnis, nach konkreter Leiberfahrung oder nach Sinnfindung. Wenn wir wallfahren, gehen wir aufeinander zu und wir gehen miteinander. Darin kommt zum Ausdruck, dass wir nicht einfach nebeneinander dahinleben und uns nicht nur um das je Eigene kümmern, sondern dass wir miteinander auf dem Wege sind und darin das Tiefere unseres Lebens erkennen: dass wir in der Tat Pilgernde sind, und es nur im Miteinander sein können.

Es gibt Wegstrecken in unserem Leben, da scheinen wir „auf der Stelle zu treten“, oder es geht zurück, wir sind wie gelähmt … Als Christen leben wir aus der Gewissheit, dass unser Lebensweg ein Fortschreiten auf einem Weg ist, der trotz des scheinbaren Endes eine heile Vollendung und ein vollendetes Ziel hat.

Der Weg der Wallfahrt bildet so einen Einschnitt in das Leben des Pilgers und bewirkt Veränderung. Als Bischof von Innsbruck sage ich ein großes Vergelt's Gott für das Engagement und den Einsatz am „Pilgerweg nach Rom“. Ich wünsche allen Pilgern, den Ausweg, den Exodus aus allen Verstrickungen sowie Orientierung für ihre Arbeit und für ihre Beziehungen. Ich erbitte für sie, dass Sinn ihr Leben umgreift und dass sie Gott selbst als Ziel des Lebensweges finden.

Mit Segenswünschen

† Manfred Scheuer
Bischof von Innsbruck

Ferdinand Treml

Der Pilgerweg nach Rom

Auf der Brennerroute über Padua und Assisi

Abt-Albert-von-Stade-Weg

Antoniusweg / Cammino di Sant'Antonio

Franziskusweg / Cammino di Assisi

Romweg / Via di Roma

Mit detaillierten Karten für die gesamte Strecke

Tyrolia-Verlag · Innsbruck-Wien

Alle Angaben in diesem Führer wurden sorgfältig recherchiert und erfolgen nach bestem Wissen des Autors. Sollten Sie trotzdem Unstimmigkeiten entdecken, nehmen Autor und Verlag gerne Verbesserungsvorschläge und Korrekturhinweise entgegen (buchverlag@tyrolia.at).
Die Benutzung dieses Führers geschieht auf eigenes Risiko. Eine Haftung für etwaige Unfälle und Schäden wird aus keinem Rechtsgrund übernommen.

Mitglied der Verlagsgruppe „engagement“

Bibliografische Information Der Deutschen Nationalbibliothek
Die Deutsche Nationalbibliothek verzeichnet diese Publikation in der Deutschen Nationalbibliografie; detaillierte bibliografische Daten sind im Internet über http://dnb.d-nb.de abrufbar.

Layout und digitale Gestaltung: Tyrolia-Verlag, Innsbruck
Fotos: alle von Ferdinand Treml, außer Seite 168 unten, 186, 187, 220–224, 228 und 258: Walter Graf; Umschlagbild: © steschum – Fotolia.com
Karten: S. 40 bis 52: Ausschnitte aus der Österreichkarte 1:50.000 © BEV 2013, vervielfältigt mit Genehmigung des BEV – Bundesamtes für Eich- und Vermessungswesen in Wien, T2013/99280; danach: Ausschnitte aus den Karten 1:100.000 von © DeAgostini Libri S.p.A., Novara (I)
Eintragungen in den Karten: Rolle-Kartographie, Holzkirchen (D)
Übersichtskarten am Umschlag innen: KGS Kartographie und Grafik Schlaich, Geislingen (D)
Lithografie: Artilitho, Trient (I)
Druck und Bindung: Alcione, Trient (I)
ISBN 978-3-7022-3258-0
E-Mail: buchverlag@tyrolia.at
Internet: www.tyrolia-verlag.at

Vorwort

Rom gehört neben Santiago de Compostela und Jerusalem zu den drei wichtigsten Pilgerzielen (peregrinationes maiores) der Christenheit. Pilgern nach Rom? Wie viele andere bin auch ich schon öfter nach Rom „gepilgert", mit Auto und dem Zug – ja sogar mit dem Rad. Petersdom, Vatikan, Pantheon, Forum Romanum, Kolosseum, Trevibrunnen, Spanische Treppe & Co. habe ich aus unterschiedlichsten Motiven besucht. Glaube, Kunst, Kultur, Geschichte, Sprache, bella Roma – dieses Spektrum kennt der Rombesucher, aber war er als *Pilger* in Rom?

Irgendwann reifte in mir der Entschluss, auf Schusters Rappen nach Rom zu gehen, zu den Gräbern der Apostelfürsten Petrus und Paulus, zum Vatikan, zum Papst, zu den sieben Pilgerkirchen. Viele Menschen sind diesen Weg schon gegangen, manche haben sich selbst eine Route gesucht, etliche sind der bekannten Via Francigena gefolgt, die von Canterbury durch Frankreich, die Schweiz und nahe der Westküste Italiens bis nach Rom verläuft. Bei meiner Pilgerfahrt von Innsbruck nach Rom habe ich festgestellt, dass es zwar einige Wegbeschreibungen in Buchform und im Internet gibt, aber außer der Via Francigena keine durchgehende Route dokumentiert ist. Das war der Anlass, diesen Führer zu schreiben: vorhandene Pilgerwege miteinander zu verbinden, zu ergänzen und eine durchgehende Route genau zu beschreiben. Paten dieses Weges sind uns Abt Albert von Stade und die Heiligen Antonius und Franziskus.

Ein Pilgerweg lebt von seinem Ziel, aber auch von den Stationen am Weg. Die „Kreuzwegstationen" unserer Wallfahrt zu den Apostelfürsten sind die Natur und die Menschen, denen wir begegnen, ein Gebet vor einem schlichten Wegkreuz, ein Gottesdienst in einer Dorfkirche, das Stundengebet in einem Kloster, die Berührung der Sarkophage des Antonius und des Franziskus, ein feierliches Hochamt in einer Basilika, das Ankommen im Petersdom. Diese Stationen bereichern den Weg und schaffen Vertraulichkeit, denn der Aufbruch in die Fremde ist immer auch ein Einlassen auf das Ungewisse. Pilgern heißt Loslassen von Alltag und Zeit, ist Hinwendung auf Wesentliches. Pilgern hat einen Beginn und ein Ende, Pilger ist man auf Zeit, aber Pilger ist man auch ein Leben lang.

Möge der „Pilgerführer nach Rom" für den einen oder anderen dienstbar sein, seinen Traum einer Fußpilgerreise nach Rom Wirklichkeit werden zu lassen.

Also – buon cammino!
Ferdinand Treml

Einleitung

Die Rompilgerschaft

Die Pilgerschaft nach Rom erreichte im Mittelalter beachtliche Ausmaße. Der Historiker Gregorovius schreibt in seiner „Geschichte der Stadt Rom im Mittelalter" von zeitweise täglich 200.000 Pilgern, die sich im Heiligen Jahr 1300 in Rom aufhielten. Ziele waren natürlich die Reliquien der Apostel Petrus und Paulus, aber auch das damals hoch verehrte Schweißtuch der Veronika mit dem Antlitz des Erlösers, welches damals in St. Peter ausgestellt war und seit dem Bau der neuen Peterskirche im 16. Jahrhundert im „Veronikapfeiler" aufbewahrt wird. Die Darstellung des Schweißtuches auf einem Gebäude am Weg nach Rom gab dem Pilger zudem den Hinweis auf eine Unterkunft.
Um einen vollkommenen Ablass zu erlangen, ist den Rompilgern seit dem 15. Jahrhundert der Besuch der sieben Hauptkirchen Roms vorgeschrieben. Also zogen sie von St. Peter nach San Paolo fuori le Mura, von dort nach San Sebastiano, San Giovanni in Laterano, Santa Croce in Gerusalemme, San Lorenzo fuori le Mura und nach Santa Maria Maggiore. Auch unseren Pilgerweg wollen wir mit dem Besuch der sieben Pilgerkirchen beschließen, dabei aber auch den Campo Santo Teutonico, den Deutschen Friedhof, besuchen. Denn nicht jedem Pilger war es gegönnt, nach Hause zurückzukehren. Pilger aus dem Heiligen Römischen Reich, die in Rom verstarben, fanden am Campo Santo Teutonico neben dem Petersdom ihre letzte Ruhestätte.
Wer waren diese Pilger? Kaiser zogen mit ihren Trossen zur Krönung durch den Papst nach Rom, Bischöfe, Priester und Ordensleute waren sozusagen „beruflich" unterwegs und Kleriker wie Laien aus allen Bevökerungsschichten führte eine Bitt-, Dank- oder Ablasswallfahrt in die heilige Stadt. Frühe Aufzeichnungen von Rompilgern sind in sogenannten **Itineraren** überliefert, so aus dem 8. Jahrhundert das **Itinerarium Sancti Willibaldi** oder aus dem Jahre 990 jenes von **Sigerico, dem Erzbischof von Canterbury**, welcher der uralten Via Francigena, dem Frankenweg, folgte, der heute noch als Pilgerroute nach Rom aktuell ist. Und dann ist uns eben auch das Itinerar des **Abtes Albert von Stade** aus der Mitte des 13. Jahrhunderts bekannt, dem wir von Innsbruck bis Padua folgen werden.
Die Zahl der Pilger, die heutzutage zu Fuß nach Rom gehen, hält sich in Grenzen, während die Peregrinaciòn zum legendären Grab des heiligen Jakobus eine ungeahnte Renaissance erfahren hat. Letzteres ist durchaus positiv zu sehen und nicht wenige unter uns sind schließlich selbst stolze Besitzer der Pilgerurkunde Compostela.
Das Ziel vor Augen riefen die Pilger früher beim ersten Anblick der heiligen Stadt „Roma, Roma!" und knieten zum Gebet nieder. An der Engelsburg vorbei zogen sie nach St. Peter, um auf den Knien über

die Treppe in die Apostelkirche zu gelangen. Als ich mit meiner Frau freudig und auch ein wenig stolz das erste Mal als Fußpilger mit abgewetzten Schuhsohlen auf dem Petersplatz stand, nahm ich die vielen Pilger aus aller Herren Länder mit anderen Augen wahr. Von überall her sind sie ins Zentrum der katholischen Christenheit gekommen und mir wurde dankbar bewusst, dass es beileibe nicht jedem vergönnt ist, diesen *pellegrinaggio* zu den Apostelfürsten zu erleben. Spätestens jetzt erinnerten wir uns: „Und wenn du in Rom bist, schließe mich ins Gebet ein!“, eine Bitte, die uns einige Male mit auf den Weg gegeben wurde. Dieses Versprechen wollten wir nun einlösen!

Der Pilgerweg

Dieses Buch ist der erste Führer für Pilger, die Rom von Mitteleuropa aus über die Brennerroute erreichen wollen. Es verbindet bestehende Pilgerwege und führt in vier annähernd gleich großen Abschnitten und insgesamt 54 Etappen in die heilige Stadt.

Innsbruck ist dabei nicht zufällig als Ausgangspunkt gewählt. Diese Stadt hat eine lange Pilgertradition und der Dom zu St. Jakob ist ein beredtes Zeugnis davon. Seit jeher trafen und sammelten sich hier Pilger aus dem Süden, Osten und Norden, um gemeinsam über die Schweiz, Frankreich und Spanien nach Santiago de Compostela zu gelangen. In Innsbruck trafen sie auf Rompilger, die aus Schwaben, Bayern oder Österreich kommend von hier aus den nahen Alpenhauptkamm in Angriff nehmen wollten.

Im ersten Teil folgt der Pilger dem **Abt-von-Stade-Weg** von Innsbruck bis Padua zur Grabeskirche des hl. Antonius, im zweiten Abschnitt dem **Antoniusweg (Cammino di Sant'Antonio)** von Padua bis zum Kloster Montepaolo bei Dovadola in der Emilia Romagna und im dritten Teil den Spuren des hl. Franziskus auf dem **Franziskusweg (Cammino di Assisi)** von Dovadola bis Assisi. Im vierten Sektor begleitet uns dieser große Heilige nochmals auf dem **Romweg (Via di Roma)** bis Rieti, ehe wir die Pilgerreise auf den letzten hundert Kilometern in Gedanken an die Apostelfürsten Petrus und Paulus vollenden.

Der Weg kann in ca. zwei Monaten in einem Zug begangen werden, aber das wird wohl wenigen vorbehalten sein. Wer im Berufsleben steht, kann sich schwerlich für einen so langen Zeitraum ausklinken. Und deshalb bietet dieser Pilgerweg auch die Möglichkeit, ihn in vier Abschnitten zu begehen.

Teil I: Der Abt-von Stade-Weg

Innsbruck – Camposampiero oder Padua
345 bzw. 370 km, 15 bzw. 16 Etappen
Regionen: Nordtirol, Südtirol, Trentino, Veneto
Abt Albert von Stade, Vorsteher des gleichnamigen Klosters in der

Nähe Hamburgs, pilgerte im 13. Jahrhundert über Frankreich nach Rom, um anschließend über Arezzo, Bologna, Padua, Trient, Bozen und den Brenner via Innsbruck in seine Heimat zurückzukehren. Und so ist es naheliegend, unseren ersten Abschnitt von Innsbruck nach Padua diesem großen und in unseren Gefilden eher unbekannten Pilger zu widmen. Mehr dazu auf www.unterwegs-auf-alten-strassen.de unter „Historische Pilgerrouten".

Pilger- und Kreuzweg bei Kaltern

Wer seine Pilgerfahrt in Padua unterbrechen muss: Rückfahrt mit der Bahn von Padua oder Camposampiero nach Bassano del Grappa, weiter nach Trient und über den Brenner nach Innsbruck (keine durchgehende Bahnverbindung).

Teil II: Der Antoniusweg/Cammino di Sant'Antonio

Camposampiero/Padua – Montepaolo/Dovadola
310 km, 14 Etappen
Regionen: Veneto, Emilia Romagna
Anfahrt: Mit der Bahn von Innsbruck nach Trient, von dort nach Bassano del Grappa und entweder nach Camposampiero oder Padua, je nachdem, wo man den Antoniusweg beginnen möchte (keine durchgehende Bahnverbindung).

Der Cammino di Sant'Antonio wurde von den *Frati Minori Conventuali* der *Basilica del Santo in Padova*, also den Franziskanern der Grabeskirche des hl. Antonius in Padua, angelegt. Er ist durchgehend beschildert und markiert und führt uns auf den Spuren des heiligen Antonius an einem Tag von

Hl. Antonius mit Jesuskind, Bozen, Georgskirche

Camposampiero nach Padua und von dort durch die Poebene zu den Städten Ferrara und Bologna, um uns anschließend über die hügeligen Ausläufer des nördlichen Apennins zum Kloster Montepaolo und in den Ort Dovadola zu leiten. Siehe: www.ilcamminodisantantonio.org (nur auf Italienisch).
Rückfahrt: Mit dem Bus Nr. 127 von Dovadola nach Forlì. Von Forlì mit der Bahn über Bologna nach Innsbruck (keine durchgehende Bahnverbindung).

Teil III: Der Franziskusweg/Cammino di Assisi

Dovadola – Assisi
300 km, 13 Etappen
Regionen: Emilia Romagna, Toskana, Umbrien
Anfahrt: Mit der Bahn von Innsbruck nach Bologna und weiter nach Forlì (keine durchgehende Bahnverbindung). Vom Bahnhof mit dem Bus Nr. 127 in ca. 50 Minuten nach Dovadola – Busabfahrtszeiten 6.20 (f), 7.35 (f), 10.10 (F), 11.15 (f), 13.20 (f), 14.15, 16.15 (f), 18.15 (F), 18.35 (f), 19.15 (f = feriale, wochentags, F = festivo, sonn- und feiertags, Stand 2013).

Franziskus mit dem Wolf vor der Chiesa S. Maria della Vittoria in Gubbio

Der Franziskusweg/Cammino di Assisi schließt in Dovadola nahtlos an den Antoniusweg an und wird von der *Associazione Compagnia del Cammino di Assisi*, einer Einrichtung des Franziskanerordens in Assisi, betreut. Durchgehend beschildert und markiert, queren wir den Hauptkamm des Apennins bis La Verna, folgen dem Tibertal und der Valle Umbra bis Assisi, stets auf den Spuren des hl. Franziskus. Siehe www.camminodiassisi.it (auch auf Deutsch).
Von La Verna bis Assisi deckt sich unser Weg teilweise mit dem ersten Teil des Franziskusweges, den Angela Maria Seracchioli betreut und beschrieben hat. Siehe www.diquipassofrancesco.it (auch auf Deutsch).
Rückfahrt: Mit der Bahn von Assisi nach Perugia, Florenz und Bologna nach Innsbruck (keine durchgehende Bahnverbindung).

Teil IV: Der Romweg/Via di Roma
Assisi – Rom
250 km, 12 Etappen
Regionen: Umbrien, Latium
Anfahrt: Mit der Bahn von Innsbruck über Bologna und Florenz nach Perugia und weiter nach Assisi (keine durchgehende Bahnverbindung).

Von Assisi bis Rieti begegnet der Pilger weiterhin franziskanischen Stätten, um sich anschließend auf den letzten 100 km von Rieti bis Rom für das Ankommen am Petersdom einzustimmen.

Hl. Petrus in Santa Maria Maggiore, Trient

Unser Romweg folgt stellenweise dem Pilgerweg **Via Francigena di San Francesco/Via di Roma**, dessen Beschilderungen bereits vor Assisi in Città di Castello beginnen. Verantwortlich für diese Strecke zeichnet eine Kooperation mehrerer Einrichtungen unter der Federführung des Tourismusverbands APT Rieti. Zur gesamten Strecke siehe www.orpnet.org (unter „nuove proposte – cammini" auf Italienisch) bzw. für die Strecke Piediluco – Rieti – Rom www.viafrancigenadisanfrancesco.com (auch auf Englisch). Weiters finden wir bis Spoleto auch die gelben Tau-Zeichen des Franziskusweges von Angela Maria Seracchioli (www.diquipassofrancesco.it).

Pilgern auf dem Romweg

Nein, mit ca. 1200 km ist dieser Weg nicht der kürzeste nach Rom, denn von Innsbruck sind es auf der Autobahn nur knapp 800 Kilometer bis Rom. Der Pilger und Wanderer findet auf seinen Pfaden natürlich keine Tunnels und Täler überspannende Brücken, seine Wege sind „geländegängig" und daher naturgemäß länger. Aber auch den Anspruch des kürzesten Fußweges erhebt dieser Pilgerführer nicht. Der Weg ist so angelegt, dass er auf weiten Strecken den beschilderten und markierten Pilgerwegen folgt, die wichtigen regionalen Pilgerstätten tangiert und dennoch unnötige Umwege vermeidet.
Der Weg nach Rom ist mit dem Jakobsweg nach Santiago nicht vergleichbar und hat seinen ganz eigenen Charakter. Herbergen, wie

Über den Apennin im Nationalpark Casentinesi

wir sie von dort kennen, gibt es bis auf wenige Ausnahmen praktisch nicht. So sind wir angewiesen auf Privatquartiere, Jugendherbergen, Gasthöfe und Hotels. Manchmal kommen wir in einem Kloster unter, selten in einer Pfarre, denn der Mangel an Seelsorgern macht auch vor Italien nicht halt. Dennoch war es möglich, die Etappen so einzuteilen, dass Sie am Tagesende immer eine Unterkunft vorfinden. Besonders die Verantwortlichen des Antonius- und des Franziskusweges haben sich erfolgreich um günstige Quartiere bemüht, sodass der Pilger von der einfachen Unterkunft bis zu Sonderkonditionen in einem Sternehotel alles vorfindet.
Der Weg an sich ist abwechslungsreich, aber auch anspruchsvoll. Wir pilgern auf Steigen, auf Wiesen-, Forst- und Schotterstraßen, gepflasterten Pfaden und Gassen, asphaltierten Rad- und Gehwegen, einsamen oder manchmal auch vielbefahrenen Straßen, in Summe aber doch erstaunlich viel auf Naturwegen. In den Alpen und im Apennin sind zwangsläufig größere Höhenunterschiede zu meistern, und das Abwärtsgehen mit einem schweren Rucksack am Rücken sorgt auch nicht unbedingt für Erholung. Flachetappen wie in der Poebene gehören dazu, sie sind hie und da monoton, haben aber ihren eigenen Reiz – und so „erlebt“ man die Topografie dieses Landes viel intensiver, als wenn man sie mit Auto oder Bahn „erfährt“.

Pilgerinformationen von A bis Z

AN- UND RÜCKREISE

Anreise nach Innsbruck: Innsbruck liegt im Zentrum Europas und ist problemlos mit der **Bahn** oder dem **Flugzeug** erreichbar, eine Anreise mit dem **Auto** wird schon aus Parkgründen eher die Ausnahme sein. Es gibt für Pilger in Innsbruck einige günstige Unterkünfte (siehe S. 37), und wer es nicht allzu eilig hat und Innsbruck noch nicht kennt, sollte hier einen Tag verbringen, die Stadt hat einiges zu bieten.

Rückreise aus Rom: Für die Rückreise aus Rom empfehlen sich ebenfalls die **Bahn** oder das **Flugzeug**. Vom Bahnhof Termini fährt täglich ein Nachtzug mit Liege- und Schlafwagen bis Innsbruck und weiter nach München.

An- und Rückreise zu den einzelnen vier Abschnitten: Siehe oben „Der Pilgerweg" und unter „Verkehrsverbindungen" in diesem Kapitel.

ATTRIBUTE DES PILGERS

Der heilige Jakobus der Ältere, Patron der Pilger, wurde bereits im Mittelalter mit den Attributen der Muschel, des Stabes, des Hutes, der Tasche und der Kürbisflasche versehen. Bis auf die Jakobsmuschel als äußeres Zeichen des Pilgers war alles andere Teil der Ausrüstung und hie und da sieht man auch heute noch nostalgische Pilger in diesem traditionellen Outfit. Ansonsten haben die Teleskopstöcke den Stab, der Rucksack die Tasche und die PET-Flasche den Kürbis ersetzt. Die Jakobsmuschel ist inzwischen zwar das Symbol des Pilgers schlechthin, dennoch gilt: *Nach Santiago geht man mit der Muschel, nach* ***Rom mit einem Schlüssel*** *und nach Jerusalem mit einem Turm oder mit einem Palmzweig.* Für den **Antoniusweg** bekommt man in Padua ein kleines **Camminoschildchen** mit auf den Weg und den **Franziskusweg** zeichnet das **Tau-Zeichen** aus.

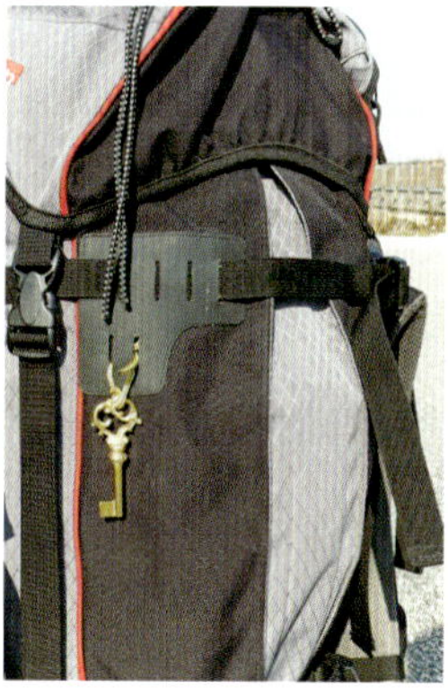

Schlüssel – das Symbol des Rompilgers

AUSRÜSTUNG

Ein kniffliges Thema, das Pilgern immer wieder Kopfzerbrechen bereitet. Jeder hat bestimmte Vorlieben oder Erfahrungen mit seiner Wanderausrüstung. Gut so! **Grundsätzlich gilt: Die beste Ausrüstung ist jene, die Sie bereits eingehend erprobt haben.** Insofern betrachten Sie meine Tipps bitte lediglich als Anregungen.

Die Pilgerroute führt in den Süden und je nach Jahreszeit adaptieren wir die Ausrüstung. Warme Temperaturen sind am wahrscheinlichsten, Regen gehört dazu und je nach Jahreszeit kann es durchaus auch kalt sein.

Kriterium Gewicht: Das Gewichtsempfinden ist, wie ich immer wieder feststellen konnte, sehr individuell. Einer meiner Freunde geht mit 16 kg, was für mich undenkbar wäre. Als Faustregel gilt: Überschreiten Sie möglichst nicht 11 kg (ohne Wasservorräte), alles darunter ist besser. Vergessen Sie nicht, dass ein Rucksack größeren Volumens auch ein entsprechendes Eigengewicht hat und je nach Tagesetappe 2 Liter Wasser dazukommen können. Dass wir am Ende jeder Etappe ein Zimmer vorfinden, erleichtert unsere Ausrüstung, auf ein Zelt können wir verzichten. Gewicht sparen „leicht" gemacht:

1. Verwenden Sie nur leichte Materialien. Sie können einen 2-kg-Schlafsack mitnehmen, aber auch einen mit 700 Gramm. Die Hersteller bieten inzwischen sehr leichte, aber höchst funktionelle Artikel an.
2. Wenn Sie alles mitnehmen, was Sie im Eventualfall brauchen könnten, haben Sie schon zu viel. Haben Sie Mut zur Lücke!

Schuhe und Rucksack: Ein „No go" sind neue Wanderschuhe und ein neuer Rucksack. Die Schuhe sollten vorher nicht nur getestet, sondern ausreichend eingegangen sein. Geeignet sind leichte Wanderschuhe oder Trekkingschuhe, eventuell Schuheinlagen nicht vergessen.
Auch ob der Rucksack taugt, weiß man erst nach einer „Generalprobe" mit voller Adjustierung und einer längeren Tagesetappe. Das Problem mancher Rucksäcke ist das Innengestell, das oft äußerlich nicht ersichtlich im Hüftbereich zu argen Problemen führen kann. Achten Sie außerdem auf genügend Polsterung im Schulterbereich. Einige Sportgeschäfte erlauben Ihnen ohne weiteres einen Test mit Umtauschoption. Sie benötigen einen Rucksack mit 45–70 Liter Fassungsvermögen, Außenfächer, Deckelfach und imprägnierter Regenschutzfolie.

Ausrüstung im Detail:
Kleidung:

- lange Wanderhose mit zwei Seitentaschen, ev. zippbar als kurze Wanderhose
- ev. dünne Abendhose
- Unterwäsche aus geruchsneutralen Fasern
- Socken, z. B. mit geruchshemmenden Metallfäden
- T-Shirts
- Jacke, z. B. Fleece, Softshell
- regenabweisende Oberbekleidung, z. B. Anorak oder Regenjacke
- Regenhose oder Regenponcho
- Mütze, Leichthandschuhe, Sonnenhut

Schlafen und Hygiene:

- Leichtschlafsack
- Zahnbürste, Zahncreme, Shampoo klein, Seife, Taschentücher
- Mikrofaserhandtuch, z. B. 100 g

Medizinisches:

- Salben möglichst in Kleinpackungen: Hirschtalg, Heilsalbe für offene Wunden, antibiotische Salbe, Herpessalbe
- wenige Schmerztabletten samt Magenschutz
- persönliche Medikamente
- kleine Schere, Zeckenpinzette
- Tape, z. B. „chinesisches" Tape, Pflaster, Blasenpflaster

Diverses:

- Sonnencreme, Lippenschutz, Mückenschutz
- Schlapfen oder Sandalen, z. B. Crocs
- Trinkflasche, z. B. PET-Mineralwasserflasche
- Bauchtäschchen samt Geld, Personalausweis, Bankomatkarte, Versicherungskarte
- Pilgerführer
- Pilgerpass in Klarsichthülle
- Pilgersymbol, z. B. Schlüssel
- kleines Sprachlexikon
- Notizheft, Bleistift
- Taschen- oder Stirnlampe
- Sonnenbrille, bei Bedarf Brille samt Etui
- Uhr, z. B. mit integriertem Höhenmesser oder GPS
- Schrittzähler
- Mobiltelefon oder Smartphone samt Ladegerät, eventuell anstatt einer Kamera
- Fotoapparat samt Ladegerät oder Ersatzbatterien
- Feuerzeug
- Plastiksäcke
- Trinkbecher
- Taschenmesser
- einen oder zwei Wanderstöcke mit Gummiaufsatz für die Spitze (Teleskopstöcke oder Walkingstöcke mit oder ohne Schlaufen)

Eventuell:

- kurze Wanderhose mit zwei Seitentaschen
- dünne Matte
- GPS-Gerät

Tipp: Legen Sie nie Gegenstände lose irgendwo hin, sondern stecken Sie diese immer ein. Beim Weitergehen lässt man sonst nicht selten Dinge liegen.

EMPFEHLUNGSSCHREIBEN DER PFARRE

Wird für Unterkünfte im Grunde genommen nicht mehr benötigt. Ein Empfehlungsschreiben des heimatlichen Pfarrers, natürlich auf Italienisch verfasst, gehört eher aus Gründen der Pilgertradition dazu.

ESSEN

Frühstück (colazione): Bars sind ab 7.00 Uhr und früher geöffnet und bieten sich für den Pilger wie für die meisten Italiener für ein schnelles Frühstück an – Cappuccino, Cornetto oder Brioche, ein kurzer Plausch, ein Blick in die Zeitung und schon ist man wieder dahin. In den Quartieren gibt es in der Regel ein sparsames und süßes Frühstück, alles portionsweise in Plastik verpackt. Ein Frühstück, wie wir es gewohnt sind (*colazione continentale*), erhält man natürlich in Nord- und Südtirol, danach nur mehr selten.

Mittagessen (pranzo): Dieses ist in Italien unumstößlicher Teil des Tages. Der Pilger wird hierfür kaum Zeit haben, mit einer Jause und Müsliriegeln im Rucksack oder einem *panino* bzw. einem *tramezzino* in der Bar wird er das Auslangen finden.

Abendessen (cena): Ristorante, Pizzeria, Trattoria oder Osteria öffnen selten vor 19.00 Uhr, meist später. Das Essen besteht in der Regel aus einer Vorspeise (*antipasto*), einem ersten Gang (*primo piatto*, z. B. Teigwaren, *pasta*), einer Hauptspeise (*secondo piatto*, z. B. Fleisch, *carne*) und einer Nachspeise (*dolce*) oder einem Kaffee (*cafè*). Wer Pasta (Nudeln) liebt, ist in Italien bestens bedient, sie kann natürlich auch als Hauptspeise bestellt werden. Und der Besuch in einer Pizzeria ist immer verlockend. In einigen Quartieren ist das Abendessen mit 2–3 Gängen im Preis inbegriffen (Halbpension – *mezza pensione*).

Einkaufen: Supermarkt (*supermercato*), Lebensmittelgeschäft (*alimentari*) und der Markt (*mercato*) bieten alles, was man braucht. In kleinen Orten sind Lebensmittel manchmal auch in der Bar erhältlich. Brot gibt es im *panificio*. Geschäfte sind über Mittag und häufig am Mittwoch oder Donnerstag nachmittags geschlossen.

Tipp: Brot ist ab der Toskana ungesalzen, und wer es nicht mag, fragt nach *pane con sale*.

FEIERTAGE

Feiertage in Österreich und Italien: 1. Jänner, 6. Jänner, Ostermontag, 1. Mai, 15. August, 1. November, 8. Dezember, 25. und 26. Dezember

Feiertage nur in Österreich: Christi Himmelfahrt, Pfingstmontag, Fronleichnam, 26. Oktober (Nationalfeiertag)

Feiertage nur in Italien: 25. April (Tag der Befreiung), 2. Juni (Nationalfeiertag)

FOTOGRAFIEREN

Ich empfehle handliche und leichte Kompaktkameras von hoher Bildqualität. Die Speicherkarten verfügen inzwischen bei höchster

Auflösung über ausreichend Kapazitäten und auch die Akkus sind recht leistungsstark geworden. Videosequenzen lockern die Dokumentation der Reise auf, verbrauchen aber vergleichsweise viel Speicher. Und, wie schon erwähnt, ein Foto oder ein Video sind auch mit dem Mobiltelefon oder dem Smartphone machbar, und das in durchaus passabler Qualität.
Für eine Nahaufnahme von Menschen gebietet die Höflichkeit eine kurze Nachfrage und in Gebäuden darf in der Regel nur mit Erlaubnis fotografiert werden.

GELD

Der Euro gilt als Währung für die gesamte Pilgerfahrt, ein Bankomat findet sich dazu in jedem größeren Ort und jeder Stadt. Dass Bargeld und Kreditkarte nicht einfach so in Außentaschen gesteckt werden sollten, gilt nicht nur für Italien.
Tipp: Bestücken Sie eine kleine Geldtasche mit Bargeld für den täglichen Gebrauch und verstauen Sie alles andere in einem eigenen Bauchtäschchen tief im Rucksack. Beides lassen wir sowieso niemals aus den Augen!
Preise: Die Preise in Italien entsprechen in etwa unserem Niveau und in den Städten ist es natürlich teuerer als am Land. Da wir wenige Pilgerherbergen im klassischen Sinne inklusive Kochgelegenheit vorfinden, erhöht sich der finanzielle Aufwand allein schon durch die Nächtigungen und das Essen. Wer zu zweit oder zu dritt unterwegs ist, kann beim Quartier einiges sparen, und zwischendurch genügt am Abend auch eine Jause am Zimmer oder in einem schönen Park.

GEO- UND TOPOGRAFIE ITALIENS

Auf diesem Pilgerweg erwandern wir Gebiete Italiens, die zum Teil kaum jemand kennt, und erleben dabei Land und Leute abseits aller Klischees und vorgefasster Meinungen.
Italien umfasst **20 Regionen**, sechs davon dürfen wir näher kennenlernen – Trentino-Südtirol, Venetien, Emilia Romagna, Toskana, Umbrien und Latium. Jede Region ist in Provinzen unterteilt. Davon gibt es eine Vielzahl und wir sehen am Weg immer wieder Hinweistafeln auf die Provinzgrenzen. Die Namen der Regio-

Im Mai am Weg zum Brenner

nen sind bei der jeweiligen Etappe genannt, die Provinzen werden nicht angeführt.
Unser Weg führt zuerst durch die **Alpen** und dabei über den Brennerpass, der mit 1370 m den zweithöchsten Punkt unserer Tour darstellt. Nach der Durchquerung der **Poebene** empfängt uns der **Apennin**, wo im Nationalpark Casentinesi mit dem Poggio Scali auf 1530 m der höchste Punkt der Pilgerfahrt ansteht. Dieser Gebirgszug begleitet uns, wenn auch allmählich in abgeflachter Form, bis Rieti. Von dort pilgern wir die letzten 100 km – die Abruzzen stets in Sichtweite – durch die **Sabinischen Hügel** nach Rom.

GESUNDHEIT

Am ehesten benötigen wir unterwegs eine **Apotheke** (farmacia) **–** einen **Arzt** (medico) oder ein **Krankenhaus** (ospedale) hoffentlich nicht. Italien ist recht gut mit Apotheken versorgt, Ärzte findet man in den größeren Orten und Städten und die Versicherungskarte (E-Card) gilt grundsätzlich. Bei Privatärzten ist das Honorar zu bezahlen.
Wichtige Notrufnummern:

Euronotruf:	112 (für Feuerwehr, Polizei und Rettung)
Polizei:	113
Rettung:	118 (für medizinische Notfälle und die Alarmierung der Bergrettung)

Impfungen: FSME-Impfung gegen Zecken, sonst keine Impfungen nötig.
Zecken *(zecca)* kommen wie bei uns vor. Nach Etappen durch Wälder und Buschwerk kann eine abendliche Kontrolle nicht schaden. Und für den Fall, dass – den Zeck mit der Zeckenpinzette entfernen und den Einstichsbereich die nächsten Tage beobachten, ob sich ein roter Ring bildet. Ist dies der Fall, dann ab zum Arzt, da ein Antibiotikum nötig wird.
Stechmücken und Gelsen sind je nach Jahreszeit und Region eine kleinere oder größere Plage. Ein Insektenschutzmittel hat man mit, Quartiere haben mitunter Mückengitter vor den Fenstern oder fragen Sie nach einem Gelsenstecker für Ihr Zimmer.

KARTEN UND ORIENTIERUNG

Wanderkarten benötigen Sie keine, sie sind im Buch vorhanden, darüber hinaus kann ein wenig Orientierungssinn nicht schaden. ***Stadtpläne*** bekommt man bei den Tourismusinformationen oder manchmal auch in den Quartieren.
Auf einen ***Kompass*** kann verzichtet werden, manche Uhren, Mobiltelefone und alle Smartphones sind ohnehin mit dieser Funktion ausgestattet. Im einschlägigen Handel oder über das Internet ist eine digitale Karte für Italien käuflich erwerbbar.
GPS: Wer ein GPS-Gerät oder eine GPS-Uhr hat, kann sich die Mitnahme überlegen. Mit dem Erwerb dieses Pilgerführers sind alle 55 Etappen als Tracks von der Homepage „Pilgerweg-nach-Rom.at" nach Registrierung gratis downloadbar.

Smartphone: Die Kartenfunktion bedarf des Datenroamings (siehe. „Telefon und Internet" – Achtung auf mögliche Gebühren!!). Es gibt Telefonanbieter, die Navigationskarten für das Ausland zum Herunterladen (Apps) gratis anbieten. Die Nutzung mittels Datenroaming, auf die Kartenfunktion beschränkt, kann für eine bestimmte Dauer gekauft werden. Erkundigen Sie sich aber beim ersten Mal über den Einstellungsmodus des Smartphones für die Navigationsverwendung im Ausland. Die Kartenfunktion kann sehr praktische Dienste liefern (Straßenübersicht, Stadtpläne). Zudem wird die aktuelle Position angezeigt.

KLIMA, JAHRESZEITEN UND REISEZEIT

Das ***Wetter*** und somit die Begehbarkeit des Pilgerweges ist durch drei unterschiedliche ***Klimabereiche*** geprägt, da unser Weg ja ***sechs Breitengrade*** umspannt. Wir starten am 47. nördlichen Breitengrad in Innsbruck und beenden unsere Pilgerfahrt am 41. in Rom. Auch die variierende Höhenlage trägt ihren Teil zu den Wetterverhältnissen bei. Im Bereich der Alpen müssen wir noch mit eher rauerem, von den Bergen beeinflusstem Klima rechnen, das aber ab Brixen schon spürbar milder wird.

Das erkennt man auch daran, dass ab hier Wein angebaut wird. Wenn sich ein Pilger zeitig im Frühjahr von Innsbruck aus auf den Weg macht, kann er auf dem Brenner und bis ins obere Eisacktal noch mit Schneeresten rechnen, ab dann kommt er aber mit großer Wahrscheinlichkeit schneefrei bis Rom, zumal Südtirol auf den der Sonne zugewandten Hängen durchwandert wird. Ab Bozen, im Trentino und in der norditalienischen Tiefebene sind wir bereits in einer submediterranen Zone. In Mittelitalien, wenn der Apennin

Schnee im März am Antoniusweg. Der Pilger lernt alle Seiten des Wetters kennen.

überwunden ist, herrscht mediterranes Klima vor. Im Sommer ist es hier zwar trocken, aber auch sehr heiß. Besonders im Winter muss man mit eher feuchten und nebeligen, wenn auch nicht bitterkalten Verhältnissen rechnen.
Wenn es bei uns der April ist, „der tut, was er will“, so dehnt das der Italiener auch auf den März aus: *Marzo pazzo* – verrückter März! Es ist nicht mehr Winter, aber ein paar unliebsame Rückfälle sind einzuplanen. Die Monate Mai und Juni sowie September und Oktober sind ideale Wandermonate, Juli und August sehr heiß und trocken. Auch der November kann noch gut zum Wandern genutzt werden, allerdings ist die Regenwahrscheinlichkeit deutlich höher. Aber so genau hält sich das Wetter ja ohnehin nicht an die Spielregeln.
Wetterinformationen im Internet: www.zamg.ac.at; www.provinz.bz.it/wetter/suedtirol.asp; www.meteoam.it; www.meteo.it.
Am Pilgerweg redet man einfach mit den Einheimischen oder wirft in der nächsten Bar einen Blick in die Zeitung, um über das Wetter für die nächsten Tage Bescheid zu wissen.

PILGERPASS UND PILGERURKUNDE

Der Pilgerpass mit seinen Stempeln ist der Nachweis für die zurückgelegte Pilgerroute, sozusagen der „Fußabdruck“ des Pilgers. Darüber hinaus bekommt man nach Vorlage des Pilgerausweises des Öfteren einen Preisnachlass auf Essen und Quartier, manche Nächtigungen in Herbergen sind überhaupt nur mit dem Pilgerpass möglich. Und endlich am Ziel angekommen, ist er die Voraussetzung für die Ausstellung der Pilgerurkunde. Für den Pilgerpass spendet man in der Regel einen kleinen Obolus.
Für den Romweg bzw. die einzelnen Abschnitte gibt es mehrere Pilgerpässe und Urkunden. Die ersten beiden (a und b) empfehle ich

Pilgerstempel in Montepaolo

für die gesamte Route, c, d und e bieten sich für jene an, welche die Pilgerroute in einzelnen und zeitlich versetzten Abschnitten bewältigen wollen.

a) Pilgerpass der Jakobsgemeinschaft Tirol:
Diese hat einen neutralen Pilgerpass kreiert, der für jedes Pilgerziel verwendbar ist. Einfach mit der Jakobsgemeinschaft Kontakt aufnehmen oder persönlich hingehen: Jakobsgemeinschaft Tirol, Domplatz 6, A-6020 Innsbruck, Tel. 0043/(0)512/583902, E-Mail: jakobsgemeinschaft.tirol@dibk.at, www.dibk.at/st.jakob oder www.jakobsweg-tirol.net.

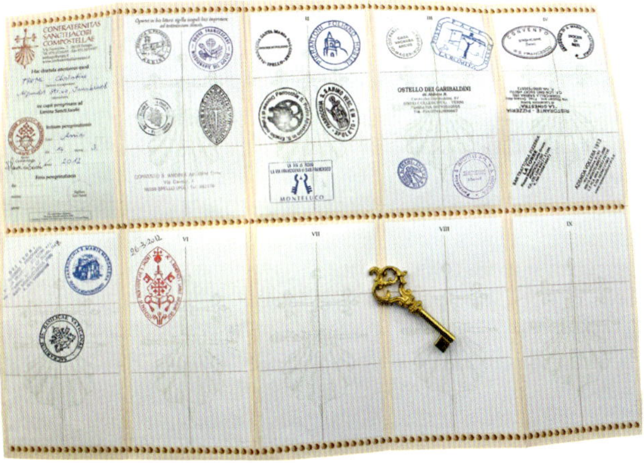

Der Pilgerpass dokumentiert nicht nur den Pilgerweg, er ist auch bei manchem Quartier hilfreich.

b) Pilgerpass der italienischen Jakobsgesellschaft: Die *Credenziale del Pellegrino* wird mittels eines ausgefüllten Antragformulars postalisch oder per E-Mail angefordert und wird einem dann zugesandt. Das Antragsformular ist auf der Homepage unter „La Credenziale“ abrufbar: Confraternita di San Jacopo di Compostella, Via del Verzaro 49, 06123 Perugia, E-Mail: santiago@unipg.it, www.confraternitadisanjacopo.it. Weiters findet man auf der Seite „La Credenziale“ Regionsbeauftragte, denen man ebenfalls das ausgefüllte Formular zusenden kann. Dies ist für Südtirol dzt. Frau Elena Genetin Bortolotti, Meraner Straße 108, 39100 Bozen, Tel. 0039-0471-915504, E-Mail: elenagenetin@yahoo.it; Elena spricht deutsch.
Nach der Vorlage des Pilgerpasses erhält man in Rom im vatikanischen Pilgerbüro Opera Romana Pellegrinaggi und im Petersdom ein Testimonium – siehe dazu letzte Etappe. Tipp: Für die gesamte Pilgerroute mit den 54 Etappen nehmen Sie zwei Exemplare des Pilgerpasses mit, um für alle Stempel Platz zu haben.

c) Pilgerpass des Antoniusweges/Cammino di Sant’Antonio: Genau genommen bekommen Sie zwei Pilgerpässe und zwei Pilgerurkunden, einen für den *Ultimo Cammino* von Camposampiero nach

Padua (eine Tagesetappe) und einen für den *Lungo Cammino* von Padua nach Montepaolo (13 Tagesetappen).
Für den *Ultimo Cammino* erhält man den Pilgerausweis und die Unterlagen persönlich im Franziskanerkloster in Camposampiero – siehe dazu 16. Etappe. Meist werden dort aber auch bereits die Unterlagen und der Pilgerpass für den *Lungo Cammino* mitgegeben.
In Padua bekommen Sie im Informationsbüro der Basilika des hl. Antonius einerseits die Pilgerurkunde für den *Ultimo Cammino*, andererseits den Pilgerpass und die Unterlagen (Herbergsliste) für den *Lungo Cammino*.
Im Kloster Montepaolo wird nach Vorlage des Pilgerpasses die Urkunde „L'Assidua" ausgestellt, siehe: www.ilcamminodisantantonio.org.
d) Der Pilgerpass des Franziskusweges/Cammino di Assisi: Das Antragsformular für den Pilgerausweis ist auf der Homepage www.camminodiassisi.it auch auf Deutsch abrufbar. Das ausgefüllte Formular geht per E-Mail an collegium@camminodiassisi.it, Sie nehmen aber auch eine Kopie mit und legen sie in Dovadola im Rifugio „Benedetta Bianchi Porro" Pfarrer Don Alfeo vor. Dieser stellt den Pilgerpass aus und überreicht die Unterlagen (Etappenpläne, Herbergsliste) für den Franziskusweg/Cammino di Assisi.

In Assisi erhält man beim Portier des Franziskanerklosters (Untere Franziskuskirche) nach Vorlage des Cammino-di-Assisi-Pilgerpasses die Urkunde „ Assisiana", die bereits mit Ihrem Namen ausgedruckt dort aufliegt. Mit einem anderen Pilgerpass erhält man ebenfalls ein Testimonium.
e) Der Pilgerpass der Associazione Amici del Cammino Di qui passò Francesco: Dieser Pilgerpass wurde für eine Pilgerreise von La Verna über Assisi und Rieti bis Poggio Bustone und weiter bis zum Monte Sant'Angelo geschaffen. Er bietet sich aber auch für unseren letzten Abschnitt auf dem Romweg/Via di Roma an. Erhältlich ist er bei Angela Maria Seracchioli, Tel. 0039/333/9985141, E-Mail jacopadue@yahoo.it (auf Italienisch oder Englisch). Der Pilgerausweis wird zugesandt oder man holt ihn persönlich nach Vereinbarung mit Angela in Assisi ab. Mit dem Pilgerpass holt man sich in Rom das Testimonium. Siehe dazu auch www.diquipassofrancesco.it/D/Meditieren.html.

PILGERSTEMPEL

Vom wunderschönen, kunstvollen Stempel bis zum einfachen Adressen-Timbro, alles findet sich im Pilgerpass wieder. Oft ist es gar nicht so einfach, zu einem Stempel zu gelangen, wenn die Kirche oder das Kloster gerade geschlossen und niemand anwesend ist. Selten liegt ein Stempel zur Selbstbedienung bereit, nach einem Gottesdienst kann man den Priester danach fragen und machmal muss man sich mit dem des Quartiers zufrieden geben. Denn als Minimum gilt: Wenigstens ein Stempel vom Zielort jeder Etappe soll in den Pass.

Rosette der oberen Franziskuskirche in Assisi

SEHENSWÜRDIGKEITEN – ODER DAS DILEMMA DES PILGERS

Der Pilgerweg ist gespickt mit Sehenswürdigkeiten: Vieles werden wir besichtigen, manches nur streifen, etliches aus Zeitmangel streichen. Bei den Etappen finden Sie jedenfalls die für den Pilger interessanten Stätten in Stichworten beschrieben. In den größeren Städten wie Padua, Ferrara, Bologna, Assisi und Rom empfiehlt sich u. U. der Kauf eines kleinen Kulturführers samt Stadtplan, auch über Apps am Smartphone kann man Wissenswertes erfahren (aber Achtung auf das Daten-Roaming! – siehe Telefon). Ob man in diesen Orten einen ganzen Tag für die Besichtigung verwenden will, bleibt dem Pilger überlassen, aber Assisi und Rom soll auf jeden Fall genügend Zeit eingeräumt werden. Und schließlich: Wem eine Region besonders gefallen hat, kann ja als Urlauber zurückkommen.

SPRACHE

Ab der 10. Etappe sind wir im italienischsprachigen Raum unterwegs. Was tun, wenn man nicht oder kaum Italienisch spricht? Das sollte Sie nicht an Ihrer Pilgerfahrt hindern! Eignen Sie sich einfach die allerwichtigsten Vokabeln an, bestücken Sie sich mit einem kleinen Lexikon und so manches lernen Sie ohnehin unterwegs dazu. Nützen Sie eventuell auch die Möglichkeit eines vorherigen Sprachkurses, denn gute Italienischkenntnisse sind natürlich von Vorteil. Englisch sprechen immer mehr Italiener, vor allem die Jüngeren. Da und dort treffen Sie auch jemanden, der Deutsch kann.

TELEFON UND INTERNET

Mobiltelefon oder Smartphone sind auf einer Pilgerfahrt praktisch, man muss es ja nicht immer eingeschaltet haben.

Telefon: „Pronto?“ – so meldet sich in Italien der Angerufene und es ist nicht üblich, dass er sich vorstellt. Das muss der Anrufer tun. Daran müssen wir uns erst gewöhnen, aber stellen Sie sich einfach vor und sagen Sie, was Sie möchten.
Festnetzvorwahlen haben eine Null vorangestellt. Auch bei Benützung der Landesvorwahl 0039 oder +39 wird diese Null mitgewählt (Tel. 0039 0765 8844…).
Mobiltelefonvorwahlen haben keine Null vorangestellt und sie wird daher auch nicht nach 0039 bzw. +39 verwendet. (Cell. 0039 339 49840…) Vor der Telefonnummer wird gerne das Kürzel Cell. für Cellulare (Mobiltelefon) statt Tel. verwendet.
Landesvorwahlen: Italien 0039, Deutschland 0049, Österreich 0043, Schweiz 0041

Öffentliches Telefon: Telefonwertkarten gibt es in der Trafik, am Kiosk und manchmal in der Bar ab 5,– € zu kaufen. Telefonieren (vorher Ecke abreißen!) innerhalb Italiens ist damit günstig, aber nicht überall findet man einen Apparat.

Telefonieren, SMS mit Mobiltelefon: Erkundigen Sie sich, welcher Telefonanbieter aus Italien einen Partnervertrag mit Ihrer Telefongesellschaft hat. Die Tarife sind dann günstiger, den Betreiber stellen Sie händisch ein. SMS-Botschaften sind billiger als Ferngespräche. Zu zahlen sind sowohl aus- als auch eingehende Telefonate und SMS. Darüber hinaus erkundigt man sich beim heimischen Betreiber über mögliche Sonderangebote für das Ausland.

Datenroaming: Internet, E-Mails, Online-Apps, QR-Funktion usw. sind praktisch, können aber im Ausland sehr teuer werden. Daher bitte beachten:

- **Deaktivieren** Sie am Gerät das Datenroaming, damit sie keine Überraschungen erleben.
- Oder Sie erkundigen sich vor ihrer Abreise bei Ihrem Netzbetreiber über günstige Datenroaming-Pakete.
- Unterwegs gibt es durchaus Gelegenheit für die kostenlose Verwendung von WLAN.

Tipp: Kaufen Sie sich in Italien eine wiederaufladbare Wertkarte (SIM-Karte) für Ihr Mobiltelefon/Smartphone und tauschen Sie die SIM-Karte auf Ihrem Gerät für Gespräche zu italienischen Rufnummern aus. Das ist wesentlich billiger und Sie sind bezüglich des Telefoneinsatzes mobil, was manchmal sehr von Nutzen ist. Wertkarten erhält man in Trafiken und auf Tankstellen. Erkundigen Sie sich aber vorher, ob Ihr Handy ein für alle Netze offenes Gerät und nicht SIM-locked ist.

TIERE

Wildtiere: Hasen, Fasane, Wildschweine, Rehe, Hirsche, Dachs und Schlangen – alle sind mir am Pilgerweg sozusagen über den Weg gelaufen.

Wildschweine treffen wir im Apennin mit hoher Wahrscheinlichkeit. Aber keine Sorge, sie flüchten sofort vor dem Menschen und stellen daher im Grunde kein Problem dar. Einzig einer Bache mit ihren Frischlingen sollte man nicht zu nahe treten.

Hirsche: Wer im Herbst unterwegs ist, hört im Parco Naturale Casentinesi (Apennin) die Rothirsche röhren, zu Gesicht bekommen wir Gott sei Dank bestenfalls die Hirschkühe.

Man erschrickt allemal, wenn man einer Schlange begegnet.

Schlangen sind je nach Jahreszeit mehr oder weniger aktiv. Natürlich erschrickt man leicht, wenn man eine Schlange sieht. Dennoch, sie stellen **keine ernste Gefahr** dar. Sie flüchten sofort, wenn sie gestört werden und man müsste schon auf eine treten, damit sie in den Angriff überginge. Der Wanderstock kann behilflich sein, die lange Hose die Wirkung eines Bisses im Fall der Fälle mindern. Und sollte man wirklich einmal gebissen werden, dann ruhig stellen und den Rettungsdienst anrufen. Geht das nicht, muss man wohl oder übel weiter, bis man Hilfe erreicht und versucht dann die Rettung zu verständigen bzw. einen Arzt oder ein Spital aufzusuchen.

Jagd: Im Prinzip darf in Italien jeder, der eine Jagdkarte besitzt, auf die Jagd gehen. Dementsprechend häufig trifft man im Herbst nach Eröffnung der Jagdsaison (ab Ende September) allenthalben auf Jäger (cacciatore). Schüsse hört man häufig, ein wenig Vorsicht schadet nicht, aber ich hatte nie Probleme mit den Jägern. Bei Treibjagden werden üblicherweise die Wege mit Informationsschildern versehen, die Jäger tragen dann Warnwesten und sind gut sichtbar.

Haustiere: Hunde gibt es am Weg sehr viele, sie stellen dennoch kaum ein Problem dar. Angekettet (leider) oder hinter Zäunen machen sie zwar großen Lärm, sind aber keine Bedrohung. Freilaufende Hunde trifft man ebenfalls. Diese sind entweder scheu, wollen spielen oder kommen bellend und knurrend auf einen zu. Dann heißt es am besten

Bellende Hunde – sagt ein altes Sprichwort – beißen nicht.

Stau am Pilgerweg

stehen bleiben, Ruhe bewahren und sanft auf sie einreden. Meist ruft sie ohnehin der Besitzer zurück oder sie beruhigen sich mit der Zeit von selbst, manche wollen spielen und nicht selten laufen sie einem schwanzwedelnd hinterher. Einer hat mich 20 km begleitet!

Tiere am Bauernhof: Wir kommen am Pilgerweg an vielen Bauernhöfen vorbei. Viele Tiere, bei uns nur mehr selten zu sehen, sind hier noch eine Selbstverständlichkeit – vom asino (Esel) bis zur Ziege (capra).

Wenn nicht acqua potabile ausgewiesen ist, sollte man den eigenen Wasservorrat benützen.

TRINKEN

Als Grundsatz gilt:

Der Wasservorrat des Pilgers ist nie leer, am einfachsten in Form einer 1,5-l-Mineralwasserflasche im Außenfach des Rucksacks verstaut oder auch als Trinkbeutel integriert. Trinken Sie auch, wenn Sie keinen Durst haben.

Wasser aus der Wasserleitung oder aus fließenden Brunnen ist in Tirol und dem Trentino normalerweise trinkbar. Ab der Poebene gelten aber andere Gesetze. Am einfachsten kauft man sich das Wasser im Geschäft oder in einer Bar, Brunnenwasser verwendet man nur, wenn es als „acqua potabile“ ausgeschildert ist.

UNTERKUNFT

Unterkünfte von Privatzimmern bis zu Hotels finden sich in Touristenregionen wie Nord- und Südtirol sowie in Teilen des Trentino praktisch in jedem Dorf. Ab dem Levicosee in der Valsugana sieht die Sache bis Rom jedoch gänzlich anders aus. Unterkünfte, meist Gasthöfe (*albergo*) und Hotels, manchmal auch Jugendherbergen (*ostello*), sind in Städten vorhanden, darüber hinaus wird die Herbergssuche schon schwierig. Daher wurden die Etappen so gewählt, dass Sie am Ende des Tages immer eine Unterkunft vorfinden, die im Text angeführt ist. Fragen Sie bei Bedarf in größeren Orten und Städten in der **Tourismusinformation** (ufficio informazioni turistiche) nach.

Tipps für den Pilgerweg:

- Kündigen Sie sich am Vorabend für den nächsten Tag in der geplanten Unterkunft an, auf Ersuchen macht das der Quartiergeber des Tages meist sehr gerne für Sie. Besonders ratsam ist dies, wenn es am Folgetag nur eine oder zwei Nächtigungsmöglichkeiten gibt. Bei einigen Etappen wird extra darauf hingewiesen.
- Legen Sie Ihren Pilgerpass vor, meist erhält man dann einen besseren Preis. Außerdem ist die Unterkunft oft die einzige Möglichkeit des Tages, einen Stempel (timbro) für den Pilgerpass zu erhalten.
- Am Ende der Etappe kein Quartier – was nun? Obwohl alle Etappen eine Nächtigungsmöglichkeit ausweisen, kann es im Einzelfall passieren, dass keine Plätze mehr frei sind oder die Unterkunft geschlossen ist – *chiuso*! Dann ist der rettende Anker eine Bar. Dort finden sich eigentlich immer hilfsbereite Menschen. Diese wissen am ehesten, wo es die nächste Übernachtungsmöglichkeit gibt und sind beim Anruf behilflich. Meist holt einen dann der Unterkunftsgeber mit dem Auto ab. Wenn das nicht geht, bleibt nur mehr die Fahrt mit dem Bus oder per Autostopp in den nächsten größeren Ort mit Unterkunft. Ein Taxi findet sich am Land meist nicht und muss es von der nächsten Stadt eigens herfahren, dann wird es teuer.
- Bitte nicht vergessen: Wir sind Gäste am Pilgerweg! Unterkünfte, die von Ehrenamtlichen betreut oder von Ordensgemeinschaften preisgünstig zur Verfügung gestellt werden, sind keine Selbstverständlichkeit. Sie verlangen von uns Pilgern respektierliches Auftreten und Dankbarkeit.

Pilgerherberge: Gibt es einige wenige auf der gesamten Strecke. Am Antonius- und am Franziskusweg werden sie als ***Rifugio*** ausgewiesen und sind Quartiere unterschiedlicher Art, also keine Schutzhütten wie die Rifugi in den Bergen.

Jugendherberge (ostello), Youth Hostel: Bis auf wenige Ausnahmen nur in Städten vorhanden; einige sperren erst ab 16.00 Uhr auf.

Mancher Agriturismo bietet ein ansprechendes Ambiente.

Foresteria: Gästebereich in einem Kloster oder Herberge, die von einer Ordensgemeinschaft betrieben wird.
Kloster, Pfarrhaus: Einige Klöster bieten Unterkünfte an, ohne eine eigene *foresteria* zu betreiben. Nächtigungen in Pfarreien sind inzwischen die Ausnahme.
Bed & Breakfast (B&B): Sind am Pilgerweg allmählich im Ausbau begriffen, siehe www.bed-and-breakfast.it. In den Städten sind B&B meist nur auf dem Klingelschild angeschrieben.
Pension (pensione): ähnlich dem B&B.
Bauernhof, Agriturismo: Vor allem in den ländlichen Regionen Italiens oft die einzige Nächtigungsmöglichkeit. Sie liegen manchmal abseits der Route, die Gastleute sind aber immer bereit, einen abzuholen und am nächsten Tag wieder zum Ausgangspunkt zurückzubringen. In der Regel ist im Preis die Halbpension inkludiert, wer abends nur ein Gericht wie z. B. Pasta essen möchte, sollte dies gleich bei der Ankunft gemeinsam mit dem Preis für die Übernachtung klären.
Gasthof, Albergo, Hotel: In Italien nur in größeren Orten oder Städten, einzeln auch außerhalb an verkehrsreichen Straßen gelegen; teils durchaus günstige Angebote mit Halbpension.
Campingplatz: Gibt es wenige entlang der Pilgerroute, bei einigen kann man einen Wohnwagen oder Bungalow auch für eine Nacht mieten.

VERKEHRSVERBINDUNGEN

Bahnfahren ist mit Trenitalia und regionalen Bahnen günstig. Frecciarosso, -argento, -bianco und Eurostar sind schneller, aber teurer, siehe www.trenitalia.com. Achtung: Die Bahnkarte muss *vor* Fahrtantritt am Bahnhof oder am Bahnsteig an einem Automaten entwertet werden.

Bus: Gut ausgebautes Busnetz bis in das Hinterland, aber an Sonn- und Feiertagen sehr eingeschränkter Busbetrieb. Beachten Sie daher, ob bei der planmäßigen Abfahrtszeit nicht *feriale* (nur an Werktagen) oder *scolastico* (nur an Schultagen) dabeisteht! Regionale Buslinien sind zu finden unter www.fahrplan-online.de.

Fahrkarten für regionale Bahnen und Busse gibt es außer am Bahnhof (stazione) in der Trafik, manchmal auch in der Bar, im Bus oder im Zug.

Taxi: Gibt es nur in Städten. Wenn kein Taxistand in der Nähe ist, am besten in einer Bar nachfragen. Preis lt. Taxameter.

ZELT

Für manche – meist junge Leute – stellt sich die Frage, ob nicht ein Zelt sinnvoll wäre. Dafür sprechen Kosten und Flexibilität, dagegen das Gewicht.

Es gibt wenige Campingplätze auf der Pilgerroute, in den Städten sind sie zudem meist dezentral gelegen. Sie sperren zu Ostern auf und schließen Mitte September, einige wenige Mitte Oktober. Im freien Gelände ist campieren verboten, wer allerdings „unkompliziert" ist, fragt einfach nach, ob er auf einem bestimmten Plätzchen als *povero pellegrino* sein Zelt aufstellen darf. Er wird viel Wohlwollen begegnen.

Leichtzelte gibt es inzwischen von bester Qualität, dazu kommen die Matte und ein wärmerer Schlafsack, was sich in Summe mit ca. 3 kg niederschlägt. Einen Kocher samt Brennstoff und Geschirr auch noch mitzuschleppen, sei Sherpas vorbehalten …

Hinweise zum Pilgerführer

DIE ABSCHNITTE

Der Pilgerführer ist in vier Abschnitte unterteilt. Jedes Teilstück beginnt mit einer grundlegenden Information über die Besonderheiten dieses Abschnittes, anschließend werden die einzelnen Etappen beschrieben.

Welchem Hinweisschild soll man hier folgen?

Wichtig! Die im Buch beschriebene Strecke nach Rom ist ein ***eigenständiger Weg***, der über längere oder kürzere Strecken beschilderten Pilgerwegen (Cammino di Sant'Antonio, Cammino di Assisi, Via di Roma) folgt. Da es auf Grund von Wegoptimierungen aber immer wieder zu Abweichungen von deren Routen kommt, ist es wichtig, nicht „blind" den Beschilderungen zu folgen, sondern die Etappenbeschreibung konsequent mitzulesen. In der Beschreibung wird auf die Wegabweichungen eigens hingewiesen.

DIE TAGESETAPPEN

Die Tagesetappen wurden mit Bedacht und aus unterschiedlichen Gründen so gewählt. Bis auf wenige Ausnahmen umfassen sie eine Länge von 20 bis 30 Kilometern und eine Höhendifferenz von maximal 1000 Metern. Die Tagesetappen stellen eine **Empfehlung** dar, man muss sich nicht daran halten! Das wesentliche Kriterium für selbstorganisierte Etappen muss das abendliche Quartier sein. Deshalb ist jede Etappe nochmals in Unteretappen samt Kilometerangaben geteilt und enthält – so vorhanden – auch Hinweise auf Nächtigungsmöglichkeiten unterwegs. Der Pilger kann sich damit, so er möchte, seine individuellen Tagesstrecken erstellen!

Tempo: **Pro Stunde** wurden für den durchschnittlichen Geher **4 km** veranschlagt, bei längeren Anstiegen etwas mehr. Im Text wird immer die Strecken*länge* angegeben, die Zeit berechnet der Pilger selbst. Damit ist auch einem individuellen Tempo Vorsorge geleistet. Wer also z. B. 5 km die Stunde geht, rechnet die Gehzeit für sich entsprechend um.

Rasttage: Viele Pilger legen nach einer Woche gerne einen Rasttag ein. Das bietet in größeren Städten die Möglichkeit, in Ruhe und ohne Rucksack die interessanten Stätten und Sehenswürdigkeiten zu besuchen. Aber das muss jeder für sich selbst entscheiden.

ABKÜRZUNGEN UND SYMBOLE

EW	Einwohner
Jh.	Jahrhundert
Hm/hm	Höhenmeter
km	Kilometer
m	Meter
Gh.	Gasthof
RW	Radweg
ÖAV	Österreichischer Alpenverein
AVS	Alpenverein Südtirol
CAI	Club Alpino Italiano (italienischer Alpenverein)
WW	Wegweiser/Schild für Wander- und Pilgerweg
	Achtung auf den Wegverlauf
	Quartier (in den Karten) außerhalb der Etappenziele

ITALIENISCHE BEGRIFFE

Abbazia – Abtei	Monastero – Kloster
Acqua – Wasser	Montagna – Gebirge
Arco – Bogen	Monte – Berg
Azienda – Betrieb	Municipio – Rathaus; Gemeindeamt
Borgo – Dorf	Mura – Mauer
Bosco – Wald	Parco – Park
Cammino – (Pilger-)Weg	Palazzo – Palast
Campanile – Glockenturm	Passo – Pass
Canale – Kanal	Pian, Piano – Ebene, Fläche
Cappella – Kapelle	Piazza – Platz
Casa – Haus	Pieve – Kirche auf dem Land
Castello – Burg, Schloss	Poggio – Anhöhe
Centro – Zentrum	Ponte – Brücke
Centro storico – Altstadt	Porta – Tor
Chiesa – Kirche	Prato – Wiese
Chiesetta – kleine Kirche	Pullman – Bus
Cimitero – Friedhof	Rifugio – Unterkunft
Città – Stadt	Rocca – Burg
Colle – Hügel	Santuario – Wallfahrtsstätte
Convento – Kloster	Sasso – Stein
Corso – Prachtstraße	Scala – Treppe
Croce – Kreuz	Sentiero – Pfad, Steig, Wanderweg
Duomo – Dom	Stazione – Bahnhof
Eremo – Einsiedelei	Strada – Straße
Fiume – Fluss	Torre – Turm
Fonte – Brunnen	Torrente – Bach
Foresta – Forst, Wald	Valle – Tal
Forte – Festung, Fort	Via – Weg, Gasse
Lago – See	Viale – Allee
Loggia – Säulenhalle	Vicolo – Gasse
Molino – Mühle	

TÄGLICHER UND GRIFFBEREITER GEBRAUCH

Ich habe bei meinen Pilgerführern immer die jeweilige Tagesetappe herausgeschnitten und in einer Klarsichtfolie griffbereit in die Seitentasche der Hose gesteckt. Das restliche Buch habe ich im Rucksack verstaut. Und wer auf einem der vier Abschnitte pilgern möchte, nimmt natürlich auch nur den entsprechenden Teil des Buches mit. Zu Hause angekommen, kauft sich, wer Wert auf ein unversehrtes Exemplar legt, eben noch eines.

AKTUALITÄT

Vergewissern Sie sich, dass Sie die aktuelle Auflage des Pilgerführers in Verwendung haben. Änderungen, die sich seit der letzten Drucklegung ergeben haben, finden Sie zudem im Internet unter **www.pilgerweg-nach-rom.at**. Damit diese Hinweise möglichst vollständig sind, bitten wir Sie, Änderungen, die Ihnen bei der Begehung des Pilgerweges auffallen, an uns weiterzugeben. Rückmeldungen bitte via E-Mail an den Verlag: buchverlag@tyrolia.at.

Mit dem franziskanischen Gruß Pax et Bonum wünschen wir Ihnen alles Gute auf Ihrem Pilgerweg.

I. ABSCHNITT

ABT-ALBERT-VON-STADE-WEG

Innsbruck – Padua
370 km, 16 Etappen

Der Romweg des Abtes Albert von Stade

von Jochen Heinke

Während und nach der Missionierung der skandinavischen Länder und Islands um die erste Jahrtausendwende setzte eine vergleichsweise rege Reisetätigkeit kirchlicher Würdenträger von dort nach Rom ein, die z. T. auch die über Jahrhunderte genutzten Reiserouten von Nord- und Mitteldeutschland nach Rom beeinflusste. Aus der Überlieferung verschiedener nordischer Reisebeschreibungen aus der Zeit der ersten Jahrtausendwende lassen sich unterschiedliche Reiserouten rekonstruieren, von denen die östlichste der Romweg des Abtes Albert von Stade ist. Abt Albert von Stade reiste im Jahre 1236 nach Rom und veröffentlichte seine Reiseroute in den 1250er Jahren in den von ihm verfassten *Annales Stadenses*. Er war vermutlich zu Pferd unterwegs. Der Zweck seiner Reise nach Rom war vorrangig ein „dienstlicher", denn er wollte vom Papst die Erlaubnis erhalten, das Benediktinerkloster in Stade, dem er vorstand, im Einvernehmen mit dem Bremer Bischof in ein Zisterzienserkloster umzuwandeln. Auf dem Hinweg suchte er vermutlich das Mutterkloster der Zisterzienser in Citeaux in Burgund auf, weswegen er durch Frankreich und die Schweiz nach Rom reiste. Sein Rückweg führte ihn jedoch auf einem kürzeren Wege zurück nach Stade, so wie nachstehend in umgekehrter Reihenfolge aufgeführt. Der Abt empfahl diesen Weg in seiner Weltchronik allerdings ausdrücklich als „den Pilgerweg nach Rom".

Die Romwegbeschreibung von Abt Albert ist eine der ältesten Reisebeschreibungen von Norddeutschland nach Rom und wird in Fachkreisen wegen ihrer Genauigkeit und der Vielzahl der aufgeführten Etappenorte als wichtigste und umfangreichste mittelalterliche Reiseroutenbeschreibung angesehen. Mancherorts, wie z. B. zwischen dem Thüringer Wald und dem Main, ist sie die erste urkundliche Erwähnung der späteren Handels- und Geleitstraße.

Abt Albert führte in seinem Itinerar insgesamt 76 Etappenorte zwischen Rom und Stade auf, die zwischen 8 und maximal 40 km voneinander entfernt liegen: Stade – Celle – Rietze – Braunschweig – Hornburg am Harz – Wernigerode – Hasselfelde – Nordhausen – Bad Langensalza – Gotha – Schmalkalden – Meiningen – (Bad) Neustadt – Münnerstadt – Schweinfurt – Würzburg – Ochsenfurt – Aub – Rothenburg ob der Tauber – Dinkelsbühl – Offingen – Donauwörth – Augsburg – Igling – Schongau – Ammergau – Partenkirchen – Mittenwald – Zirl – Innsbruck – Matrei – Sterzing – Brixen – Klausen – Lengstein – Ritten – Bozen – Branzoll – Neumarkt – Trient – Pergine Valsugana – Levico – Borgo in Valsugana – Grigno – Cismon Solagno – Bassano (del Grappa) – Curterole – Padua – Anguillara (Veneta) – Rovigo – 10 M Strom und 7 M Stromgebiet – Ferrara – Argenta – Sant'Alberto – Ravenna – Forlì – Pilgerweg über die Serra-Alpe – San Martino in Strada – Meldola – Civitella di Romagna – Bagno

Die Deutschordenskommende in Lengmoos am Ritten war seit 1211 Hospiz am Romweg.

Romagna – San Mariae di Romagna – Camprena (Campi) – Marena – Subbiano – Arezzo – Castiglione Fiorentino – Ossaia – Castiglione del Lago – Città delle Pieve – Sarminiano – Orvieto – Montefiascone – Viterbo – Sutri – Castellum S. Pietri – Rom.
In Anbetracht der Bedeutung dieser mittelalterlichen Rompilgerroute hat sich 2009 der „Förderverein Romweg Abt Albert von Stade" gegründet. Er hat es sich zur Aufgabe gemacht, den Pilgerweg als Europäische Kulturstraße „Via Romea" wiederzubeleben. Auch in Italien arbeiten Initiativen daran, analog der historischen Routenbeschreibung heute gangbare Wege bis nach Rom ausfindig zu machen und zu dokumentieren. Nachdem seit März 2013 durch den Verein der genaue Verlauf des historischen Romweges des Abtes durch Deutschland festgelegt werden konnte, ist es besonders erfreulich, dass Ferdinand Treml den Rompilgern empfiehlt, von Innsbruck bis Padua der von Abt Albert vorgegebenen historischen Route zu folgen, und dass er für diese nun eine detaillierte Beschreibung vorgelegt hat.

Jochen Heinke befasst sich seit vielen Jahren mit historischen Straßen und hat zum Thema schon mehrere Bücher und Beiträge in Fachzeitschriften verfasst. Für den o.g. Verein ist er als Streckenbeauftragter zuständig für die historische Einordnung und genaue Erkundung und Festlegung des Romweges von Abt Albert. Mehr über den Routenverlauf durch Deutschland finden Sie auf www.unterwegs-auf-alten-strassen.de.

Der Abt-Albert-von-Stade-Weg führt uns zunächst der Sill entlang bis zum Brennerpass. Hier entspringt der Eisack, dem wir an Sterzing und Brixen vorbei bis Bozen folgen. Dort mündet der Eisack in die Etsch, die aus dem Vinschgau kommend fortan dem Tal den Namen gibt. In Trient verlassen wir das Etschtal, wechseln hinauf in die Valsugana und wandern entlang des Brentaflusses bis Bassano del Grappa. Hier lassen wir die Berge hinter uns und setzen die ersten Schritte in die Poebene, um nach Camposampiero und Padua zu gelangen.

INNSBRUCK: 121.000 EW, Universitätsstadt mit 30.000 Studenten, Bischofssitz. – **Dom zu Sankt Jakob**: heutiger Bau 18. Jh., hl. Jakobus als Matamoros am Fassadengiebel, Glockenspiel im Nordturm; Inneres: vier Deckenfresken hl. Jakobus von Cosmas Damian Asam, Hochaltar mit Silberbüsten hll. Jakobus und Alexius (zeitweise aufgestellt), Rahmengemälde hll. Jakobus und Alexius (Wechselbild für Werktage) um das Mariahilf-Bild von Lukas Cranach d. Ä. (um 1537, meistverbreitetes Marienbild im alpenländisch-mitteleuropäischen Raum), Grabmal (17. Jh.) von Erzherzog Maximilian III. (ab 1590 Hoch- und Deutschmeister des Deutschen Ritterordens) und gleichzeitig Grab des 1954 hier beerdigten letzten weltlichen Hochmeisters des Deutschen Ordens Erzherzog Eugen. (*Dem Deut-*

Dom zu St. Jakob, Treffpunkt der Rom- und der Santiagopilger

Hl. Jakob als Matamoros am Fassadengiebel und das Mariahilf-Bild von Lukas Cranach d. Ä. am Hochaltar des Innsbrucker Doms

schen Ritterorden werden wir auf unserer Pilgerreise noch öfters begegnen, etwa in Sterzing, Lengmoos, Bozen usw.) Neben dem hl. Jakobus (Gedenktag 25. Juli) ist also im Dom mit dem hl. Alexius von Edessa (5. Jh., Gedenktag 17. Juli) ein weiterer Pilgerpatron zu finden, welcher auch einer der Schutzpatrone der Stadt Innsbruck ist. – **Hofkirche**: auch Franziskaner- oder Schwarzmanderkirche, 16. Jh.; Hochgrab Maximilians I. – großartigstes Kaisergrab Europas mit Kenotaph und 28 überlebensgroßen Statuen („schwarze Mander"); im Presbyterium die Ebertorgel (Renaissanceorgel von 1558 mit Weltruf), am Hochaltar u. a. Bleistatue des hl. Franziskus von Balthasar Moll, 18. Jh.; rechter Seitenaltar hl. Antonius; Silberne Kapelle – Grabmäler von Erzherzog Ferdinand II. und seiner Frau Philippine Welser von Alexander Colin, 16. Jh.; im Langhaus hinten das Grabmal des Tiroler Freiheitskämpfers Andreas Hofer. – Weiters: **Altstadt** mit Goldenem Dachl, Hofburg, Schloss Ambras, Stift Wilten (siehe 1. Etappe) etc.

- *Für alle Quartiere ist ein Pilgerpass empfehlenswert*
- *Pilgerherberge Löwenhaus, Rennweg 5 (Altstadtnähe), Tel. 0512/585479 oder 0676/88447706, www.loewenhaus.at*
- *Haus Marillac (Bildungshaus der Barmherzigen Schwestern), Sennstr. 3, Tel. 0512/572313, www.haus-marillac.at, haus.marillac@barmherzige-schwestern.at*
- *Jugendherberge, Reichenauer Str. 147, Tel. 0512/346179, info@jugendherberge-innsbruck.at, www.jugendherberge-innsbruck.at*
- *B&B, Kiebachgasse 16 (in der Altstadt), Tel. 0512/584118 oder 0664/7879197, www.nepomuks.at*
- *Im Dom zu St. Jakob liegen für Pilger eine Liste mit Unterkünften und ein Pilgerstempel auf.*
- *Für weitere Quartiere: Tourismusinfo, Burggraben 3, Tel. 0512/59850, office@innsbruck.info, www.innsbruck.info*

21 km, 6 Std. ↗ 930 m ↘ 350 m

Innsbruck – Bildungshaus St. Michael/Pfons

Abt-Albert-von-Stade-Weg/Nordtirol

Innsbruck 580 m		Igls 870 m		Patsch 1000 m		St. Peter 1070 m		St. Michael/Pfons 1150 m
0 km	↗ 300 hm	6 km	↗ 140 hm	9 km	↗ 150 hm ↘ 80 hm	12 km	↗ 340 hm ↘ 270 hm	21 km

Eine Pilgerreise beginnt immer bei einer Jakobskirche! Also pilgern wir vom Innsbrucker Dom zu St. Jakob durch die Stadt zum großartigen Kloster Wilten, hinter dem wir ins Mittelgebirge aufsteigen und entlang des Wipptaler Höhenweges bzw. der alten Römerstraße durch das Wipptal Richtung Brenner wandern. Über den Brennerpass nach Innsbruck verläuft auch der südösterreichische Jakobsweg, dem wir im Großen und Ganzen entgegengesetzt folgen. Als Start nach Rom hat es diese Etappe mit 21 km und 930 Höhenmetern durchaus in sich. Belohnt werden wir unterwegs mit schönen Ausblicken zurück auf Innsbruck und die Bergkulisse der Nordkette, auf die Gipfel von Serles und Habicht und auf die Gletscher des hinteren Stubaitals.
Tipp: Wem die ersten zwei Etappen mit jeweils ca. 900 Höhenmeter zum Start der Pilgerreise zu beschwerlich sind, teilt sich diese in drei Abschnitte ein.

Vom Dom über das Kloster Wilten (2 km) nach Vill (3 km)

Wir gehen vom Domplatz durch die Pfarrgasse, am Goldenen Dachl vorbei, der Herzog-Friedrich-Straße entlang bis zum Ende der Altstadt. Zu Beginn der Maria-Theresien-Straße statten wir der Spitalskirche einen Besuch ab (hinten rechts Bild hl. Antonius). Weiter bis zum Ende der Maria-Theresien-Straße, an der Triumphpforte vorbei der Leopoldstraße folgen bis zu deren Ende. Hoch vor uns thront die Bergiselsprungschanze (Architektin Zaha Hadid), rechts befindet sich die **Wiltener Basilika** (päpstliche Basilika, Marienwallfahrt zum Gnadenbild von 1330, Rokokostil des 18. Jh., am Schalldeckel der Kanzel hll. Peter und Paul). Nun hinüber in die Klostergasse zur bereits sichtbaren Stiftskirche und dem Kloster Wilten.

Kloster und Stiftskirche Wilten: gelegen im Gebiet des römischen Kastells Veldidena, geistliches und kulturelles Zentrum (Betreuung von ca. 20 Pfarren, Wiltener Sängerknaben usw.), seit 1138 Prämonstratenser-Chorherrenstift, Blütezeit im 17. und 18. Jh. mit barockem Neubau; Stiftskirche: erste Kirche 6. Jh., heutiger Bau 17. Jh., Frühbarock, 2. Seitenkapelle links Apostelaltar mit der Bekehrung des Paulus (Wandbild) und Schlüsselübergabe an den hl. Pe-

Wiltener Basilika und das Leuthaus (ehemaliges Wirts- und Gästehaus) des Stiftes Wilten

trus (Altarbild); 3. Seitenkapelle links eine Kopie des Raffaelbildes „Madonna di Foligno“ u. a. mit dem knienden Franziskus von Michael Andersag (siehe dazu 43. Etappe unter Foligno); die Besonderheit des Hochaltars (Aufsatz) ist die Öffnung zum „Thron Salomons“, zu dem sechs Stufen flankiert von je zwei goldenen Löwen hinaufführen; Kloster: barocker Kreuzgang, Bibliothek, Prunkräume, Stiftsmuseum; www.stift-wilten.at; Klosterladen geöffnet Mo.–Fr. 8–12/14–18 Uhr, Sa. 8–12 Uhr (Pilgerstempel).

Die Legende vom Riesen Haymon

Der Riese Haymon tötet im Streit den benachbarten Riesen Thyrsus, worauf er als Sühne das Kloster Wilten erbauen will. Aber ein in der nahen Sillschlucht lebender Drache zerstört in der Nacht immer wieder den Bau. Da erschlug der Riese Haymon den Drachen und riss ihm die Zunge heraus. Diese hält die Figur des Riesen Haymon in der Vorhalle der Stiftskirche in seiner Hand.

Die Klostergasse weiter und nach einer Linkskurve durch die Unterführung der Brennerbahn. Über die Sillbrücke und sofort danach rechts hinauf zur Fußgängerbrücke und auf dieser über die Autobahn. Nach der Brücke 20 m rechts, dann den Waldsteig links hinauf, unter der Brennerautobahn hindurch bis zur Igler Straße, diese ***vorsichtig!*** (uneinsehbare Kurve) queren und weiter den Waldweg aufwärts. Nach 500 m 👁 rechts auf einem Steig in den Wald hinauf (rechts zweigt ein Forstweg ab, 10 m weiter auf einem Baum blau-weiß-blaue Markierung „Nr. 3“), nach 200 m mündet dieser in eine

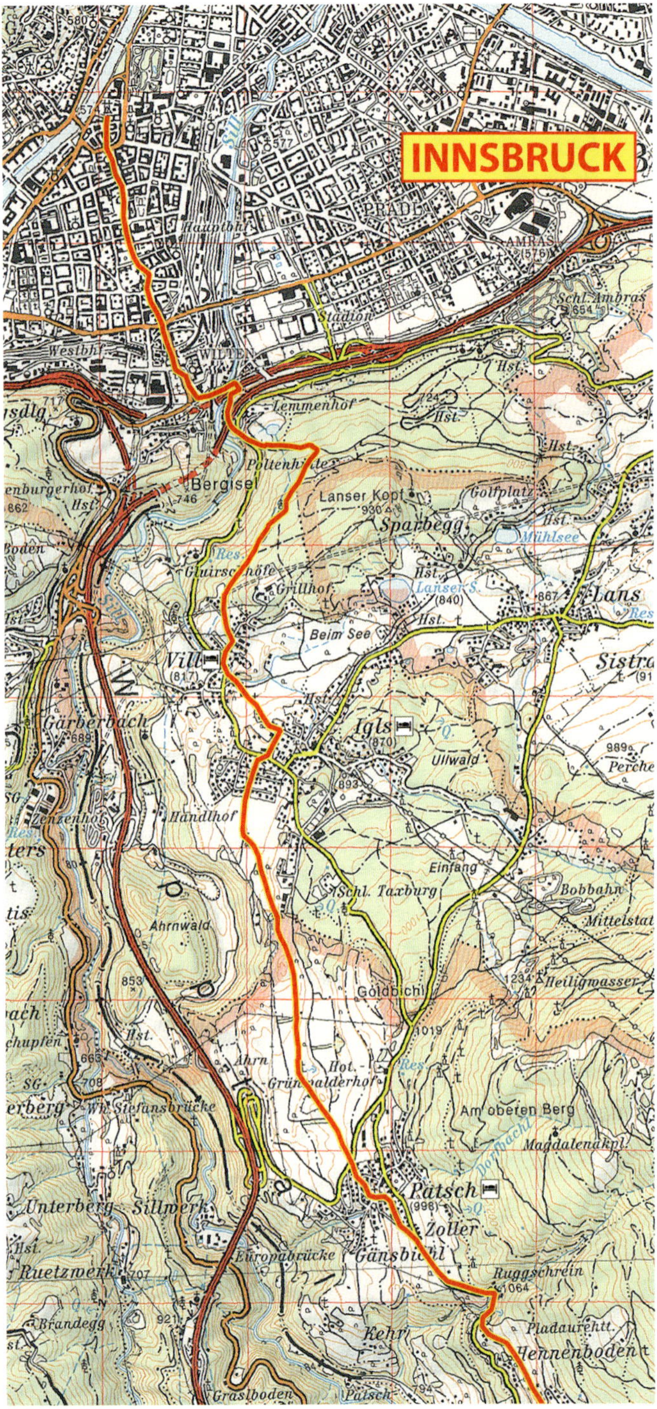
INNSBRUCK
Hauptbf.
Westbf.
Wilten
Stadion
Pradl
Amras
(576)
Schl. Ambras
654
Lemmenhof
Bergisel
746
Poltenhütte
Lanser Kopf
930
Sparbegg
Golfplatz
Mühlsee
Lanser S.
(840)
Lans
867
Grillhof
Beim See
Vill
(817)
Igls
(870)
Ullwald
893
Sistrans
Gärberbach
689
Handlhof
Ahrnwald
853
Schl. Taxburg
Einfang
Bobbahn
Goldbichl
1019
1234
Heiligwasser
Ahrn
Grünwalderhof
Am oberen Berg
Magdalenakpl.
Patsch
(998)
Zoller
Gänsbichl
Europabrücke
Ruggschrein
1064
Pladaurehtt.
Hennenboden
Kehr
Graslboden
Unterberg
Sillwerk
Ruetzwerk
Brandegg
Wh. Stefansbrücke
Hst.
Res.

Blick von Ellbögen in das Wipptal Richtung Brenner

Forststraße. Auf der Forststraße rechts ca. 1 km in leichtem Auf und Ab dahin und am Schluss auf asphaltierter Straße hinunter in den Ort **Vill** zur Igler Straße.

Von Vill über Igls (1 km), Patsch (3 km) und St. Peter (3 km) nach Mühlbachl (1 km)

In der Igler Straße kurz nach links, nach 50 m bei der **Kirche (Hl. Martin)** wieder links in den Lilly-von-Sauter-Weg, nach 20 m beim Gasthof Turnbichl links, nach 30 m bei einer Weggabelung rechts den asphaltierten Wanderweg aufwärts zum bereits sichtbaren Schlosshotel. In **Igls** rechts in die Habichtstraße bis zur Igler Straße, dort kurz rechts und sofort wieder links in den Fernkreuzweg. Nach 400 m bei einem Wegkreuz (Blick auf die Berge Serles und Habicht) links die asphaltierte Straße weiter, ab hier 2 km nach Patsch (Ausblick ins Stubaital). Nach Querung einer größeren Straße geradeaus in den Ort **Patsch** bis zur Kirche (St. Donatus, linker Seitenaltar Darstellung des Pilgerpatrons hl. Rochus). Hinter der Kirche über den rechten Friedhofsausgang in die Dorfstraße, auf dieser 50 m hinauf und rechts am Mühlweg flach weiter, dann links aufwärts bis zur Ellbögener Straße („Römerstraße"). Dieser rechts ansteigend folgend und schließlich eben bis zu den Häusern von **Ruggschrein**. Nach einer Rechtskehre beim Schild „Ellbögen" links die Straße hinauf (Speckbacher-Wanderweg), die später zu einem Feldweg wird. Flach weiter bis zu den Häusern von **Tarzens**, ab dort auf der Asphaltstraße geradeaus weiter und am Schluss nach einer Rechtskurve noch 200 m hinunter zur Kirche von St. Peter.

- *Gasthof St. Peter, Tel. 0512/370358 oder 0650/9792312, letzte Einkehrmöglichkeit auf der heutigen Etappe*

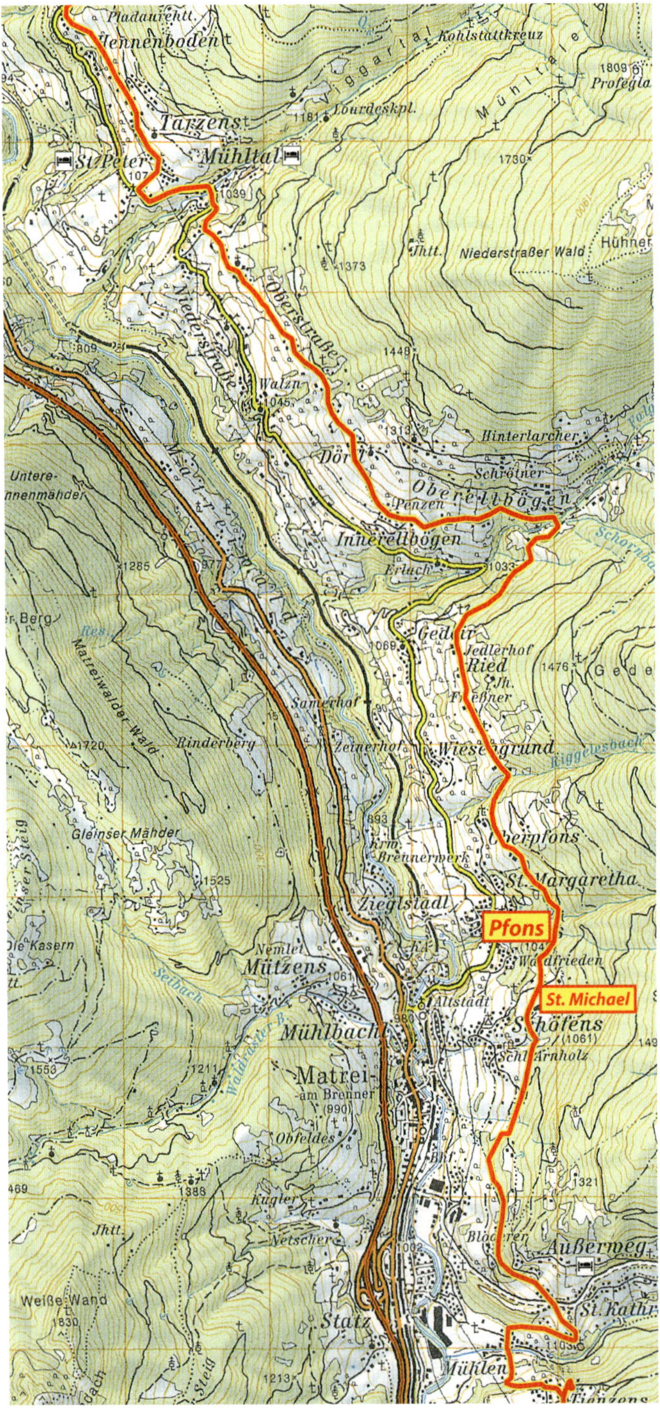

Hennenboden
Tarzens
St. Peter
Mühltal
Viggartal
Kohlstattkreuz
Lourdeskpl.
Mühltal
Profegla
Niederstraßer Wald
Oberstraße
Niederstraße
Walzn
Hinterlarcher
Schröttner
Oberellbögen
Dörfl
Penzen
Innerellbögen
Erlach
Untere-
Schornbach
Gedeir
Jedlerhof
Ried
Freßner
Matreiwald
Matreiwalder Wald
Samerhof
Zeinerhof
Wiesengrund
Riggelesbach
Rinderberg
Gleinser Mähder
Brennerwerk
Oberpfons
St. Margaretha
Zieglstadl
Pfons
Waldfrieden
Nemlet
Mützens
St. Michael
Altstadt
Schöfens
Seitbach
Mühlbach
Schl. Arnholz
Matrei-
am Brenner
Waldraster B.
Obfeldes
Kugler
Netscher
Außerweg
Weiße Wand
Statz
St. Kathrein
Mühlen

Von Mühlbachl zum Bildungshaus St. Michael/Pfons (8 km)

Der „Römerstraße“ folgend abwärts bis zum Ortsteil **Mühlbachl** (*Zimmer bei Familie Reimair/Übergänger, Tel. 0512/379116*). Nach der Brücke in 100 m bei einem Bildstöckl links den Steig hinauf. Ab nun benützen wir hauptsächlich den „Wipptaler Wanderweg“. Bei der Einmündung des Steiges in die Asphaltstraße weiter links aufwärts und vorbei am Loamgruberhof. Nach 1,5 km sofort nach der Tischlerei Schaiter bei einem Hochwasserschloss rechts auf den Schotterweg zu einer kleinen Kapelle, weiter abwärts zu einem Haus, am Zaun entlang und einen Hohlweg hinab. Ab Beginn des Asphaltes noch weitere 50 m abwärts, dann nach links leicht ansteigend weiter, bei der nächsten T-Kreuzung wieder links, abwechselnd flach und ansteigend 1 km am Hangrücken entlang bis zum Kratzerhof, danach über einen Bach und auf der anderen Seite wieder talauswärts. Nach 400 m gleich nach einem kleinen Bächlein links den Forstweg hinauf, durch ein Gatter und flach durch den Wald weiter bis zu einer Asphaltstraße. Dieser links 1,5 km folgen, zuerst aufwärts, dann eben und schließlich wieder abwärts bis zur nächsten T-Kreuzung.

Bildungshaus St. Michael der Diözese Innsbruck

Nun liegt unser Tagesziel nur noch 20 Minuten entfernt! Bei dieser Kreuzung links hinauf bis zum Gerstelerhof, geradeaus am Hof vorbei und auf einer Forststraße kurz abwärts, bei der Viererkreuzung geradeaus eben weiter, bald danach bei einer alten, restaurierten Mühle über einen Bach. Alsbald sehen wir vor uns eine große Wiese mit dem **Bildungshaus St. Michael**. Wir steigen über den Zaun und pilgern mitten durch die Wiese zu unserem Etappenziel.

- *Bildungshaus St. Michael: kirchliches Bildungshaus der Diözese Innsbruck, Tel. 05273/6236, www.dibk.at/st.michael, st.michael@dibk.at, Voranmeldung erwünscht*

2. ETAPPE

23 km, 6½ Std. ↗ 920 m ↘ 690 m

Bildungshaus St. Michael/Pfons – Brennerpass

Abt-Albert-von-Stade-Weg / Nordtirol

St. Michael/ Pfons 1150 m		St. Kathrein 1100 m		Mauern 1150 m		Stafflach 1100 m		Nösslach 1350 m		Gries a. Brenner 1160 m		Brenner 1370 m
0 km	↗ 100 hm ↘ 150 hm	3 km	↗ 210 hm ↘ 150 hm	6 km	↗ 150 hm ↘ 200 hm	12 km	↗ 250 hm	14 km	↘ 190 hm	18 km	↗ 210 hm	23 km

Weiter geht es Richtung Alpenhauptkamm, wobei die heutige Tagesetappe nicht nur Anstiege kennt. Besondere Beachtung finden fünf Kirchen bzw. Kapellen, allesamt Kleinode und von kulturhistorischer Bedeutung. Mit dem Brennerpass erreichen wir die Staatsgrenze zwischen Österreich und Italien und gleichzeitig den zweithöchsten Punkt (1370 m) unserer Pilgerfahrt.

Vom Bildungshaus St. Michael nach St. Kathrein (3 km)

Wir begehen im ersten Teil den sogenannten Jubiläumsweg. Beim großen Parkplatz am Weiher hinüber zum Wald, durch den Zaun und gleich danach rechts dem Wiesenweg folgend aufwärts bis auf eine Forststraße. Auf dieser geradeaus weiter, nach 150 m Querung eines Forstweges und weiter eben dahin (nicht rechts auf Asphalt hinunter), nach 400 m bei Weggabelung (schöner Blick auf Matrei) rechts steil abwärts. Am Wiesenrand nunmehr dem Pfad links leicht ansteigend folgen. Nach 1 km zu einer Asphaltstraße, der wir links aufwärts zu den ersten Häusern von **St. Kathrein** folgen. Bald danach bei der Linkskehre geradeaus abwärts bis zur Naviser Straße (Anmerkung: Wer zum Gasthof Naviserhof, Tel. 05273/6584, möchte, geht hier die Straße 500 m links aufwärts weiter). Wir aber queren die Naviser Straße und gehen geradeaus abwärts bis zur Filialkirche St. Katharina mit der Burgkapelle Aufenstein (gotische Wandmalereien, Schlüssel im Haus daneben oder im Bauernhaus Nr. 12).

Kirchlein St. Katharina mit der angebauten Burgkapelle Aufenstein

Von St. Kathrein über Mauern (3 km) bis Stafflach (6 km)

Vom Kirchlein kurz zurück und links auf der kleinen Straße abwärts (auf der gegenüberliegenden Talseite ist die Kirche St. Ulrich in Tienzens bereits sichtbar) bis zum Ortsteil **Mühlen**, dort geradeaus über die Brücke des Navisbaches, anschließend den steilen Schotterweg wieder 600 m aufwärts bis zum Weiler **Tienzens**. Dort sofort auf Asphalt die erste Straße links nehmen und dieser bis zur Filialkirche St. Ulrich (spätgotisch, Schlüssel bei Haus Nr. 28) folgen. Kurz zurück und bei der Rechtskehre (Gerätehaus Tienzens) geradeaus auf einem Feldweg (Weg Nr. 38) dem Wiesenrain entlang. Diesem Feldweg 700 m folgen (alle Abzweigungen

Filialkirche hl. Ulrich im Weiler Tienzens

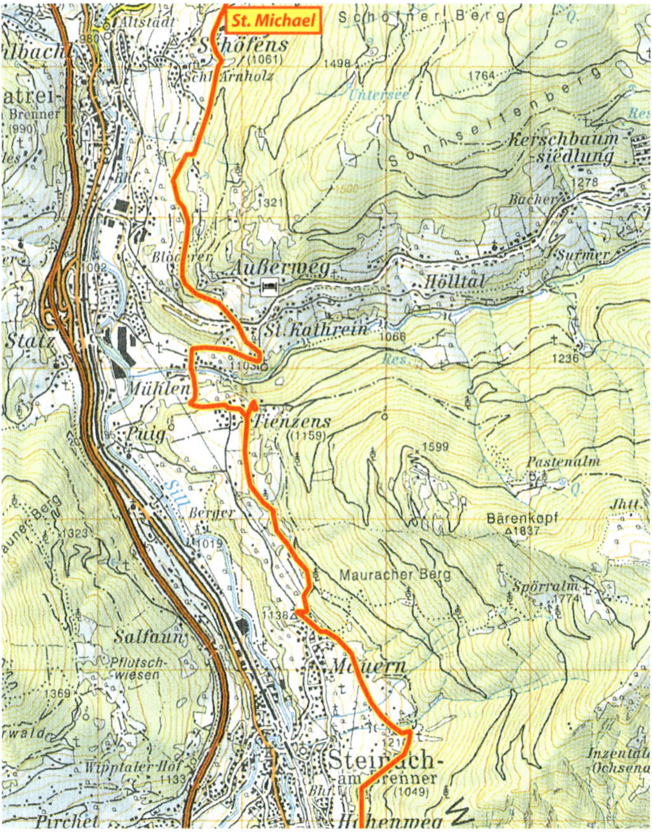

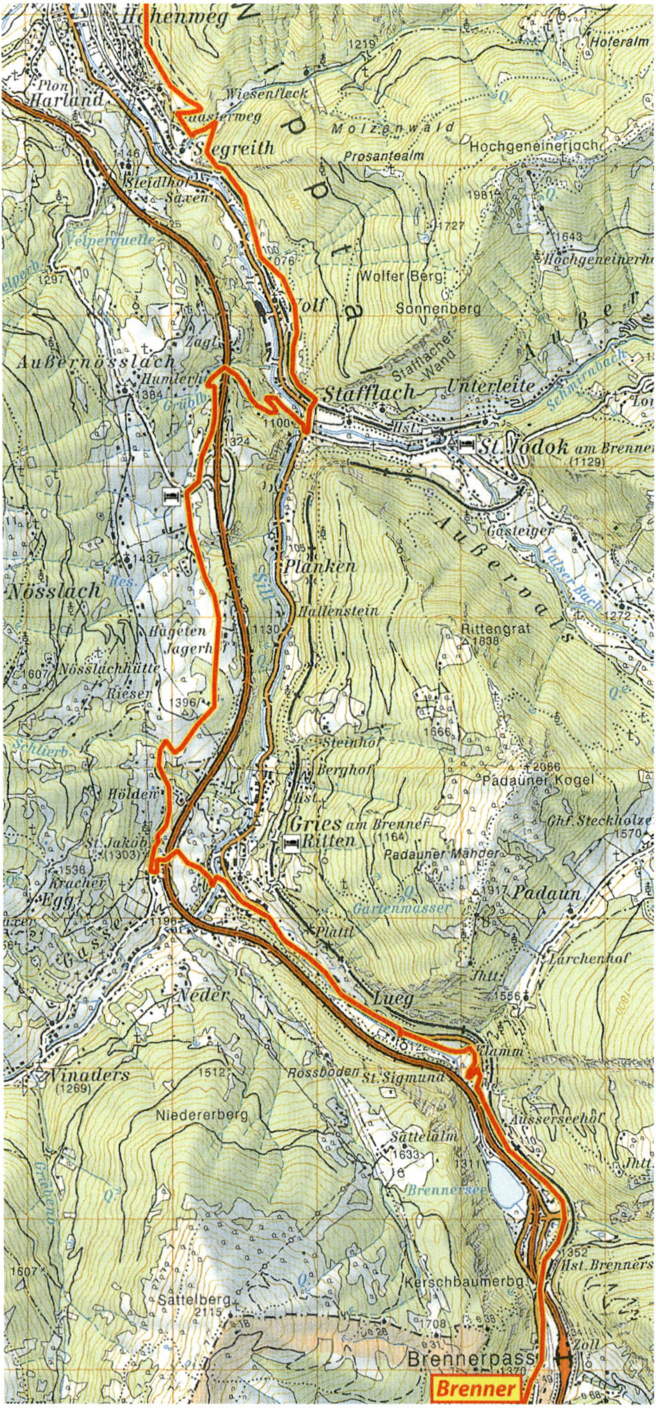
Hohenweg
Hoferalm
Wiesenfleck
Molzenwald
Hochgeneinerjoch
Siegreith
Prosantealm
Steidlhof
Saxen
Velperquelle
Wolfer Berg
Sonnenberg
Wolf
Hochgeneinerhof
Außernösslach
Zagl
Stafflacher Wand
Stafflach
Unterleite
St. Jodok am Brenner
Gasteiger
Planken
Nösslach
Außervals
Valser Bach
Hallenstein
Rittengrat
Hageten
Jagerhof
Nösslachhütte
Rieser
Sill
Steinhof
Berghof
Padauner Kogel
Hölden
Gries am Brenner
Ritten
Padauner Mähder
Ghf. Steckholzer
St. Jakob
Kracher
Egg
Padaun
Gartenwasser
Plattl
Larchenhof
Neder
Lueg
Klamm
Vinaders
Rossboden
St. Sigmund
Niedererberg
Ausserseehof
Sattelalm
Brennersee
Hst. Brennersee
Kerschbaumerbg.
Sattelberg
Zoll
Brennerpass
Brenner

ignorieren), bis er in einer Wiese endet. Kurz davor rechts auf dem Steig (WW Wipptaler Wanderweg, Markierung Nr. 38 bei einem Gatterl) weiter bis zu einem Bauernhof, an diesem vorbei und nach 200 m in einem Rechtsbogen hinunter in den Ortsteil **Mauern** zur Filialkirche St. Ursula (barockisierte romanische Anlage; bis 1483 wurden am Friedhof die Verstorbenen aus Hintertux im Tuxertal begraben, welche über das 2300 m hohe Tuxerjoch hierher zur Bestattung getragen wurden; drei schlichte Tuxer Kreuze rechts vom Eingang erinnern noch daran).

Filialkirche hl. Ursula im Ortsteil Mauern

Vom Kirchlein 200 m auf der Straße abwärts, dann vor einem Brunnen das erste Asphaltsträßchen links aufwärts und in 1,3 km bis zu Beginn der Forststraße am Waldesrand (schöner Blick auf Steinach). Hier treffen vier Wege zusammen, wir nehmen den rechten Forstweg, der eben weiterführt, und nach 50 m gibt es zwei Möglichkeiten: entweder links auf einem Steig oder am Forstweg verbleibend geradeaus in 1,4 km bis zu einem großen, neuen Wasserhochbehälter. Dort steil abwärts und in einer Rechts- und Linkskehre hinunter zur Asphaltstraße am Eingang des Padastertales. Hier links der Asphaltstraße folgen und nach 150 m rechts im spitzen Winkel retour zur Holzbrücke über ein Staubecken. Nach der Brücke dem Asphaltsträßchen folgen, bei der nächsten Weggabelung links den Schotterweg hinauf, nach 70 m bei einer Weggabelung am rechten Forstweg eben weiter und in 2 km am Ende abwärts, unter der Bahn hindurch, bis zum Ortsteil **Stafflach**. Dort zur Brennerbundesstraße (Tankstelle – erste Einkehrmöglichkeit auf der heutigen Route).

Anmerkung: Von hier 1 km zum Ort **St. Jodok**, benannt nach dem Mönch und Rompilger aus dem 7. Jh., Gedenktag 13. Dezember, Schutzpatron der Pilger.

- *Gasthof Lamm, Tel. 05279/5201, Übernachtungsmöglichkeit*

Von Stafflach über Nösslach (2 km) nach Gries (4 km)

Von der Tankstelle kurz auf der Brennerbundesstraße zurück über die Brücke zu einer Kapelle, dort vorher links und wieder über eine kleine Brücke, beim ersten Haus links vorbei durch eine schmale Gasse auf einen Wanderweg. Auf diesem Steig 600 m steil aufwärts durch den Wald bis zu einer Wiese, der Pfad wird zum einem Feldweg, unter der Autobahnbrücke hindurch, dann nochmals steil in zwei Kehren hinauf und der Autobahn entlang zum Ortsteil **Nösslach** (*Quartiere*). Bei der Kreuzung von drei Asphaltstraßen links

St. Jakob oberhalb von Gries am Brenner

dem Straßenschild „Gries am Brenner“ folgend in 3 km bis zur **Kapelle Hl. Jakob** (spätromanischer Bau, teils barockisiert, spätgotischer Flügelaltar mit Darstellungen des hl. Jakob). Von der Kapelle 200 m weiter abwärts, vor einer Garage mit drei Toren nach links auf ein Asphaltsträßchen abbiegen, diesem entlang und unter der Autobahn hindurch. Weiter auf einem Schotterweg steil hinunter zum Ort **Gries am Brenner** (*Geschäfte, Quartiere*).

Von Gries auf den Brennerpass (5 km)

In Gries kurz rechts und sofort nach links über eine blaue Brücke, geradeaus bis zur Brennerbundesstraße. Dieser 1,2 km folgen und dann rechts über eine kleine Brücke zur Kapelle Hll. Christoph und Sigmund am **Lueg** (gotische Kapelle, barockisiert). Von der Kapelle zurück über den Bach und rechts auf einem Feldweg durch eine Wiese bis zu einigen Häusern. An diesen vorbei und in einem Rechtsbogen über eine Wiese aufwärts (Dank an die Besitzer für die Genehmigung zum Durchgehen!). Am Ende der Wiese am Fuße einer Schotterhalde bei einer roten Bank im spitzen Winkel links auf einem Weg 50 m retour bis zur Brennerbundesstraße. Ab nun auf der Bundesstraße in 2,4 km auf den Brennerpass bis zum Grenzstein beim Kreisverkehr.

Brennerpass: 1370 m, niedrigster Pass des Alpenhauptkamms der Ostalpen, am häufigsten befahrener Alpenpass Europas auf der Nord-Süd-Transitroute. Der Ort Brenner: gehört bereits zu Südtirol und liegt daher auf italienischem Hoheitsgebiet, neue Pfarrkirche Maria am Wege (1964), alte Kirche St. Valentin (15. Jh.).

- *„Dormitorio“, Valentinsstr. 12, Tel. 0039/340/7998103, kontakt@infopoint-brenner.it, Infos dazu auch 100 m vorher bei einem Würstelstand*
- *Gasthof Olimpia, Tel. 0039/0472/631163*

Achtung:

Für Italien muss bei einem Anruf aus dem Ausland 0039 oder +39 vorgewählt werden; bei Festnetznummern muss danach auch die 0 gewählt werden (z. B. 0039/0472/...), bei Mobilfunknummern entfällt sie (0039/340/...). Ab der nächsten Etappe werden die Telefonnummern ohne die Vorwahl für Italien angeführt.

23 km, 6 Std. ↗ 230 m ↘ 620 m

Brenner – Stilfes

Abt-Albert-von-Stade-Weg / Südtirol

Brenner 1370 m		Gossensaß 1100 m		Sterzing 950		Stilfes 960 m
0 km	↘ 270 hm	10 km	↗ 200 hm ↘ 350 hm	17 km	↗ 20 hm	23 km

Der Brenner ist überschritten, jetzt geht's abwärts nach Rom! Bis Salurn hilft uns die Südtiroler Zweisprachigkeit, uns an die italienischen Straßenschilder zu gewöhnen (grün für Autobahn, blau für die „SS", die „Staatsstraßen", etc.), wobei uns die heutige Etappe bis in den Talkessel von Sterzing doch überraschend schöne Wege bietet. Neben dem anwachsenden Eisack, neben Eisenbahn, Autobahn und SS bietet die enge Schlucht auch Wanderwegen Platz, auf denen wir den Spuren der mittelalterlichen Kaiser in die Ewige Stadt folgen.

Vom Brenner nach Gossensaß (10 km)

Nach Durchquerung des Ortes Brenner am großen, meist leeren Marktplatz vorbei bis zur Fußballanlage. Ab hier benützen wir für 6,5 km den Rad- und Fußweg, der auf der alten Bahntrasse angelegt wurde – vorerst 2,5 km bis zu den Häusern von Brennerbad (*Gasthof Silbergasser, Tel. 0472/631158*). Von hier 4 km weiter am Radweg bis zur nächsten Abzweigung. Zuerst nach dem Ortsteil **Brennerbad** über eine Brücke, später durch zwei Tunnels und dann 👁 links den Radweg auf einem abwärtsführenden Wanderweg verlassen (300 m nach dem verfallenen Bahnhäuschen mit der Nr. 232, zu Beginn des Steiges über zwei Kanaldeckel, rechts führt ein Feldweg aufwärts). Nun geht es geradeaus abwärts bis Gossensaß – zuerst am Wanderweg bis zu Asphaltstraße, dort links und vorbei beim Haus gleich in einer Rechtskehre weiter hinunter. Bei der Weggabelung vor einem Wohnhaus den rechten Schotterweg nehmen und sofort wieder

Gossensaß – Pfarrkirche Mariä Empfängnis und Knappenkapelle hl. Barbara

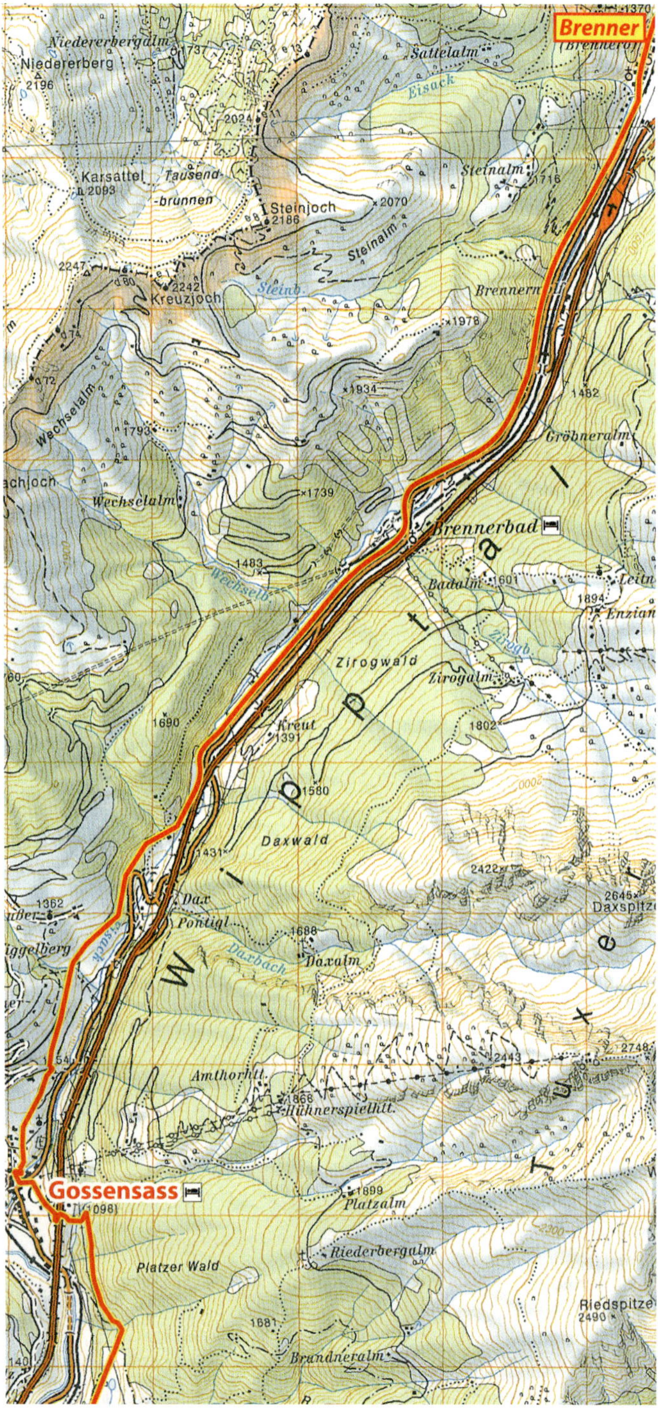
Brenner
(Brennero)
Niedererbergalm
Niedererberg
2196
1737
Sattelalm
Eisack
2024
Karsattel
2093
Tausend-
-brunnen
Steinjoch
2186
2070
Steinalm
1716
Steinalm
2247
2242
Kreuzjoch
Steinb.
Brennern
1978
1482
Wechselalm
1793
1934
Gröbneralm
Wechselalm
1739
Brennerbad
1483
Wechselb.
Badalm
1601
1894
Leitn
Enzian
Zirogb.
Zirogwald
Zirogalm
1690
Kreut
1391
1802
1580
Daxwald
1431
2422
2645
Daxspitz
1362
Dax
Pontigl
1688
Daxbach
Daxalm
Eisack
Wipptaler
2443
2748
Amthorhtt.
1868
Hühnerspielhtt.
Gossensass
(1098)
1899
Platzalm
Riederbergalm
Platzer Wald
Riedspitze
2490
1681
Brandneralm

geradeaus auf einem Hohlweg bis **Gossensaß**. Bei den ersten Häusern bei einer T-Kreuzung rechts, dann gleich wieder links hinunter durch den Friedhof zu den zwei Kirchen. *Knappenkapelle St. Barbara*: spätgot. Flügelaltar um 1520, *Pfarrkirche Mariä Empfängnis*: 18. Jh., vordere Seitenaltäre um 1750 (links Darstellung des hl. Petrus mit Hahn und rechts im Giebel hl. Jakobus d. Ä.), Apostelköpfe aus dem 16. Jh. (linker vorderer Seitenaltar u. a. hl. Jakobus d. Ä., am Beichtstuhl im rechten hintereren Seitenaltar hll. Petrus und Paulus). Weiter über eine Treppe in den Ortskern hinab, links der Straße folgen bis zur Hauptstraße (*Geschäfte, Hotels, z. B. Hotel Schuster, Tel. 0472/632322*).

Von Gossensaß bis Sterzing (7 km)

Die Hauptstraße queren, 20 m links weiter und rechts in die „Alte Postgasse", nach weiteren 20 m sich bei einer Weggabelung leicht rechts halten und nach 150 m links den „Platzhofweg" aufwärts. Bei der Weggabelung unter der Autobahn rechts auf dem Wanderweg Nr. 21 hinüber zu einem gelben Haus mit Türmchen. Am Haus vorbei, dahinter nach einem Bach rechts weiter, später bei einem Strommasten rechts vorbei und weiter am Steig abwärts. Am Ende des Steiges geradeaus über eine kleine Brücke (unter der Brücke Wasserableitung für einen Waalweg), dem Forstweg folgen bis zu Wiese, an der **Burgruine Strassberg** abwärts vorbei bis zum Ortsteil **Oberried**.

Bei den ersten Häusern bei einer Kreuzung links, dann über eine kleine Brücke, danach rechts weiter. Bei der nächsten Weggabelung rechts abwärts bis zum Ortsteil **Unterried** (Kirche St. Stephan, *Gasthof Schaurhof, Tel. 0472/765366*).

Dort nicht durch die Bahnunterführung, sondern links zur Kirche. An der Kirche vorbei 10 m abwärts, danach rechts hinüber zum Wanderweg, der der Bahn entlangführt. Nach 300 m nicht links hinauf zum Bauernhof, sondern weiter der Bahn entlang und nach weiteren 200 m aufwärts zu einem Asphaltsträßchen. Diesem rechts folgen, bei der Bahnunterführung (nicht hindurchgehen) weiter geradeaus, zuerst aufwärts, dann eben. Der Forstweg wird zum Wanderweg, diesem folgen wir bis zu einer Wiese. Bei der Wiese nach 10 m auf einem Steig rechts abwärts (Baum links und rechts mit Markierung) und durch die Bahnunterführung bis zu den ersten Häusern von **Sterzing**. Hier

Der Zwölferturm von Sterzing

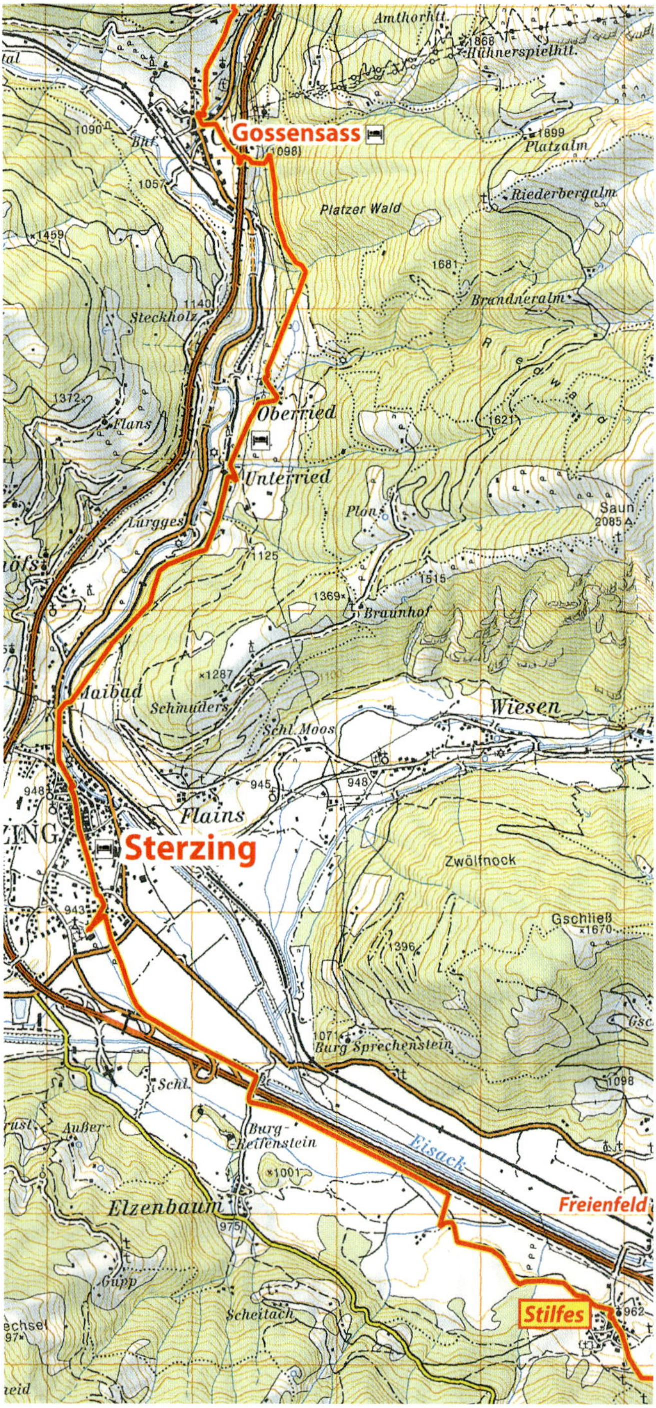
Gossensass
Amthorhtt.
1868
Hühnerspielhtt.
1899
Platzalm
Riederbergalm
Platzer Wald
1098
1090
1057
1459
1681
Brandneralm
1140
Steckholz
Redwald
1372
Flans
Oberried
1621
Unterried
Plons
Saun
2085
Lurgges
1125
1515
1369
Braunhof
Maibad
1287
Schmuders
Wiesen
Schl. Moos
945
948
948
Flains
Sterzing
Zwölfnock
943
Gschließ
1670
1396
1071
Burg Sprechenstein
1098
Schl.
Außer-
Burg-
Reifenstein
Eisack
1001
Freienfeld
Elzenbaum
975
Gupp
Scheitach
Stilfes
962

nach links, gleich danach rechts über die Brücke (Eisack) und links der Brennerstaatsstraße geradeaus Richtung Zentrum folgen. Bald am Parkplatz vorbei, dann bei der Gabelung links abwärts auf dem gepflasterten Weg durch die Altstadt zum Zwölferturm am Stadtplatz (Hl.-Geist-Kirche und Tourismusinfo). Durch den Turm hindurch, vorbei am Rathaus durch die schöne Neustadt, am Ende weiter auf der Gänsbacherstraße, dann auf der Deutschhausstraße, und bei der Kreuzkirche vorbei in einem Rechtsbogen zum Deutschhaus und der Pfarrkirche.

STERZING (6400 EW), um 1500 Blütezeit als Bergwerkssiedlung. – **Hl.-Geist-Kirche**: 14. Jh., Fresken 15. Jh. von Meister Johannes von Bruneck, figürliche Darstellung St. Peter und St. Paul im linken Seitenschiff. – **Rathaus**: 15. Jh., got. Ratssaal, Innenhof mit röm. Meilenstein und Kopie eines Mithrassteins. – **Deutschhaus**: ab 13. Jh., bis 1813 im Besitz des Deutschritterordens und bis dahin Herberge für Rom- und Jerusalempilger, St.-Elisabeth-Kirche 18. Jh., Wandkonsolen mit Statuen Jesu Christi und 12 Apostel, Stadt- und Multschermuseum, Prunkräume. – **Pfarrkirche Unsere Liebe Frau im Moos**: 15./16. Jh., erster Pfeiler links gestiftet von der Jakobsbruderschaft (Inschrift und Wappen), Apostelbüsten an der linken Chorwand 15. Jh., neugot. Hochaltar mit vier Figuren (links hll. Barbara und Ursula, rechts hll. Apollonia und Katharina) des ehemaligen, 12 m hohen Flügelaltars von Hans

Stifterwappen der Jakobsbruderschaft von 1515 auf einem Rundpfeiler der Pfarrkirche von Sterzing

Deutschhaus mit St.-Elisabeth-Kirche, im Hintergrund die Pfarrkirche Unsere Liebe Frau im Moos

Burg Reifenstein bei Sterzing

Multscher, im Gesprenge die Apostelfürsten Petrus und Paulus, spätgotisches Relief im Tympanon des Portales zur Sakristei; Hotels, Gasthöfe, Geschäfte.

Von Sterzing bis Stilfes (6 km)

Von der Pfarrkirche 50 m zurück und rechts ab in eine kleine Straße mit dem Beginn des Radweges, dem wir folgen. Zuerst unter der Unterführung hindurch und dann geradeaus bis zur Autobahn (links Burg Sprechenstein, rechts Burg Reifenstein – Beginn 12. Jh., 1470 bis 1809 im Besitz des Deutschen Ritterordens). Kurz vor der Autobahn am Ende eines Metallzaunes links auf einem Weg weiter und vorbei am Segelflughafen der Autobahn entlang. Bei der nächsten T-Kreuzung unter einer Brücke nach links (WW Radweg Elzenbaum), 50 m vor bis zur Straße und auf dieser links über die Brücke. Nach der Brücke sofort links auf Asphaltsträßchen neben der Autobahn 1,5 km Richtung Stilfes. Beim roten SOS-Autobahnschild rechts, nach 300 m (WW Stilfes) links hinauf zu einem Haus und dem Feldweg bis **Stilfes** folgen. Dort zur Pfarrkirche St. Peter (15. Jh., 1850 erweitert), Geschäft.

- *Hotel Wieser, Tel. 0472/647116*
- *Privatzimmer in Bauernhöfen, z. B. Kundlerhof, Stilfes 46, Tel. 0472/647216 oder 333/6886880*
- *alternativ im Nachbarort Freienfeld (800 m ab Stilfes) im Gasthof Lener, Tel. 0472/647133*

27 km, 7 Std. ↗ 200 m ↘ 600 m

Stilfes – Brixen

Abt-Albert-von-Stade-Weg / Südtirol

Stilfes 960 m		Mittewald 800 m		Franzensfeste 750 m		Kloster Neustift 610 m		Brixen 560 m
0 km	↗ 60 hm ↘ 220 hm	12 km	↗ 90 hm ↘ 140 hm	16,5 km	↗ 50 hm ↘ 190 hm	23,5 km	↘ 50 hm	27 km

Geschichtsträchtige Orte prägen die heutige Etappe: Wir wandern den Eisack entlang, vorbei an einst militärstrategisch bedeutenden Stätten wie der Sachsenklemme und der habsburgerischen Franzensfeste, um am Ende mit dem Kloster Neustift und der Bischofsstadt Brixen zwei Höhepunkte unserer Pilgerreise durch Südtirol zu erleben. Im Riggertal vor Neustift begrüßen uns die ersten Weinberge. Willkommen im Süden!

Von Stilfes über Mittewald (12 km) bis Franzensfeste (4,5 km)

Von Stilfes bis Mittewald benützen wir den Geh- und Radweg. In Stilfes den Radmarkierungen bis zum Ortsende folgen und am Radweg (WW Pfulters) rechts weiter. Vorbei am **Wildbad Möders** mit Kapelle und schönem Rastplatz, der Straße entlang aufwärts und nach insgesamt 2,7 km ab Stilfes sind wir in **Niederried**. Dort am Beginn links weiter, zum Bach hinunter, über die Brücke und auf der anderen Seite hinauf nach **Pfulters** (*Pension Wiesenhof, Tel. 0472/771121*). Von Pfulters 4,5 km zuerst abwärts bis zur Autobahn und dann auf der rechten Seite am Radweg bis nach **Grasstein.** Rechts von der Bahn am Radweg weiter in 1,2 km bis zur **Sachsenklemme** (gegenüber vom Gebäude der Mülldeponie Abzweigung zum *Hotel Sachsenklemme, Tel. 0472/837837*).

Sachsenklemme

Im Tiroler Freiheitskampf gegen Napoleon und seine Verbündeten wurde an dieser Engstelle des Eisacktales am 4./5. August 1809 eine Truppe von 2500 Mann unter der Führung von General Lefebvre, zu der ein größeres Kontingent an sächsischen Soldaten zählte, von 500 Tiroler Schützen unter dem Kommando von Peter Mayr, Josef Speckbacher und Pater Joachim Haspinger aufgerieben.

Nach weiteren 4 km links durch die Bahnunterführung in den Ort **Mittewald** (Pfarrkirche Hl. Martin, *Gasthof zur Brücke, Tel. 0472/458644*). Ab hier folgen wir nicht dem Radweg, sondern bleiben auf der rechten Talseite. Von der Kirche rechts dem Mühlweg entlang, unter den Unterführungen hindurch, vorbei an einigen Häusern aufwärts und vor dem letzten Haus links auf einem Forstweg (WW Franzensfeste) weiter. Bei der nächsten Weggabelung links, bald abwärts einem Feld entlang, durch einen Wald und schließlich auf eine Wiese. Vor uns sind der Ort **Franzensfeste** mit dem großen Bahnhofsgelände und die Festung Franzenfeste sichtbar. Weiter geradeaus und alsbald links durch die Unterführung. Sofort danach beginnt rechts wieder der Radweg, auf dem wir weitergehen. Wer in den Ort möchte (Gasthof, Bar, Geschäft), geht noch 100 m geradeaus.

Franzensfeste: wichtiger Verkehrsknotenpunkt für Straße und Bahn (Eisacktal, Pustertal); südliches Portal des 55 km langen, in Bau befindlichen Brennerbasistunnels (Fertigstellung 2025). Die imposante, das ganze Eisacktal sperrende Festung Franzensfeste wurde 1833–1838 im Auftrag von Kaiser Franz I. erbaut, um den Weg nach Norden zu versperren. Sie diente im Ersten Weltkrieg als Nachschubbasis, war aber nie unmittelbar in kriegerische Auseinandersetzungen involviert. Noch bis 1992 militärisch genutzt, ist sie heute im Besitz der Provinz Bozen und öffentlich zugänglich (Besichtigungen, Ausstellung).

Von Franzensfeste bis zum Kloster Neustift (7 km)

Vom Ort zurück zum Radweg und diesem 1,6 km neben und unter der Autobahn folgend bis zur Radkreuzung Bruneck/Brixen. Nicht geradeaus (Radweg Bruneck), sondern rechts (Radweg Brixen)

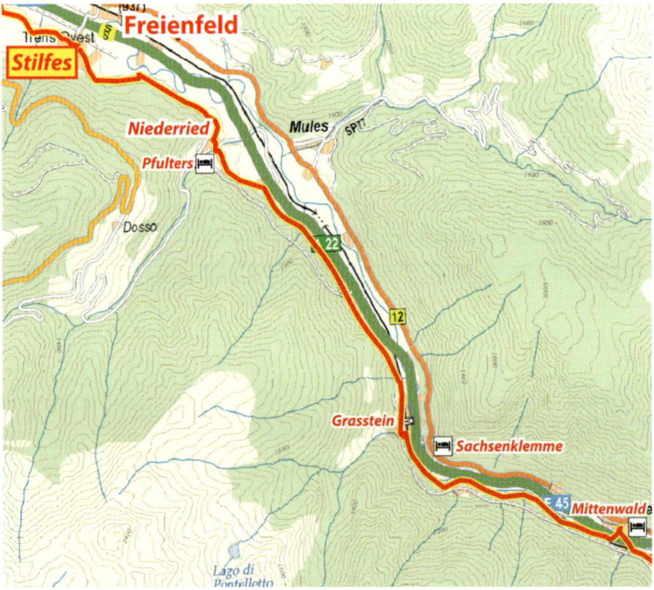

durch die Bahnunterführung, in einer Links-Rechts-Kurve aufwärts (Blick über die Autobahn hinweg zur Festung). Am Radweg weiter, über eine Brücke die Bahn queren und bis zum Ende des Radweges (Stoppschild). 👁 Hier verlassen wir den Radweg!

Abstecher zum Vahrner See: rechts (WW Radroute Brixen) direkt hinter der Bahnunterführung (*Camping, Gasthof, Tel. 0472/832169*).

Wir gehen nicht zum Vahrner See, sondern folgen ab hier dem Wanderweg Nr. 1 bis Neustift. Zuerst kurz geradeaus auf der Asphaltstraße und sofort links durch die Autobahnunterführung (an der Wand Markierung Nr. 1), danach aufwärts vorbei an Industriegebäuden, bei einer Bar rechts vorbei, Querung der Brennerstaatsstraße und nach 50 m bei einem Straßenschild „SS 12/484“ links auf Schotterweg mit Markierung Weg Nr. 1 weiter leicht abwärts. Nach 200 m bei einer Rechtskurve auf einem Steig 10 m geradeaus – und schon stehen wir vor dem ersten Weinberg unserer Pilgerreise und blicken hinunter ins Riggertal, an dessen Ende sich der Eisack durch eine kleine Schlucht zwängt. Auf dem schönen Wandersteig Nr. 1 oberhalb des Weinberges entlang, schließlich durch den Wald abwärts bis zum Talboden. Hier geradeaus dem Fahrweg folgen, über eine Brücke (Eisackschlucht) und dem Fluss entlang bis zum Kloster Neustift. Am Ende der Klostermauern links zum Kloster.

KLOSTER NEUSTIFT: Das Augustiner-Chorherrenstift ist die größte Klosteranlage Tirols. Idyllisch eingebettet in einem Halbrund von Weinbergen wurde das Kloster 1142 vom seligen Brixner Bischof Hartmann am Schnittpunkt zweier Pilgerwege, der Brennerroute und dem Pustertal, gegründet. Neben dem Kloster wurde auch ein Hospiz für Reisende und Pilger eingerichtet, das allerdings im 16. Jh. wieder aufgelassen wurde. Der mittelalterliche Charakter der Anlage ist spürbar geblieben, wenngleich die heutige Form auf das 17.

Augustiner-Chorherrenstift Neustift bei Brixen

Brunnenhalle mit den Sieben Weltwundern im Hof des Klosters Neustift

Michaelskapelle, auch Engelsburg genannt, um 1200 im Kloster Neustift

und 18. Jh. zurückgeht. – **Stiftskirche zu „Unserer lieben Frau“**: 1198 geweiht, romanisch-gotisch, Mitte des 18. Jh. barockisiert, angebaute Marienkapelle mit spätgotischer Gnadenmadonna, Sakristei mit Wandgemälden von Michael Pacher; gotischer **Kreuzgang** mit Bilderzyklen von Meister Hans von Bruneck und Friedrich Pacher; **Brunnenhalle** im Hof mit Darstellung der Weltwunder; **Bibliothekssaal**: 1770/78, Kostbarkeiten an Büchern, Inkunabeln, Frühdrucken und Miniaturkunst; **Pinakothek**: wertvoller Bilderbestand aus der ehem. got. Stiftskirche; **Michaelskapelle**, auch Engelsburg genannt: Rundbau, gegen 1200 als Hospiz mit Kapelle errichtet, Wechselausstellungen.

- *Informationsbüro im Hof (Pilgerstempel), Stiftskeller, Klosterladen, Bildungshaus (Zimmer, Tel. 0472/835588, nach Voranmeldung), www.kloster-neustift.it*

Vom Kloster Neustift nach Brixen (3,5 km)

Wir verlassen den Klosterkomplex links an der Engelsburg vorbei durch ein Tor, gehen der Straße entlang und am Ende des Klosterweinberges in einer Linkskurve aufwärts. Vor dem Feuerwehrgebäude rechts weg (WW Unterdorf, Markierung Nr. 16), nächste Weggabelung rechts weiter (WW Wasserschöpfe) und schon liegt uns Brixen zu Füßen. Weiter links dem Eisack entlang der Wegmarkierung folgend (nicht Radweg Brixen rechts über die Brücke). Bei der nächsten T-Kreuzung kurz rechts und sofort wieder links auf der Battististraße am Fluss entlang. Bei der nächsten Fußgängerbrücke über den Eisack und danach links am Radweg bis zur nächsten Brücke beim Hotel „Goldener Adler“. Ab hier rechts in die Altstadt hinein bis zum Dom.

BRIXEN ist eine der ältesten Städte Tirols und war stets Reisestation der durchziehenden Kaiser. Mit der Verlegung des Bischofssitzes von Säben nach Brixen um das Jahr 990 unter Bischof Albuin erfuhr die Stadt einen gewaltigen Aufschwung und ihr Einfluss reichte unter den Fürstbischöfen weit über die Tiroler Landesgrenzen hinaus, waren diese doch von 1027 bis 1803 auch gleichzeitig deutsche Reichsfürsten. 1048 wurde mit Bischof Poppo sogar ein Brixner Bischof zum Papst gewählt (Damasus II.), 1080 leitete eine Brixner Bischofssynode mit der Wahl eines Gegenpapstes ein Schisma ein und im 15. Jh. war der berühmte Philosoph Nikolaus Cusanus hier Bischof. Mit der Errichtung des Bistums Bozen-Brixen 1964 und der Übersiedlung des Bischofs in die Landeshauptstadt endete diese Ära. Heute ist Brixen eine Tourismus-, Universitäts- und Wirtschaftsstadt. – **Dom**: romanische Fassadentürme, Neubau 1745/55, reiche Marmorausstattung, Deckenfresken von Paul Troger Mitte 18. Jh., z. B. Anbetung des Lammes mit ca. 200 m², Marienstatue von 1520 von Hans Leinberger; **Kreuzgang**: romanisch-gotisch, größtes gotisches Freskenensemble Tirols, u. a. von Meister Leonhard von Brixen und Hans von Bruneck; vom Kreuzgang Zutritt zur **Taufkirche zum hl. Johannes**: Kreuzkuppelbau, Fresken 13./14. Jh.; **Frauen-**

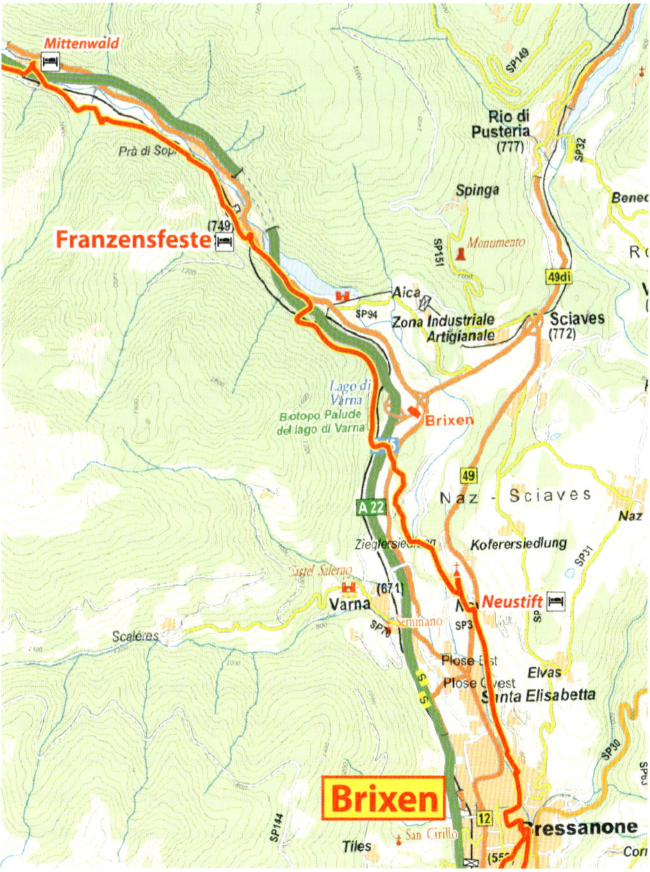

Dom zu Brixen (1745/55) mit den Fassadentürmen romanischen Ursprungs

kirche (Unsere liebe Frau im Kreuzgang): romanische Fresken; **Pfarrkirche St. Michael**: romanisch, 11. Jh., gotischer Chor, „Weißer Turm" 15. Jh., Kreuzträgerskulptur 15. Jh.; **Hofburg**: bischöfliche Residenz im Stil eines Renaissancepalastes mit Mittelhof und dreistöckigen Loggien, heute Diözesan- und Krippenmuseum; **Jahrtausendsäule** vor der Hofburg, von 1909.

- *Jugendherberge Kassianeum, Brunogasse 2 (im Zentrum neben dem Dom), Tel. 0472/279999*
- *B&B, Pensionen, Hotels, siehe www.brixen.org oder im Tourismusbüro, Großer Graben 26A, Tel. 0472/802232*

Für die Strecke von Brixen nach Bozen stehen uns zwei Varianten zur Auswahl:

a) Wunderschöne Wege auf der Anhöhe hoch über dem Eisacktal mit herrlichen Ausblicken in die Welt der Dolomiten und einer Wanderung am historischen Kaiser- und Rompilgerweg über den Ritten – drei Etappen bzw. zwei Etappen bei Benützung der Rittner Bahn und der Seilbahn nach Bozen –, siehe Etappen 5, 6 und 7.

b) Geh- und Radweg dem Eisack entlang – für Eilige oder bei Schlechtwetter in zwei Etappen – siehe Etappen 5a und 6a.

5. ETAPPE

17 km, 5 Std. ↗ 510 m ↘ 550 m

Brixen – Klausen

Abt-Albert-von-Stade-Weg / Südtirol

Brixen 560 m		Feldthurns 850 m		Kloster Säben 660 m		Klausen 520 m
0 km	↗ 410 hm ↘ 120 hm	10 km	↗ 100 hm ↘ 280 hm	15 km	↘ 150 hm	17 km

Die Kenner unter uns Pilgern wissen: Im Herbst beginnt mit dem Törggelen in Südtirol die fünfte Jahreszeit. Törggelen kommt von der Torggl, der Traubenpresse (von lat. torquere, drehen), und nicht vom Torkeln auf Grund übermäßigen Weinkonsums oder des schweren Pilgerrucksacks wegen. Zum Törggelen gehören die Keschtn (Edelkastanie oder Maroni) und der Nuie (neue Wein) dazu und beide begleiten uns ab jetzt für einige Zeit. Wir wandern am „Keschtnweg" und an steilen Weingärten entlang auf der Sonnenseite hoch über dem Eisacktal bis zum Kloster Säben, einem Zentrum der Christianisierung Tirols. Und nach der etwas kürzeren Etappe bleibt auch noch Zeit für das romantische Klausen.

Von Brixen nach Feldthurns (10 km)

Von der Jugendherberge die Brunogasse weiter, bei der T-Kreuzung rechts und geradeaus der Runggadgasse folgen. Der Reihe nach vorbei am **Tertiarinnenkloster** (seit 1700, beschildert), am **Kapuzinerkloster** (fertiggestellt 1630, beschildert) und am **Klarissen- und Franziskanerkloster** *(*15.–17. Jh., beschildert). Am Ende der Straße nach einem Spielplatz rechts und bei der Ampel links den Fischzuchtweg entlang bis zu einem Parkplatz. Danach rechts bis zur Hauptstraße und auf dieser links bis zur Firma „Jungmann". Hier bei der Bahn- und Autobahnunterführung rechts (Schild Mahr) hindurch und weiter bis zum **Wirtshaus an der Mahr**. *(Das Wirtshaus wurde 1804 von Peter Mayr gekauft, der 1809 bei den Tiroler Freiheitskämpfen einer der Anführer neben Andreas Hofer war. Am 20. 2. 1810 wurde er in Bozen hingerichtet.)* 200 m nach dem Wirtshaus sofort nach einer Unterführung rechts den Steig Nr. 10 hinauf, nach 20 m auf der kleinen Asphaltstraße weiter und links hinüber zu Gehöft mit der **Jakobskirche** *(beschildert, als Kapelle bereits 1173 an der alten Kaiserstraße erwähnt, um 1400 im gotischen Stil neu errichtet, innen Fresken 15. Jh. mit der Darstellung des Hühnerwunders)*.
Zurück zur kleinen Straße, dort weiter aufwärts und vorbei am Ortsschild Tschötsch. Weiter hinauf und nach der Rechtsserpentine in das erste linke Sträßchen (Weg Nr. 10, 11) einbiegen, vorbei am

Fresko des Hühnerwunders in der Jakobskirche an der Mahr

Furggerhof. Ab hier immer dem Schild Nr. 11 bis Feldthurns folgen – zunächst ca. 2,5 km bis zu einer größeren, ebenen Straße. Auf der anderen Talseite sind über Brixen die kahle Kuppe der Plose und die Geislergruppe (Dolomiten) sichtbar. Auf der Straße angelangt geradeaus, ein Bachtal queren und nach 300 m rechts zum Gh. Wöhrermaurer. Weiter zum Wöhrmannhof und ab jetzt am markierten Keschtnweg entlang. Nach einiger Zeit kurz auf betonierter Rampe steil abwärts, nach dem 2. Haus rechts, über den Schnauderer Bach, kurz hinauf und über Wiesen bis zu den ersten Häusern von **Feldthurns**. Auf der Straße abwärts bis zum Schloss Velthurns.

Feldthurns: Schloss Velthurns, einst Sommerresidenz der Fürstbischöfe von Brixen, 16. Jh., St.-Katharinen-Kapelle, Fürstenstube mit Renaissancegetäfel, schöner mauerumgürteter Schlosshof;

Katharinenkirchlein beim „Moar zu Viersch"

Pfarrkirche Mariä Himmelfahrt, 12., 15. und 19. Jh.; Laurentiuskirche 12. Jh., 1400 erweitert, schiefer Turm; Gasthöfe, Geschäft.

Von Feldthurns über Kloster Säben (5 km) nach Klausen (2 km)

Durch das Dorf bis zur **St.-Laurentius-Kirche**, weiter geradeaus bis zur **St.-Anton-Kapelle**. Ab hier folgen wir den Schildern „Keschtnweg“, „Pardell“, „Säben“. Zunächst bald oberhalb eines Hofes vorbei, nach 100 m kurz rechts steil aufwärts und wieder links eben und abwärts. Bei einer Dreier-Weggabelung am mittleren Weg weiter. Alsbald sehen wir vor uns die Katharinenkirche beim **Ansitz „Moar zu Viersch“** *(9. Jh., einst Sitz der Herren von Troyer)* und am Horizont den Schlern (Dolomiten). Am Schild „Moar zu Viersch“ vorbei und rechts am Hof entlang. Bald sehen wir unter uns das Kloster Säben und den Ort Klausen. Ab jetzt am Steig abwärts bis zum Weiler **Pardell** (Gasthof). Von Pardell dem Asphaltsträßchen abwärts folgen, beim letzten Hof rechts vorbei und weiter abwärts, am Ende kurz steil aufwärts bis zum **Kloster Säben**.

KLOSTER SÄBEN: häufig besuchter Wallfahrtsort, schon die Lage auf einem Dioritfelsen ist eine Besonderheit; in der Jungsteinzeit besiedelt, ab 350 n. Chr. erster Sitz einer frühen christlichen Gemein-

Blick von Pardell auf das Kloster Säben

de, aus der sich ein Bischofssitz (Bistum Sabonia) entwickelte (570–990), erster Bischof war Kassian (Märtyrer, Patron des Bistums Bozen-Brixen), 1686 Gründung des Benediktinerinnenklosters (bis heute). **Heiligkreuzkirche**: ehemalige Bischofskirche, 12.–13. Jh., gotische Umbauten, heutiger Zustand 1680, Fresken 1400, Kruzifix von Meister Leonhard, Heiligengrab des Bischofs Ingenuin (gest. um 600, Reliquien im 10. Jh. nach Brixen überführt); **Klosterkirche**: Reste der romanischen Burg erkennbar.

Im Klosterhof beim anderen Tor (WW Klausen) hinaus, abwärts am Kreuzweg bis zur **Marienkappelle** (ursprünglich romanisch, Statue der Muttergottes um 1500) und **Liebfrauenkirche** (17. Jh.). Von dort weiter steil abwärts, vorbei am **Schloss Branzoll** (Privatbesitz) und zuletzt über Treppen hinunter nach Klausen zum Tinneplatz.

Klausen: Ende des 19. Jahrhunderts wurde das Städtchen ein beliebter Treffpunkt von Künstlern. Mehr als 250 namhafte Maler und Bildhauer hielten sich hier auf, darunter Compton, Defregger, Egger-Lienz oder Spitzweg. Bemerkenswerte Altstadt mit historischem Baubestand. **Pfarrkirche Hl. Andreas**: spätgot., 15. Jh., u. a. Verkündigungsrelief und Marienkrönung von Meister Leonhard; **Apostelkirche**: 15. Jh., beim Brixner Tor; **Alte Spitalskirche** (Sebastianskirche): Kapelle des einstigen Pilgerhospizes, romanischer Rundbau, am nördlichen Ende der Stadt; ehemaliges **Kapuzinerkloster**, heute Stadtmuseum, u. a. mit dem Loretoschatz, einer einzigartigen Sammlung von Kunstwerken des 16.–17. Jh. und der Klosterkirche sowie Loretokapelle, am südlichen Ende der Stadt.

- *Hotels, Gasthöfe, Privatzimmer*
- *Camping und Gasthof Gamp, Tel. 0472/847425*
- *Tourismusinfo, Marktplatz 1 (durch die Altstadt und das Brixner Tor), Tel. 0472/847424, info@klausen.it, www.klausen.it*

6. ETAPPE

20 km, 6 Std. ↗ 880 m ↘ 220 m

Klausen – Lengmoos/Klobenstein

Abt-Albert-von-Stade-Weg / Südtirol

Klausen 520 m		Barbian 830 m		Saubach 800 m		Lengstein 970 m		Maria Saal 1180 m		Lengmoos/ Klobenstein 1160 m
0 km	↗ 330 hm ↘ 30 hm	7 km	↗ 40 hm ↘ 70 hm	10 km	↗ 210 hm ↘ 50 hm	15 km	↗ 210 hm	17 km	↗ 90 hm ↘ 70 hm	20 km

Beim Kalten Keller – nomen est omen – wird das wilde Eisacktal wieder verlassen, um nach einem atem-raubenden Anstieg einen atem-beraubenden Ausblick in die Welt der Dolomiten zu genießen. Bald nach Saubach pilgern wir am legendären Kaiserweg über den Ritten, eingedenk aller gekrönten Häupter und Rompilger, die diese Straße über Jahrhunderte benützt haben.

Von Klausen nach Barbian (7 km)

In Klausen am Ende des Tinneplatzes die schmale Straße (Schild Fahrradweg) zum Eisack. Am Geh- und Radweg nach 4,3 km hinter einer kleinen Brücke (Kläranlage Unteres Eisacktal) rechts aufwärts bis zur Staatsstraße (Ortsteil **Kalter Keller**, gleichnamiges Restaurant, keine Zimmer). Auf der Staatsstraße rechts 50 m zurück und vor der Brücke links den Zargenweg (ab hier Markierung Nr. 7a) hinauf nach Barbian. Zunächst ca. 1 km steil aufwärts bis zu Wiesen, am ersten Bauernhof vorbei und danach bei einer T-Kreuzung links aufwärts auf Asphaltsträßchen (ab jetzt Weg Nr. 7) bis zur Hauptstraße. Auf dieser mit Tiefblick auf die Trostburg und Vorausblick auf das Kirchlein St. Verena auf bewaldetem Hügel nach **Barbian** (Kirche St. Jakob mit dem schiefen Turm aus dem 13. Jh., am Hauptaltar links vom Tabernakel hl. Jakobus d. Ä. und darunter links Darstellung des Engels aus dem Alten Bunde, der das TAU-Zeichen auf die Türpfosten malt, linker Seitenaltar Figur hl. Antonius; Geschäft, Quartiere).

Von Barbian über Saubach (3 km) nach Lengstein (5 km)

Durch das Dorf weiter (WW Nr. 8a Saubach bzw. Keschtnweg) und auf der Straße bis kurz vor Saubach zu schönen Rastplätzen. Blick ins Grödner Tal und auf das Schlernmassiv. Weiter zum Ortsteil **Saubach** (Kirchlein Hll. Ingenuin und Albuin, 15. Jh., drei Flügelaltäre Anfang 16. Jh., Schlüssel beim Gasserhof rechts unterhalb der Kirche). Weiter auf der Straße bis zur Pension Pennhof (Tel. 0471/ 654498), wo gleich danach der alte Kaiserweg vom Ort Kollmann heraufführt.

Reste der alten Kaiserstraße hinter Saubach

Der Kaiserweg

Da das untere Eisacktal unpassierbar war, legten schon die Römer einen Weg über den Ritten an, um nach Norden zu gelangen. Im Mittelalter wurde dieser zu einer Heeresstraße ausgebaut, auf der die römisch-deutschen Kaiser – daher eben Kaiserstraße – nach Rom zur Krönung durch den Papst zogen, ein Friedrich I. Barbarossa genauso wie Abt Albert von Stade auf seinem Heimweg von Rom. Das untere Eisacktal wurde erst 1314 mit dem Kuntersweg begeh- und um 1500 als Wagenstraße befahrbar.

Wir gehen vom Pennhof auf der Straße weiter, blicken dabei links hinunter zur alten Kaiserstraße und kommen nach der Querung des Baches zum Ortsgebietschild Ritten.

Ritten – ein Urlaubsparadies: Als Ritten wird sowohl die gesamte Hochfläche über Bozen als auch die Gemeinde (7000 EW) bezeichnet, einen Ort dieses Namens gibt es nicht. Der Ritten umfasst 17 Fraktionen bzw. Orte, wovon u. a. Lengstein, Lengmoos, Klobenstein und Oberbozen auf unserer Pilgerroute liegen. Heute ist der Ritten ein bekanntes Ausflugs- und Tourismusziel.

Nach 2 km nach links in die Rotwandstraße (WW St. Verena) abbiegen und sofort nach 20 m rechts (WW St. Verena) auf Steig aufwärts zum Kirchlein **St. Verena** (13. Jh., landschaftlich faszinierende Lage, alter keltischer Kultplatz). Vom Kirchlein weg geradeaus am Kreuzweg hinunter, zuerst auf einem Steig, später auf einem Feldweg über eine Wiese und dem Waldrand entlang bis zum Penzlhof. Ab hier 2 km auf der Straße, zuerst beim Penzlhof links – mit Blick über das Eisacktal zur Seiser Alm mit Platt- und Langkofel – und bei der nächsten Straßengabelung bei einem Hof rechts hinauf weiter bis nach **Lengstein**.

Lengstein: im 12. Jh. Blüte als wichtiger Ort am Kaiserweg; 1177 Verleihung des Marktrechts durch Kaiser Friedrich Barbarossa; Kirche St. Ottilie 1177 erwähnt. Geschäft. Wer möchte, kann hier nach 700 Hm Aufstieg die Etappe beenden und am nächsten Tag bis Bozen weitergehen.

- *Pension Kircher, Tel. 0471/349027*
- *Gasthof Schwaiger, Tel. 0471/349049*

Von Lengstein über Maria Saal (2 km) nach Lengmoos (3 km)

Sofort nach dem Parkplatz des Gasthofes Schwaiger rechts durch ein Gatter (Überkopf-WW Lengsteiner Rundwanderweg und WW Nr. 9), auf einem Steig über eine Wiese hinauf und dann am Waldesrand entlang. Bevor wir eine Straße erreichen, rechts am Waldweg weiter und hinauf bis zum Haidgerberhof. Dort links auf einer kleinen Straße weiter. Von hier sehen wir links den Kirchturm des Kirchleins St. Nikolaus am Mittelberg und vor uns auf der Anhöhe die Wallfahrtskirche Maria Saal. Bei der nächsten Weggabelung auf der Straße rechts (WW Maria Saal), gleich danach links über eine kleine Brücke und sofort wieder rechts an einem Hof vorbei hinauf nach **Maria Saal** (Wallfahrtskirche mit Madonnenbild nach Lukas Cranach d. Ä., schöne figürliche Darstellung von Petrus mit gekreuzten Schlüsseln und Paulus; Gasthof – keine Nächtigung). Gleich nach Maria Saal links die Hauptstraße auf einem Feldsteig (WW 24 Erdpyramiden) verlassen und auf diesem in einem großen Rechtsbogen in 300 m wieder retour zur Straße. In der Rechtskurve links (WW Nr. 24) auf einem Asphaltsträßchen 20 m abwärts und wieder links (WW 24) auf einem Wanderweg hinunter zu einer Holzbrücke. Danach links und schon sehen wir die berühmten Rittner Erdpyramiden des Finsterbachgrabens. Auf diesem Wanderweg in 1 km bis zu den ersten Häusern von **Lengmoos**. In den Ort hinein, vorbei am Spöglerhotel (Pilgerquartier) und kurz hinauf zur rechter Hand liegenden Kommende und Kirche.

Wallfahrtskirche Maria Saal – Apostelfürst Petrus mit den gekreuzten Schlüsseln

Lengmoos: Kirche Maria Himmelfahrt, ursprünglich Hospizkirche, romanischer Glockenturm und Rundbogenportal vom 13. Jh., Presbyterium 14. Jh., linke Langhauswand Reste von Apostelfresken 14. Jh., neugotische Inneneinrichtung. – Deutschordenskommende: heutiger Bau von 1625, Prunkräume im 1. Stock, heute Kulturstätte (in der Kommende Konzerte und

Reliefstein „Veronika mit dem Schweißtuch" über dem Hoftor der Kommende Lengmoos

Der Deutsche Orden

Der Orden entstand 1190 im Verlauf des dritten Kreuzzuges in Akkon als „Orden der Brüder vom Deutschen Hause St. Mariens in Jerusalem" und wurde bereits 1191 von Papst Clemens III. anerkannt. Die Hoch- und Deutschmeister, weltliche Herren im Ritterstatus, leiteten den Orden. Die Ordensresidenz wurde nach dem Verlust des Heiligen Landes nach Venedig, Marienburg bzw. Königsburg in Preußen, Bad Mergentheim in Franken und schließlich 1806 nach Wien verlegt, wo der Orden im Deutschhaus in der Singerstraße bis heute seinen Hauptsitz hat. Mit dem Rücktritt des letzten Hochmeisters, Erzherzog Eugen von Österreich, im Jahre 1923 erlosch der Ritterordensstatus, seit 1929 besteht der Deutsche Orden als reiner geistlicher Orden und wird von Priestern geleitet. Die Gemeinschaft besteht aus Priestern, geistlichen Schwestern und Laienmitgliedern, den sogenannten Familiaren.
Die ursprüngliche Aufgabe der Krankenpflege, des Hospitaldienstes und der Betreuung christlicher Pilger im Heiligen Land wurde bald nach der Gründung auch in Europa wahrgenommen. Aus Schenkungen entstanden vielerorts sogenannte Kommenden, die von einem Komtur geleitet werden. Mehrere Kommenden bilden eine vom Landkomtur geführte Ballei.
Die erste Kommende in Tirol entstand bereits 1202 durch die Schenkung des Hospizes an der Eisackbrücke in Bozen. 1211 tritt Wernher von Lengmoos aus dem Hause der Edlen von Velthurns dem Orden bei und gründet das Hospiz am St.-Ulrichs-Pass in Lengmoos, welches 1237/39 in den Besitz des Deutschen Ritterordens übergeht. 1254 übereignete die adelige Witwe Adelhaid von Taufers dem Orden das Hospiz Sterzing, 1283 erfolgte die Übertragung des aufgelassenen Augustinerklosters Santa Maria Coronata in Trient. Gemeinsam mit Schlanders im Vinschgau bildeten diese Kommenden die „Ballei an der Etsch und im Gebirge" mit Sitz in Bozen. Heute betreut der Orden in Südtirol 10 Pfarren, darunter die Pfarre Lengmoos. Die Kommende Weggenstein in Bozen mit der St.-Georgs-Kirche ist immer noch aktiv und führt u. a. das Deutschordens-Schülerheim St. Georg. Geistliches Zentrum in Südtirol sind der Priesterkonvent und das Mutterhaus der Deutschordensschwestern in Lana.
In Rom angekommen werden wir in der Via Nomentana eine Ballei des Deutschen Ordens vorfinden, wo wir als Pilger auch nächtigen können (siehe Seite 273 und 277).
Neben dem Deutschen Orden gibt es zwei weitere geistliche Ritterorden, die im Zuge der Kreuzzüge im Heiligen Land entstanden sind: den Johanniter- (protestantisch) bzw. Malteserorden (katholisch) und die Grabesritter (Orden der Ritter vom Heiligen Grab zu Jerusalem). Auch diese Orden sind von der römischen Kurie anerkannt.

Romanische Marienpfarrkirche Lengmoos

Ausstellungen, im Hof Freilichttheateraufführungen), 1211 als Hospiz am St.-Ulrichs-Pass (mit 1164 m höchster Punkt der Kaiserstraße) errichtet, ab 1236/37 im Besitz des Deutschen Ritterordens, über dem Eingangstor in den Hof der Kommende ein Reliefstein von 1435 mit dem Wappenschild des Deutschordens und darüber das Schweißtuch der Veronika mit dem Antlitz Christi, eine Kennzeichnung als Hospiz für Rompilger.

- *Spoeglerhotels, Tel. 0471/356211, info@spoeglerhotels.com, www.spoeglerhotels.com, Pilgerangebot, kurzer Bescheid vor Ankunft erbeten*

Von Lengmoos noch 500 m bis **Klobenstein**, und sobald die Straße im Ort eine Rechtskurve aufwärts macht, geradeaus zum Hauptplatz mit der Antoniuskirche.

Klobenstein: Kirchlein Hl. Antonius, 17. Jh., Altarbilder von Franz Unterberger 18. Jh.; Endstation der Rittner Bahn.

- *Tourismusinformation, Dorfstr. 5, direkt neben der Antoniuskirche, Tel. 0471/356100, info@ritten.com, www.ritten.com*
- *Hotels, z. B. Dolomiten, hinter der Antoniuskirche, info@hoteldolomiten.com*
- *Gasthöfe, Pensionen – siehe Tourismusinformation*

7. ETAPPE

14 km, 4 Std. ↗ 170 m ↘ 1070 m

Lengmoos/Klobenstein – Bozen

Abt-Albert-von-Stade-Weg / Südtirol

Lengmoos/Klobenstein 1160 m		Oberbozen 1250 m		Maria Himmelfahrt 1180 m		Bozen 260 m
0 km	↗ 170 hm ↘ 80 hm	7 km	↘ 70 hm	8 km	↘ 920 hm	14 km

Ab Klobenstein fährt immer wieder einmal die 1907 eröffnete, romantische Rittner Schmalspurbahn an uns vorbei – oder wir an den Wanderern, wenn wir die Etappe mit Bahn und Seilbahn überspringen wollen. Diese alte Bahn hat nicht nur Geschichte, sie war auch eine Meisterleistung der damaligen Ingenieure. Um 1900 mit dem Bau begonnen, führte eine Zahnradbahn steil von Bozen nach Maria Himmelfahrt und von dort als Schmalspurbahn nach Oberbozen bis nach Klobenstein. 1966 wurde die Zahnradbahn durch eine Seilbahn nach Oberbozen ersetzt. Wir müssen heute jedenfalls 950 Höhenmeter hinunter nach Bozen hinter uns bringen – schwebend oder gehend. Wer sich zu Fuß abwärts müht, wird besonders im Herbst den fulminanten Blick auf das goldene Laub der Sankt Magdalener Weinberge nicht mehr vergessen. Im Handumdrehen sind wir in der Hauptstadt Südtirols und erliegen beim Cappuccino dem Flair der Bozner Innenstadt.

Von Lengmoos über Klobenstein nach Oberbozen (7 km)

Von Lengmoos 500 m auf der Straße nach **Klobenstein**. Dort geradeaus bis zu einer großen Informationstafel über den Ritten und zur Antoniuskirche. Bei der Kirche rechts über die Treppen hinauf in die Peter-Mayr-Straße und auf dieser bis zur Hauptstraße. (Nach 10 m geht es hier rechts hinauf zum Bahnhof der Rittner Bahn.) Auf der Hauptstraße nach 150 m links am Pub Bunker vorbei und auf dem Weg Nr. 15 (diesem folgen wir bis Oberbozen) abwärts zum Sportplatz (internationales Eisschnelllaufzentrum).

Dort geradeaus weiter am Restaurant vorbei, 20 m dem Zaun entlang auf einen Hügel (WW Nr. 15), bei einer Weggabelung rechts und

Romantische Schmalspurbahn am Rittner Hochplateau

nach ca. 1 km Querung der Rittner Straße. Weiter kurz am Wanderweg, dann auf Asphaltsträßchen rechts, nach 300 m bei der ersten Wiese links bis zur Rittner-Bahn-Haltestelle Rappersbühl. Bald danach rechts aufwärts auf einem Wiesensteig und in den Wald hinein. Bei der nächsten Steigkreuzung links, am Waldesrand entlang bis zur Haltestelle Lichtenstern. An dieser vorbei (nicht über die Gleise) rechts der Bahn entlang, nach einiger Zeit Querung der Gleise beim Weiler **Wolfsgruben**, rechts auf Asphaltsträßchen hinunter und schließlich 1,5 km auf der Wolfsgrubener Straße bis zum Bahnhof bzw. der Seilbahn-Bergstation in **Oberbozen**. (Wem 950 Hm Abstieg nach Bozen zu viel sind, nimmt hier die Seilbahn – und wer Lust hat, besucht vorher noch die Wallfahrtskirche Maria Himmelfahrt.)

Von Oberbozen über Maria Himmelfahrt (1 km) nach Bozen (6 km)

Weiter durch das Dorf und beim Hotel Marlen links hinunter, rechts am Hotel Post vorbei. Schon ist unter uns auf einem Hügel die Kapelle St. Georg und St. Jakob sichtbar. Wir gehen aber vorerst kurz den Geleisen entlang abwärts und bei einer Straßengabelung haben wir die Wahl: a) links abwärts weiter direkt zur Kapelle St. Georg und St. Jakob oder b) rechts weiter zur kleinen Wallfahrtskirche Maria Himmelfahrt. Dann nach der Endstation der Rittner Bahn links hinunter zum ersten Haus und hier bei Herrn Karl Winter (Tel. 0471/ 345445 oder 342/7522772) wegen dem Schlüssel läuten, der gerne für Sie die 200 m weiter gelegene **Wallfahrtskirche Maria Himmelfahrt** (erbaut 1669 und 1795 erweitert, wertvolle spätbarocke Ausstattung, u. a. Hochaltarbild von Christoph Unterberger von 1794, Besonderheit sind die getäfelten Seitenwände) aufsperrt.

Nun von der Kirche am Sträßchen kurz wieder zurück und bald nach der Bahnstation rechts auf einem Steig (WW St. Jakob) über eine Wiese abwärts. Wir queren eine kleine Asphaltstraße und kommen in ein kleines Tal.

Wallfahrtskirche Maria Himmelfahrt (1669) bei Oberbozen

Dort steht auf einem Hügel das **Kirchlein St. Georg und St. Jakob** (13. Jh., romanische Apsis, gotischer Turm, mit spätromanischen Fresken, u. a. dem Apostel Petrus, Herr Winter sperrt für Sie auch gerne diese Kirche auf). Retour zur Straße, links weiter und nach 100 m vor einer Serpentine den Steig Nr. 6 abwärts. 800 Höhenmeter, zuerst auf steinigem Pfad, dann auf Schotter- und Betonstraße bis zu einem Asphaltsträßchen. Weiter hinunter bis zum Obermaurerhof und dort links dem WW Nr. 6 folgend auf steilem Weg teilweise parallel zur Straße abwärts bis zum Weiler **Prazöll**. Hier kurz links zum Kirchlein **St. Magdalena** (tonnengewölbter Bau, Altarraum mit frühgotischen Fresken, Langhaus mit Freskenschmuck von 1370, u. a. mit Magdalena-Legende). Wieder zurück und geradeaus auf der Straße steil abwärts bis **Bozen**. An der Talstation der Seilbahn vorbei, bei der nächsten Ampel rechts und direkt zur Jugendherberge in der Rittner Straße.

Blick auf den Weiler Prazöll mit den Weinbergen von St. Magdalena und auf die Stadt Bozen

Dom von Bozen mit Turmabschluss von 1519

BOZEN: Hauptstadt Südtirols, 103.000 EW, Bischofssitz der Diözese Bozen-Brixen, Universitäts- und Handelsstadt; die Sehenswürdigkeiten sind vorbildlich beschildert.

Stadtpfarrkirche Mariä Himmelfahrt (bischöflicher Dom): spätgotischer Turmabschluss, auf der Nordseite das schöne, zugemauerte „Leitacher Törl" um 1400, Dach aus farbigen Ziegeln, dreischiffige gotische Hallenkirche, reiche Innenausstattung, u. a. kunstvolle Sandsteinkanzel von 1513, Pietà aus Gussstein aus dem frühen 15. Jh., Gnadenbild hinter dem Hochaltar in der Barockkapelle um 1200, Fresken.

Dominikanerkloster: gegründet 1272, Kirche Anfang 14. Jh., gotisches Sternrippengewölbe Ende 15. Jh., Altarbild von Guercino 1655, Johanneskapelle rechts vom Chorraum (wunderschöne gotische Fresken der Giotto-Schule von 1330), Kreuzgang (spätgotisches Gewölbe, Malereien 14. Jh. und Fresken von Friedrich Pacher und S. Müller 15. und 16. Jh.), Kapitelsaal, Katharinenkapelle.

Franziskanerkloster: erste Ansiedlung der Franziskaner im deutschen Sprachraum 1221, Klostergründung 1237, Klosterkirche und Turm Mitte 14. Jh., Langhausumbau 1450, innen Flügelaltar von Hans Klocker von 1500, Kreuzgang 14. Jh. mit Erhardkapelle um 1300.

Georgskirche (Deutschhauskirche): 1202 erste

Fresken der Giottoschule in der Johanneskapelle der Dominikanerkirche Bozen

Fähnchen, Wappen- und Aufschwörschilde in der Georgskirche, Bozen

Gründung einer Kommende durch den Deutschen Ritterorden in Bozen, um 1400 Verlegung zum Ansitz Weggenstein und Bau der gotischen Georgskirche (Wappen- und Aufschwörschilde sowie Fähnchen der Mitglieder des Deutschordens vom 16. bis 19. Jh. auf der linken Wand), mehrere Grabsteine der Landkomture, Hochgrab an der Kirchenaußenseite des Landkomturs Gottfried von Niederhaus aus dem Jahr 1438 mit Fresko „Kreuzigung Christi"; die Kommende ist heute noch im Besitz des Deutschordens.

Weiters: Kapuzinerkirche ab 1599; im Stadtteil Gries Alte Pfarrkirche mit Pacheraltar sowie Benediktinerabtei Muri-Gries mit Klosterkirche Hl. Augustin (Deckenfresken und Altarbilder von Martin Knoller Ende 18. Jh.).

- *Jugendherberge, Rittner Str. 23, Tel. 0471/300865, bozen@jugendherberge.it, www.jugendherberge.it*
- *Deutschhaus, Weggensteinstraße Nr. 10 (beim Bahnhof in die Laurinstraße und immer geradeaus), Tel. 0471/065500, Voranmeldung erbeten*
- *Tourismusbüro am zentralen Waltherplatz 8, Tel. 0471/307000*

VARIANTE 5A UND 6A

42 km, 10 Std. ↗ 30 m ↘ 330 m

Am Geh- und Radweg von Brixen nach Bozen

Abt-Albert-von-Stade-Weg / Südtirol

Brixen		Klausen		Waidbruck		Kollmann		Atzwang		Blumau		Kardaun		Bozen
560 m		520 m		470 m		480 m		360 m		310 m		290 m		260 m
0 km	↘ 40 hm	13 km	↘ 50 hm	19 km	→	20 km	↘ 120 hm	28 km	↘ 50 hm	34 km	↘ 20 hm	39 km	↘ 30 hm	42 km

Die Route führt am Geh- und Radweg dem Eisack entlang bis Bozen. Fast durchgehend asphaltiert, bietet diese Variante wenig Abwechslung, ist aber für Eilige und bei Schlechtwetter eine Alternative. Ab Kollmann verläuft der Weg auf der alten Bahntrasse und ab Blumau wandern wir vorbei an Skulpturen und Malereien des Radkunstweges, einem integrativen Projekt der geschützten Werkstatt KIMM.

Variante 5a
Von Brixen nach Klausen (13 km), Waidbruck (6 km) und Kollmann (1 km)

Von der Jugendherberge die Brunogasse weiter, bei der T-Kreuzung rechts und bald links in die Widmannbrückenstraße bis zum Eisack. Ab nun am rechten Damm auf dem Geh- und Radweg bis **Klausen**. Durch das Brixner Tor und die Altstadt von Klausen (zur Stadt und dem Kloster Säben siehe Etappe 6) bis zum Tinneplatz. Am Ende des Platzes die schmale Straße (Schild Fahrradweg) zum Eisack hinunter. Am Geh- und Radweg weiter – vor uns ist die Trostburg sichtbar – bis **Waidbruck** (*Gasthof Starz*) und **Kollmann** (*mehrere Gasthöfe, Pension*).

Variante 6a
Von Kollmann nach Atzwang (8 km), Blumau (6 km), Kardaun (5 km) und Bozen (3 km)

Von Kollmann auf dem Geh- und Radweg bis **Atzwang** (*Gasthof Alte Post*), nach 2 km *Gasthof Steg*, weiter nach **Blumau**, **Kardaun** und bis **Bozen**. Bei der Ödenburger Straße rechts, vorbei am Kreisverkehr und an der Alpinikaserne, der Schlachthofstraße im Linksbogen folgen, in der Bozner Bodener Straße rechts, durch die Bahnunterführung und dieser Straße weiter folgen bis kurz vor dem Bahnhof zur Jugendherberge, Rittner Straße 23.

8. ETAPPE

24 km, 6 Std. ↗ 280 m ↘ 330 m

Bozen – Kalterer See

Abt-Albert-von-Stade-Weg / Südtirol

Bozen 260 m		Girlan 440 m		Kaltern 420 m		Kalterer See 210 m
0 km	↗ 180 hm	11 km	↗ 100 hm ↘ 120 hm	20 km	↘ 210 hm	24 km

Wenn sie Kalterer See hören, denken viele weniger an ein Gewässer als vielmehr an einen Tropfen. Und das nicht ganz zu Unrecht, wird ja bereits 1220 der „Vinum de Caldero“ gepriesen. Das Überetsch, auch „Perle Südtirols“ genannt, ist gegen das Etschtal durch den Mitterberger Porphyrrücken getrennt und vom Mendelkamm beschützt, so pilgern wir bereits in einem supramediterranen Klima durch eine stimmungsvolle Hügellandschaft von Weinbergen und Obsthainen. Und die Südtiroler Weinstraße, die von Schloss Sigmundskron über die Orte Girlan, Eppan/St. Michael, Kaltern, Tramin, Kurtatsch und Kurtinig bis nach Salurn führt, ist abschnittsweise auch unser Weg. Vom Stadtzentrum von Bozen führt zwar auch ein ca. 60 km langer Radweg die Etsch entlang bis Trient, eine Strecke, die man grundsätzlich in 2 Tagen bewältigen könnte. Zu bevorzugen ist aber der hier beschriebene Weg über das Überetsch, denn ab Kurtinig bleiben einem 30 km am Radweg bzw. auf der Straße ohnehin nicht erspart.

Von Bozen nach Girlan (11 km)

Von der Jugendherberge gehen wir bis zum Bahnhof, dort rechts die Bahnhofsstraße entlang bis zum Waltherplatz mit der Statue Walthers von der Vogelweide und dem Dom. Vom Haupteingang des Domes leicht rechts und dann geradeaus der Postgasse entlang bis zur Dominikanerkirche. Links am Ende des Platzes die Adolph-Kolping-Straße geradeaus weiter, dann die Dantestraße links und vorbei am Museum für moderne und zeitgenössische Kunst. Am Ende rechts über die Drususbrücke (die über die Talfer führt), danach sofort wieder rechts hinunter zum Radweg. Unter der Brücke hindurch und bei der Viererkreuzung von Radwegen rechts (WW Radweg Trento) und am Sportgelände vorbei. Nach 500 m bei einer Weggabelung links (WW RW Trento) und 4 km dem Eisack entlang. Rechts über eine kleine Kanalbrücke und wieder rechts (WW Eppan). Vor uns auf einem Hügel trohnt das **Schloss Sigmundskron** (ausgedehnte Burganlage, ab 1473 im Besitz des Tiroler Landesfürsten Sigmund des Münzreichen, heute Bergmuseum von Reinhold Messner). Nach 1,2 km links über die Eisenbrücke und 1,8 km weiter auf einem Radweg, dabei durch einen beleuchteten

Girlan – Dorfplatz mit alten Ansitzen

Tunnel und beim Schild **Frangart** (30 km/h-Schild) den Radweg links verlassen. Nach 10 m links auf Asphaltsträßchen aufwärts, bei der Rechtsserpentine (WW Nr. 2 Girlan) weiter auf einem Steig dem Tälchen entlang aufwärts. Der Steig mündet bei einem Weinberg in einen Schotterweg, bei der nächsten T-Kreuzung rechts (WW Nr. 2 Girlan) durch Wein- und Apfelgärten aufwärts bis **Girlan**. Auf der Straße weiter und schließlich geradeaus auf der St.-Florian-Straße bis zur gleichnamigen Kirche (1839) und dem schönen Dorfplatz mit alten Ansitzen.

Von Girlan nach Kaltern (9 km)

An der Kirche rechts vorbei entlang der St.-Martin-Straße, bald Querung der Hauptstraße und geradeaus bis zum Hotel Weinegg. Dort vorbei weiter geradeaus, bei einer Weggabelung rechts am Asphalt weiter, bald in einen Wald hinein. 👁 50 m vor der Montiggler Straße (sobald das Straßenschild Vorrang genommen sichtbar wird) rechts den Steig Nr. 6 wählen (Winkelmarkierung auf der Baumhinterseite). Nach 20 m die Straße queren und weiter auf Steig Nr. 6 immer abwärts bis zu einem Apfelfeld gehen. Hier bei der Kreuzung von vier Wegen links weiter am rechten Rand des Apfelfeldes entlang, danach bei einer Weggabelung rechts haltend weiter. Nach einiger Zeit treffen wir auf eine Forststraße, der wir links folgen. Nach 40 m sind wir bei einer Viererkreuzung von Forstwegen. Hier geradeaus weiter (WW Nr. 6), wieder rechts einer Apfelplantage entlang, danach bei einer Weggabelung rechtshaltend weiter, an einem kleinen Weiher vorbei und bald danach zu einer Viererkreuzung von Wegen. Hier dem Weg Nr. 4 (WW Schäufele-Wiesweg) geradeaus folgen. Nach 30 m rechts abwärts, an einem grün-weißen Schranken vorbei, an einem Weinberg entlang weiter abwärts, zuerst auf dem Feldweg und alsbald auf Asphaltsträßchen durch Wein- und

Apfelgärten. Am Ende steil abwärts ins Lavasontal zum Altenloch (großes Wegkreuz).

Bei der Viererkreuzung wieder geradeaus aufwärts (Schild Radroute Bozen) an einem Reitgelände vorbei und nach 100 m links in den Paul-Troger-Weg (Weg Nr. 4), über eine kleine Brücke und sofort wieder rechts hinauf zum Kalvarienberg. Der Steig endet in einem Forstweg. Wer möchte, geht 100 m rechts zur Heiligkreuzkirche (1720, meist geschlossen). Sonst links weiter auf dem Kalvarienbergweg vorbei an den Kreuzwegkapellen mit lebensgroßen Figuren, zuerst eben und dann hinunter bis zur Hauptstraße. Wer sich für moderne Architektur interessiert, sieht hier direkt rechts den moder-

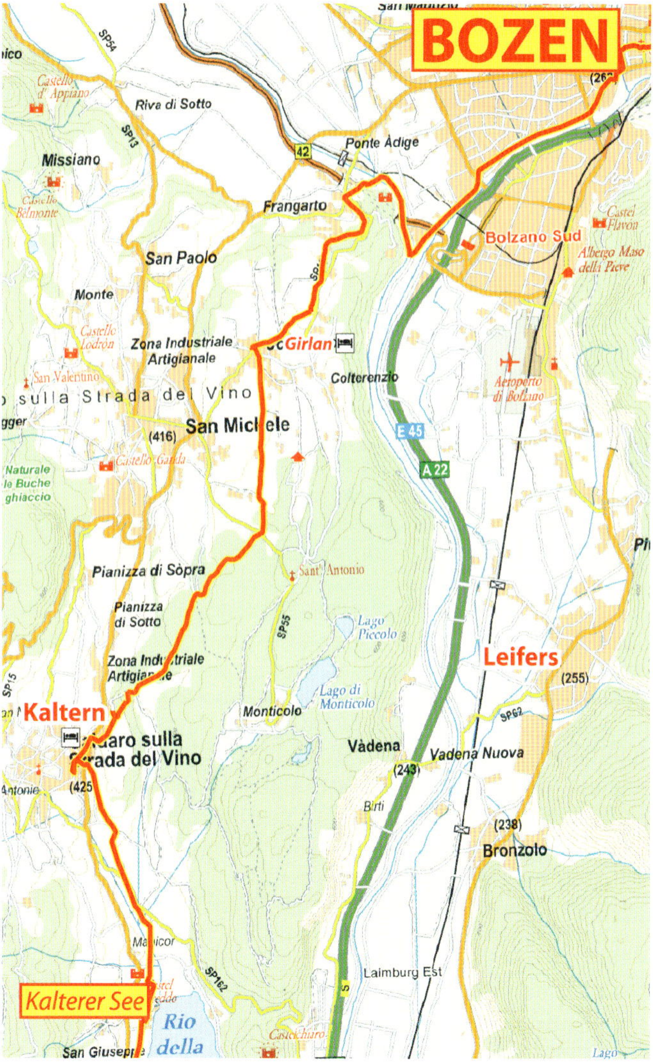

Blick über die Weinberge Kalterns zum Kalterer See

nen Bau der Kalterer Kellerei der Wiener Architektengruppe Feld 72. Nun kurz links und dann rechts hinauf zur Kirche im Ortszentrum von **Kaltern**.

Kaltern: 7000 EW, historischer Ortskern mit Adelssitzen und Bürgerhäusern, Pfarrkirche Mariä Himmelfahrt, 1790, gotischer Turm um 1500, Altarbild von Michelangelo Unterberger von 1745

- *zahlreiche Gasthöfe, Tourismusinfo direkt am Hauptplatz, Tel. 0471/963169*

Von Kaltern zum Kalterer See (4 km)

Von der Kirche kurz zurück und rechts durch einen Haustorbogen (Wiesenweg) hinunter bis zur Hauptstraße. Diese queren und am Weg (WW Nr. 5) noch 10 m abwärts, dann nach rechts immer den Schildern Weg Nr. 3 in 4 km durch die Weinberge bis zum Kalterer See. Nach 3,5 km kurz vor dem Kalterer See macht die kleine Asphaltstraße eine 90-Grad-Linkskurve, kurz abwärts und 10 m nach einer Rastbank wieder rechts auf eingezäuntem Wanderweg zum Seegelände.

Kalterer See: größter natürlicher See Südtirols

- *mehrere Gasthöfe 500 m vom See zur Weinstraße hinauf*
- *Gasthof Seeperle, Tel. 0471/960158, info@seeperle.com, www.seeperle.com*
- *Gasthof Kalterer See Hof, Tel. 0471/960157, info@kaltererseehof.com, www.kaltererseehof.com*
- *Campingplatz Gretl am See, von Ostern bis Ende Oktober geöffnet, Tel. 0471/960244, direkt am See*
- *1 km weiter Camping St. Josef, mit Geschäft, Tel. 0471/960170, direkt am See*

9. ETAPPE

Kalterer See – Cadino

25 km, 6½ Std. ↗ 270 m ↘ 270 m

Variante:
26 km, 7 Std. ↗ 420 m ↘ 420 m

Abt-Albert-von-Stade-Weg/Südtirol und Trentino

Kalterer See		Tramin		Kurtatsch		Margreid		Kurtinig		Salurn/Bahnhof		Cadino
210 m		280 m		330 m		240 m		210 m		210 m		210 m
0 km	↗ 140 hm ↘ 70 hm	6,5 km	↗ 130 hm ↘ 80 hm	10,5 km	↘ 90 hm	13,5 km	↘ 30 hm	16,5 km	→	20 km	→	25 km

Mit einer weiteren Kaiserstraße, der **Via Claudia Augusta**, kommen wir bis in die Valsugana immer wieder in Kontakt. Schon 15 v. Chr. unter dem römischen General Drusus begonnen, wurde diese Straße über die Alpen 46/47 n. Chr. von Kaiser Claudius fertiggestellt. Ein Zweig führte vom Adriahafen Altino über Feltre und die Valsugana, ein anderer von Ostiglia über Verona nach Trient. Von Trient verlief sie dem Etschtal entlang, dann über Margreid, Kurtatsch und das Überetsch – hier gab es eine Abzweigung nach Pons Drusi (Bozen) – bis Meran und über den Reschenpass. Weiter ging es über den Fernpass ins Lechtal und schließlich bis kurz hinter Augsburg. Wir pilgern jedenfalls heute zuerst nach Tramin, dem Namensgeber der berühmten weißen Rebsorte „Traminer", sind ab Margreid wieder im Talboden der Etsch angelangt und verlassen hinter Salurn Südtirol.

Vom Kalterer See nach Tramin (6,5 km)

Am rechten Ufer des Kalterer Sees entlang in 1 km bis zum Kirchlein St. Josef. Geradeaus der Kalterer-See-Straße 500 m auf der rechten Seite folgen und via-à-vis vom Camping St. Josef auf einem Steig (WW Nr. 3) durch einen Weingarten hinauf und wieder hinunter zur Straße. Über den Zebrastreifen und nach 10 m am Wanderweg gleich wieder rechts (WW Nr. 3). Bei der nächsten Weggabelung links weiter und neuerlich die Kalterer-See-Straße queren, 10 m links und bei einem grünen Schranken rechts weiter. Bei der zweiten Möglichkeit rechts abzubiegen (Kreuz mit Thujenkugel) rechts hinauf zur Straße. Dort kurz links und dann wieder rechts die kleine Straße hinauf nach Tramin. In **Tramin** rechts die Mühlgasse 300 m hinauf, nach einem Haus links durch den Zaun (vis-à-vis Schild Dibiasi) und durch einen Wein- und Obstgarten hinauf zum Kirchlein **St. Jakob in Kastelaz**. Zurück zum Brunnen und dort links über Treppen hinunter bis ins Dorf (Café Obermaier), rechts die Dorfstraße abwärts und dann wieder kurz aufwärts bis zur Pfarrkirche.

Tramin: Pfarrkirche Hll. Quiricus und Julitta (Mutter und Sohn, Märtyrer von 304 n. Chr.), gotischer Chor mit Fresken, Hochaltarbild des Spätbarockmeisters Martin Knoller, neugotisches dreischiffiges Langhaus, mit 93 m höchster Kirchturm Südtirols. **– Kirchlein St.**

Kalterer See
Rio della Pausa
San Giuseppe al Lago
Castelvecchio
Riserva Naturale Provinciale Lago di Caldaro
Don (971)
(980)
Rifugio C.A.I.
Rifugio Oltre Adige
Sella
Tramin
Strada del Vino
(276)
Kastelaz
Rungg
SP14
SP164
Corona
San Giorgio
Rifugio Sores
Baita Predaia
SP126
Kurtatsch
Strada del Vino
(333)
Maso Andreis
Rain
SP161
SP19
Rio Largo
San Martino
Penone
Niclara
Santa Anna
E 45
A 22
Margreid
del Vino
(241)
SP20
San Floriano
Laghetti
San Leonardo
Madonna della Neve
San Lorenzo
Kurtinig
(212)
Santa Anna
SP90
Roverè della Luna
(251)
Biotopo Paludel
San Giovanni
Pochi
Salurn
(224)
SP129
San Valentin
Il Torrione
Gottardo
Cadino
Mezzocorona
Rifugio Sauch
612
Ponciach
Castello

Blick ins Etschtal zwischen Tramin und Kurtatsch

Jakob in Kastelaz: 1214 erwähnt, romanisches Langhaus mit Rundapsis, gotisches Seitenschiff, berühmte romanische Fresken in der Apsis um 1120/30, u. a. mit dämonischen Zwitterwesen, sonst gotische Malereien um 1440, u. a. mit Szenen aus dem Leben des hl. Jakobus und eine Szene des erhängten Jünglings aus der Hühnerlegende.

- *Tourismusbüro, Mindelheimer Str. 10A, Tel. 0471/860131*

Von Tramin über Rungg (1,5 km) nach Kurtatsch (2,5 km)

Von der Traminer Pfarrkirche 500 m weiter durch das Dorf, dann abwärts und beim Gartenpavillon Walch rechts nach Rungg (WW Rungg). Bei der nächsten Weggabelung rechts ansteigend weiter (WW Nr. 8), alsbald mit wunderschönem Tiefblick auf das Kirchlein St. Valentin (13. Jh., bedeutende Fresken der „Bozner Schule" 1380–1429) bis **Rungg**. Im Ort bei der Weggabelung rechts (WW Nr. 8a) auf Sträßchen weiter, zuletzt aufwärts und schließlich über die Obergasse wieder hinunter nach **Kurtatsch** zur Pfarrkirche zum Hl. Vigilius (romanischer Turm und Langhausmauern, Chor und Gewölbe 15. Jh.). Quartiere, Geschäfte.

- *Tourismusbüro, Hauptmann-Schweiggl-Platz 8, Tel. 0471/880100*

Von Kurtatsch nach Margreid (3 km bzw. 4 km)

Zurück von der Kirche zum Hauptmann-Schweiggl-Platz und dort links weiter durch das Dorf. Bei der nächsten Weggabelung links hinunter und bei der nächsten Wegteilung rechtshaltend geradeaus auf einer gepflasterten Straße bis zur Angela-Nicoletti-Straße. Dieser abwärts folgen bis zu einer Plastik (Metall, Steine – eine Traube darstellend). Ab hier gibt es zwei Möglichkeiten:

a) Auf der Straße bis Margreid: Weiter hinunter bis auf die Hauptstraße, dort rechts entlang bis zur Kreuzung und weiter geradeaus abwärts. Zuletzt eben bis Margreid und rechts ins Dorfzentrum hinein.

b) Auf und ab über den Weinlehrpfad nach Margreid (zusätzliche 150 Hm und 1 km):

Bei der Plastik rechts (WW Entiklar, Weinlehrpfad) dem Schotterweg folgen, am Schluss steil aufwärts bis zu einem schönen Rastplatz (Steinnische mit Sitzecke). Links weiter, einige Treppen abwärts, über eine kleine Brücke und wieder treppauf bis zur Franz-von-Fenner-Straße. Hier links wieder steil abwärts bis nach **Entiklar.** Nach dem zweiten Haus rechts (WW Nr. 3a Margreid) und längere Zeit in Wellen aufwärts, bis eine andere Straße erreicht wird. Hier bei der Serpentine links abwärts (WW Nr. 3 Margreid) hinunter bis **Margreid** zum St.-Gertraud-Platz.

Margreid: ein Ort mit Ansitzen aus allen Stilepochen, schönen Innenhöfen, malerischen Gassen und einer Vielzahl an kunstvoll gestalteten Torbögen. Die älteste Weinrebe Südtirols von 1601 ist beim Augustin-Haus zu sehen. Turm und Kirche der Pfarrkirche Hl. Gertraud (17. Jh.) sind kurioserweise durch die Dorfstraße getrennt. Quartiere, Geschäfte.

Von Magreid über Kurtinig (3 km) vorbei an Salurn (3,5 km) nach Cadino (5 km)

Vom St.-Gertraud-Platz weiter leicht aufwärts zur Pfarrkirche und dahinter wieder abwärts vorbei am schwarzen Feuerwehrhaus bis zur Weinstraße. Auf dieser in 2 km bis ins Ortszentrum von **Kurtinig** (Kirche St. Martin um 1400, Hotel Deutschhaus, Geschäft). Hier wieder links, am Ortsende unter der Brennerbahn hindurch und vor der Autobahn links (Schild Radroute) 300 m zurück. Über die Fußgängerbrücken der Autobahn und der Etsch und nun rechts am Radweg (Radroute Kaiserin Maria Theresia) in 3,5 km bis zur Salurner Brücke. Wer heute schon genug hat und am nächsten Tag eine 28-km-Tagesetappe auf sich nehmen möchte, geht links 500 m hinüber nach **Salurn** (Pfarrkirche Hl. Andreas, 17. Jh.).

- *Jugendherberge, Dr.-Josef-Noldin-Str. 20, Tel. 0471/884356*
- *Tourismusbüro, Rathausplatz 3, Tel. 0471/884279*

Ansonsten bleiben wir 2,5 km am Rad- und Gehweg, sehen links am Berg die Haderburg, gehen durch die geschichtsträchtige **Salurner Klause** und überschreiten die Grenze zwischen Südtirol und dem Trentino. Nach weiteren 2,5 km biegen wir links vom Radweg (Schild B&B) ab zur Fraktion **Cadino**. Quartiere und Pizzeria.

- *Haus „La Ferrata“, Tel. 0461/650409 oder 339/8132425, la_ferrata@hotmail.com. www.laferrata.com*
- *B&B „Trentino“, Tel. 339/8031679*

10. ETAPPE

23 km, 6 Std. ↗ 80 m ↘ 100 m

Cadino – Trient

Abt-Albert-von-Stade-Weg / Trentino

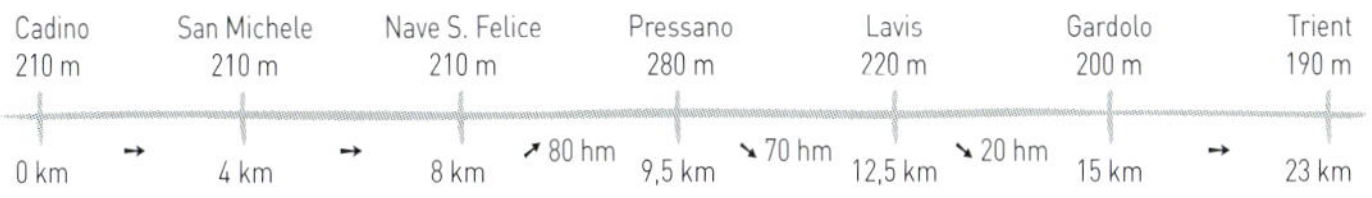

Kaum haben wir die Grenze zwischen Südtirol und dem Trentino überschritten, spricht kaum mehr jemand deutsch. Umso erfreulicher sind die Bemühungen der Trentiner Schulbehörde zum Ausbau des Deutschunterrichtes. Wir aber „parlieren“ ab jetzt italienisch – so gut wir es eben können. Eine Verwaltungsgrenze an der Sprachgrenze gibt es freilich erst seit 1948, weder die kirchlichen (Diözese Trient) noch die weltlichen Strukturen (Grafschaft Tirol) machten früher an der Salurner Klause halt. Das Trentino war über Jahrhunderte wie Südtirol ein Teil des historischen Tirol und wurde Welschtirol genannt, eben das italienische bzw. romanische Tirol. Der Begriff Welsch oder Walsch findet sich übigens in ganz Europa als Bezeichnung der germanischen Bevölkerung für ihre südlichen, romanischen Nachbarn, vom britischen Wales über das belgische Wallonien bis ins Wallis und eben dem welschen Tirol. Am Ende des heutigen Tages zieht uns die Stadt Trient mit ihrem romanischen Dom und ihrer kirchengeschichtlichen Bedeutung in ihren Bann.

Von Cadino über San Michele (4 km) nach Nave San Felice (4 km)

Von **Cadino** zurück auf den Radweg und am linken Etschufer weiter. Nach 2 km Wechsel nach rechts über die Brücke (Restaurant Cacciatore), danach links auf der anderen Etschseite in 2 km nach **San Michele** (links der Etsch erhöht sichtbar das ehemalige Augustiner-Chorherrrenstift mit Stiftskirche St. Michael, seit 1874 Lehranstalt für Wein- und Obstbau, in San Michele Hotel und Geschäfte). Weiter bis 20 m vor die Bogenbrücke für Fußgänger. Dort nicht geradeaus oder über die Brücke, sondern kurz rechts hinab zu einem gelben Haus auf die Fahrstraße, durch eine Unterführung hindurch und weiter am rechten Ufer der Etsch in 3,5 km zur nächsten Brücke. Über diese zum Ort **Nave San Felice**, jedoch nicht am Radweg weiter, sondern auf der überdachten Unterführung hinüber zur Hauptstraße.

Von Nave S. Felice über Pressano (1,5 km) nach Lavis (3 km)

Kurz der Hauptstraße folgen, dann auf der linken Nebenfahrbahn am Hotel alla Nave vorbei. Am Ende der Seitenstraße geradeaus ab nun 1 km aufwärts auf der **Via Claudia Augusta** bis zum romanti-

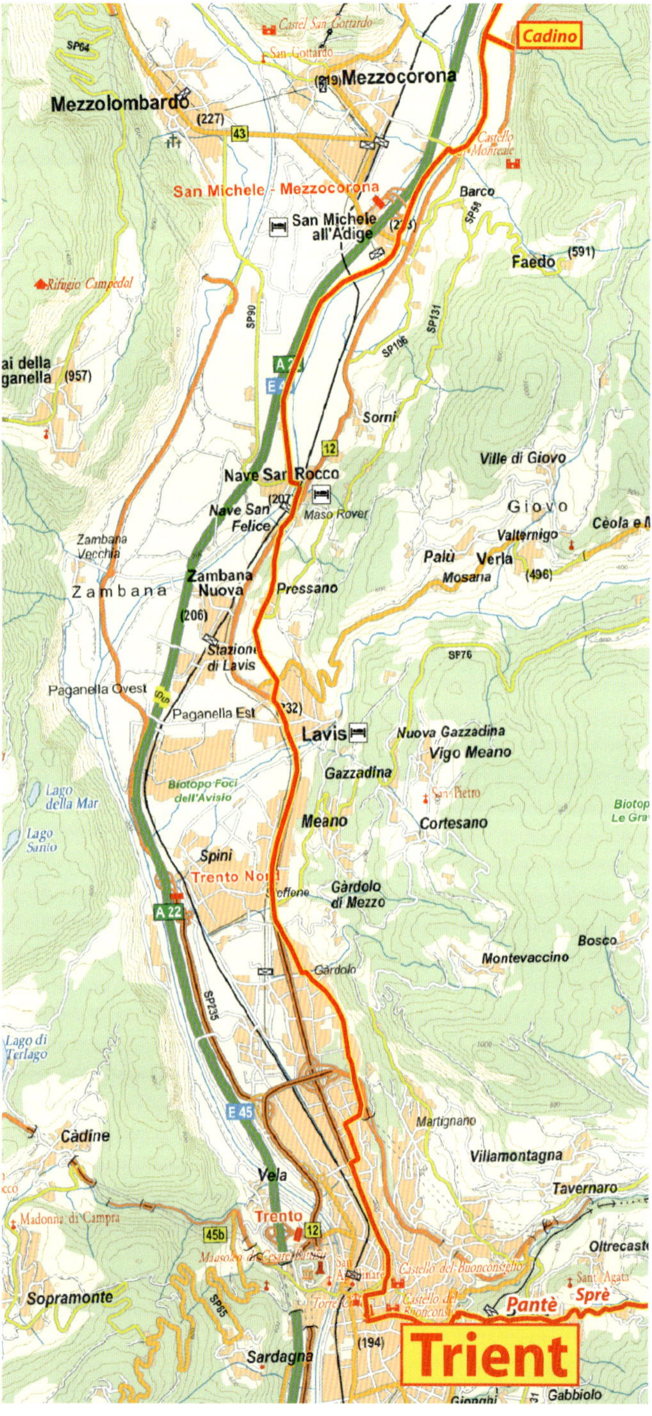
Cadino
Castel San Gottardo
San Gottardo
SP64
Mezzocorona
(219)
Mezzolombardo
(227)
43
Castello Monreale
San Michele - Mezzocorona
Barco
San Michele all'Adige
SP58
Faedo
(591)
Rifugio Campedol
SP90
SP131
SP106
A 22
E 45
ai della ganella
(957)
Sorni
12
Ville di Giovo
Nave San Rocco
(207)
Nave San Felice
Maso Rover
Giovo
Cèola e M
Valternigo
Zambana Vecchia
Palù
Verla
Mosana
(496)
Zambana Nuova
Pressano
Zambana
(206)
Stazione di Lavis
SP76
Paganella Ovest
Paganella Est
(232)
Lavis
Nuova Gazzadina
Vigo Meano
Gazzadina
Biotopo Foci dell'Avisio
Lago della Mar
San Pietro
Lago Santo
Meano
Cortesano
Spini
Trento Nord
Gàrdolo di Mezzo
A 22
Bosco
Montevaccino
Gàrdolo
SP235
Lago di Terlago
E 45
Martignano
Càdine
Villamontagna
Vela
Tavernaro
Madonna di Campra
Trento
45b
12
Oltrecastel
Mausoleo di Cesare Battisti
Castello del Buonconsiglio
Sant'Agata
Sopramonte
Pantè
Sprè
SP85
(194)
Trient
Sardagna
Gabbiolo

Lavis mit dem Fluss Avisio

schen Ort **Pressano**. Rechts zum Hauptplatz (Geschäft), geradeaus durch den Ort und auf der Straße wieder abwärts nach **Lavis** (8700 EW, am Ausgang des Cembratales gelegen, Quartiere). Eine größere Straße queren und die Via A. Rosmini geradeaus weiter. Bald rechts in die Via G. Segantini und vor bis zur Hauptstraße Via Nazionale (Geschäfte). Diese queren und links Richtung Trient bis zum Ortsende von Lavis.

Von Lavis über Gardolo (2,5 km) nach Trient (8 km)

Am Ortsende vor der Avisio-Brücke Wechsel der Straßenseite durch eine Unterführung. Weiter über die Brücke und nunmehr der linken Seite der vielbefahrenen Nazionale 2,5 km folgen. Sobald das Ortschild Gardolo sichtbar ist, links die Via S. Anna in 700 m bis ins Zentrum von **Gardolo** (Stadtteil von Trient, Kirche Maria ed Elisabetta). Am Platz gegenüber der Kirche links an der Bar Savoia vorbei und über ein kleines Bächlein. Danach ca. 3 km immer geradeaus, zuerst auf der Via Don Lorenzo Milani bis Melta Gardolo und dann zum Kreisverkehr. Weiter die Via Centochiavi (rechter Hand ein schöner Park), durch die Unterführung der Valsuganastraße und weiter zum Straßenschild Via Giuseppe Gilli. Hier in die Via Gilli rechts abbiegen – wir sind schon mitten in der Stadt **Trient**. Am Ende der Gilli wieder links in die Via Antonio Pranzelores, nach einer Rechtskurve zu einem Kreisverkehr, dort wieder links und länger geradeaus. Vor uns wird schon der Turm des Castello del Buonconsiglio sichtbar. Am Ende der Via Brennero weiter links haltend geradeaus, beim Geschäft Despar vorbei und die kleine Nebenstraße geradeaus. Am Ende der Via S. Martino sehen wir links bereits das Castello del Buonconsiglio. Wir queren die Hauptstraße und gehen durch die Via del Suffragio vorbei am Palazzo Trautmannsdorf bis zur nächsten Kreuzung (Schild Via S. Marco). Dort rechts die Via Giannantonio Manci entlang und nach 300 m bei der Chiesa di San

Domplatz von Trient mit dem Turm des Palazzo Pretorio

Francesco Saverio (1701) *entweder zum Ostello* geradeaus die Via Roma, dann rechts in die Via delle Orfane und links in die Via Torre Vanga Nr. 9 *oder links zum Dom San Vigilio* über die Via Rodolfo Bellenzani, vorbei an der barocken Chiesa dell'Annunziata mit der anschließenden Casa Rella (Fresken von Fogolino) direkt zum Domplatz mit dem Neptunbrunnen und dem Dom.

TRIENT: 117.000 EW, Hauptstadt des Trentino, Bischofssitz und Konzilsstadt, vorbildliche Beschilderung der Sehenswürdigkeiten in ital., dt. und engl. Sprache. Das Tridentinische Konzil (1545 bis 1564) wurde unter Papst Paul III. eröffnet, erlebte drei Sitzungsperioden und endete mit der Unterzeichnung der Dekrete unter Papst Pius IV.

Dom San Vigilio aus dem 13. Jh.

Konzilsbasilika Santa Maria Maggiore mit Statue des hl. Petrus und dem Haupttor

Dom San Vigilio: 13. Jh., dreischiffiges Langhaus mit 14 Pfeilern, Hochaltar von 1743 von Sartori in Anlehnung an den Bernini-Altar im Petersdom, Krypta 6. Jh. mit Grab des 3. Bischofs von Trient Vigilius, Kreuzkapelle von 1683, vor der hölzernen Christus-Plastik wurden die Dekrete des Konzils unterzeichnet; 1508 unter Papst Julius II. Fernkrönung des römisch-deutschen Kaisers Maximilian I., weil die Venezianer, gegen die er Krieg führte, dem Kaiser den Durchzug nach Rom verwehrten. – **Basilika Santa Maria Maggiore**: 1520 unter Fürstbischof Bernhard von Cles gebaut, Tagungsort mehrerer Sitzungen des Konzils. – **Kloster San Lorenzo**: im 10. Jh. erbaut, schönes Beispiel romanischer Architektur. – **Santi Pietro e Paolo**: nach einem Brand Fassade neugotisch erneuert, u. a. Marmoraltar mit Sant'Antonio, Seitenkapelle zu Ehren des Simon von Trient (1475 wurde der 3-jährige Simonino tot aufgefunden und die Schuld den Juden zugewiesen, was zu Todesurteilen und Judenverfolgung einerseits, zur Verehrung des Kindes anderseits führte, bis der Kult 1964 verboten wurde). – **Castello del Buonconsiglio**: ehemaliger Sitz des Fürstbischofs, alte Burg 12. Jh., daneben der „Magno Palazzo" errichtet von Bernhard von Cles im 16. Jh., wertvolle Fresken aus dem 14. Jh. im **Adlerturm** von Wenzelaus von Böhmen mit Darstellungen des profanen Alltagslebens in Monatszyklen.

- *Jugendherberge Ostello Giovane Europa, Via Torre Vanga 9, Tel. 0461/263484, trento@gayaproject.it, www.gayaproject.it*
- *B&B Eden, Via Roma 27, Tel. 339/3650981, info@bbeden.it, www.bbeden.it; im gleichen Haus das B&B Centro, Familie Laner*
- *Tourismusbüro, Via Manci 2, Tel. 0461/216000, informazioni@apt.trento.it, www.apt.trento.it*

11. ETAPPE

24 km, 6 Std. ↗ 860 m ↘ 610 m

Trient – Levicosee

Abt-Albert-von-Stade-Weg / Trentino

Trient		Passo Cimirlo		Roncogno		Caldonazzosee		Tenna		Levicosee
190 m		730 m		460 m		450 m		570 m		440 m
0 km	↗ 540 hm	6,5 km	↘ 270 hm	9 km	↗ 90 hm ↘ 100 hm	15 km	↗ 170 hm ↘ 50 hm	20 km	↗ 60 hm ↘ 190 hm	23 km

Seit dem Mittelalter wurde immer wieder erklärt, dass die Stadt Trient (Trento) und ihr Umland, das Trentino, ihre Namen von den Römern erhalten hätten und dass deren Bezeichnung für die Stadt „Tridentum", was so viel heißt wie drei Zähne, von drei Hügeln herrühre, zwischen denen die Stadt erbaut worden sei. Inzwischen weiß man, dass an diesem wichtigen Kreuzungspunkt des Etschtales mit der Valsugana, die das Tal zur oberen Adria hin öffnet, schon vor den Römern eine Siedlung bestand, die von den Kelten Trent genannt wurde. Auch wir verlassen in Trient das Etschtal nach Osten in Richtung Venedig. Dazu steht uns zunächst wieder ein Anstieg bevor, um dann in der Valsugana zu den wunderbar gelegenen Seen von Caldonazzo und Levico zu gelangen.

Von Trient über den Cimirlopass (6,5 km) nach Roncogno (2,5 km)

Wir starten am Domplatz, gehen rechts zur Hinterseite des Domes, über Stiegen in die Via Calepina und auf dieser bis zum Kreisverkehr mit Brunnen. Ab hier geht es bis zum Passo Cimirlo aufwärts – zuerst geradeaus auf der Via Giuseppe Grazioli, gegen Ende in einem leichten Linksbogen, bis links oberhalb die Kirche des Convento di S. Bernardino dei Padri Francescani sichtbar wird. Bei der Weggabelung links die Salita Filippo Manci hinauf (nicht die Via alla Busa), nach 10 m bei einer neuerlichen Gabelung geradeaus weiter (nicht links auf dem Weg mit Absperrungen). Bald über die alte Steinbrücke des Torrente Fersina und danach rechts in Serpentinen hinauf bis zur Hauptstraße (rechter Hand die technische Universität). Nach 50 m in der Rechtskurve der Hauptstraße geradeaus in ein kleines Sträßchen (Fahrverbotsschild) einbiegen. Auf diesem weiter und bald durch zwei Drehkreuze die Valsuganabahn queren. Danach geradeaus, bei der nächsten Weggabelung links in die Via dei Valoni und sich nach 100 m bei einer Weggabelung rechts halten. Weiter aufwärts und vorbei an der neuen Universität. Eine Straße queren und weiter geradeaus bis in den Ort **Pantè** (Geschäft, Bar). Nun links die Via della Resistenza, nach 200 m bei der Rechtskurve wieder geradeaus in die Via **Sprè** bis in den gleichnamigen kleinen Ort. Am Ende in einer Rechtskurve hinaus zur Hauptstraße, links auf dieser 50 m weiter und dann rechts in die Via Pinara. Danach die Via

Blick vom Croz del Cimirlo ins Valsuganatal bei Pergine

Borino weiter und nach 30 m bei einer Weggabelung (Wanderweg-Schilder) links die Via Brenz bald steil aufwärts. Das Sträßchen geht in einen Steig über, dem wir bis zur nächsten Asphaltstraße folgen (5 km ab Trient bis hierher). Links auf der Straße bis zum Haus „Eremo“ und weiter in gut 1 km in Serpentinen hinauf zum 733 m hohen **Passo Cimirlo** (Bar). Geradeaus über den Pass zu einem Platz und dort links dem Schild Roncogno folgend auf kleiner Straße abwärts. Nach 400 m rechts auf gepflastertem Sträßchen weiter abwärts bis zu einem Bauernhaus mit Weingärten. Hier bald beim Croz (Kreuz) del Ronzesch rechts (WW Sentiero panoramico Roncogno), nach 5 m ***nicht*** links (Schild Forte Cimirlo), sondern eben am Waldrand entlang und schließlich bis zu einem alten Haus oberhalb eines Feldes. Am Haus vorbei bis zum Waldrand und dem Feld entlang abwärts bis zum Croz del Cimirlo. Sehr schöner Blick ins Valsuganatal und auf die Orte Roncogno und Pergine. Weiter am Steig steil abwärts, später auf einer Schotterstraße und auf einem gepflasterten Weg bis zu einer kleinen Brücke. Diese queren und in den Ort **Roncogno** (Geschäft) hinunter bis zur Chiesa di Sant'Anna.

Von Roncogno nach San Cristoforo am Caldonazzosee (6 km)

Die Straße weiter und nach 400 m bei einer Linkskehre rechts auf eine kleinere Straße abbiegen. Auf dieser bis zu einer Viererkreuzung, dort geradeaus leicht aufwärts weiter bis zum Ort **Costasavina**. Bei der Stopptafel die Straße queren und die Via della Calcera weiter, an einem Holzzaun bei einem Fabriksgebäude entlang, bei der nächsten T-Kreuzung (Einfahrtstor zu einem Haus) rechts. Bei der nächsten Kreuzung die Via Longa linkshaltend geradeaus und weiter bis zum Ort **Susà**. Rechts hinauf zur Chiesa S. Floriano, dahinter links und auf dieser Straße abwärts – der Caldonazzosee liegt uns bereits zu Füßen – bis zum Ort **Canale**. Weiter abwärts, über die Valsuganabahn und zum Albergo San Cristoforo an der Hauptstraße. Links am Gasthof vorbei (Schild lago) auf einem Gehweg im Zickzack, vorbei an einem Campingplatz, zum **Caldonazzosee** (nach dem Gardasee zweitgrößter See des Trentino, Urlaubseldorado). Links dem Ufer entlang, bei einem Spielplatz rechts auf gepflastertem Weg neuerlich dem Seeufer folgen. Am Ende wieder rechts die kleine Via del Dos in einem Linksbogen hinauf zum Kirchlein **San Cristoforo** (12. Jh., gotisches Portal, in der Antike Diana- und Neptuntempel) und wieder hinunter und hinüber zur Valsuganastraße.

Von San Cristoforo über Tenna (5 km) zum Levicosee (3 km)

Nun rechts und 600 m neben den Leitschienen an der vielbefahrenen Valsuganastraße entlang, dann 1 km auf Holzstegen am Seeufer weiter. Bei der Fußgängerunterführung (kurz vor dem Restaurant Ca' Rossa) links die Valsuganastraße queren, danach rechts die Via dei Paradisi aufwärts. Am Ende der Paradisi geradeaus bis zum Brunnen im Ort **Ischia**. Beim Famiglia-Geschäft rechts die kleine Straße aufwärts, alsbald bei einem 6er-Reihenhaus mit steilen Giebeln vorbei und wieder links ansteigend in den Wald. Bald auf einem Schotterweg über Wiesen und Obstgärten bis zur nächsten Asphaltstraße. Dort in der Serpentine links kurz aufwärts zur Hauptstraße und dieser rechts in 2 km über **Pontara** bis nach **Tenna** (Hotel Da Remo, Geschäfte) folgen. Bei der Viererkreuzung mit Kopfsteinpflaster sehen wir direkt vor uns im Hauseck den römischen Meilenstein der Via Claudia Augusta mit der Inschrift XXXXI (Meilen). Ab hier gibt es zwei Varianten zum Levicosee. Der wesentlich schönere Weg führt rechts auf der Via Roma weiter, bei einer Kapelle gehen wir nach links (WW Exforte Nr. 5), nach 100 m rechts (WW

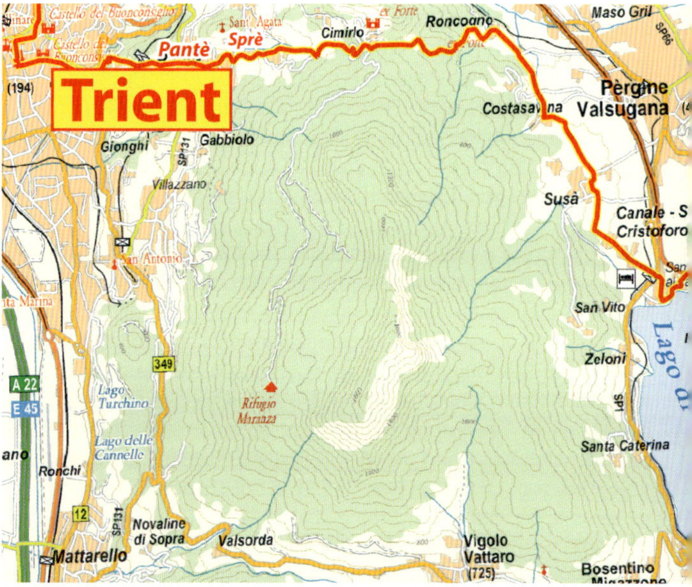

Tenna – römischer Meilenstein der Via Claudia Augusta

Kirchlein San Valentino aus dem 13. Jh. bei Tenna

Area di Sosta). Nach insgesamt 500 m sind wir beim ehemaligen österreichisch-ungarischen Fort Tenna (1880–1882 errichtet, bei seiner Fertigstellung militärisch gesehen bereits überholt, im Ersten Weltkrieg ungenutzt), gehen an diesem vorbei und auf der wunderschönen Via Claudia Augusta am Kamm in 700 m – links sind bereits der Levicosee und der Ort Levico Terme sichtbar – bis zur Chiesetta Valentino (13. Jh., wertvolle Fresken, u. a. hl. Rochus, geschlossen). Rechts an der Chiesetta vorbei und nach 300 m 👁 links an einer Kettenabsperrung vorbei auf einem kleineren Steig weiter (nicht rechts auf dem Hauptsteig). Bald erreichen wir einen Aussichtsturm. Jedoch unterhalb von diesem nach einer ebenen Fläche in einer Linksserpentine abwärts und in vier weiteren Kehren zur Asphaltstraße. Hier rechts und nach 300 m links zum Campingplatz Jolly-Levico.

Die schnelle Variante (60 Hm und 600 m weniger) führt bei der Viererkreuzung beim Meilenstein geradeaus weiter bis zum Ende des Ortes mit der Ortstafel (Ende) und von dort in 2 km abwärts bis zum **Levicosee** und hier links zum Camping Jolly-Levico. Wer nicht hier nächtigt, geht noch 1,5 km bis zum Kurort Levico Terme.

- *Camping Jolly-Levico, Wohnmobil auch für eine Nacht erhältlich, geöffnet von Palmsonntag bis Mitte Oktober, Tel. 0461/706491, info@lagolevico.com, www.campinglevico.com, deutschsprachig an der Rezeption*

12. ETAPPE

17 km, 4 Std. ↗ 85 m ↘ 150 m

Levicosee – Borgo

Abt-Albert-von-Stade-Weg / Trentino

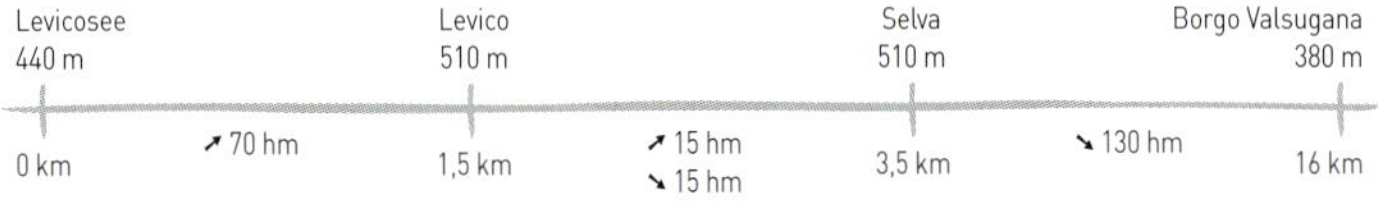

Die Valsugana mit dem Fluss Brenta wird links vom Lagorai-, Cima d'Aste- und dem Monte-Grappa-Massiv begrenzt, rechts liegt die Hochfläche der Sieben Gemeinden (Altipiano dei Sette Communi). Das Tal und noch mehr die Hochfläche der Sieben Gemeinden waren während des Ersten Weltkrieges Schauplatz schwerer und erbitterter Kämpfe. Die Grenze zwischen der österreichisch-ungarischen Monarchie und dem Königreich Italien verlief zwischen Grigno und Primolano, die Österreicher hatten sich aber etwas zurückgezogen, so dass die Frontlinie die Valsugana im Bereich von Borgo querte. Heute herrscht Gott sei Dank Frieden und dankbar, in den letzten 70 Jahren vom Krieg verschont geblieben zu sein, pilgern wir an Gedenkstätten und Kriegesrelikten vorbei.

Vom Levicosee über Levico Terme (1,5 km) nach Selva (2 km)

Vom Campingplatz zur Levicostraße und auf dieser links bis zum Kreisverkehr. Rechts aufwärts und alsbald links den Vicolo Crocefisso weiter. Die Hauptstraße queren und gegenüber der Bushaltestelle die schmale Gasse hinauf, die Via Travaia weiter und am Schluss

auf der Via Garibaldi zum Hauptplatz von **Levico Terme** und zur Pfarrkirche.

Levico Terme: 6500 EW, arsen- und eisenhaltiges Wasser machte Levico seit dem 19. Jh. als Thermalbadeort bekannt; Pfarrkirche „Santissimo Redentore“ (hl. Erlöser): neoromanisch von 1877, Infotafel in deutscher Sprache; Eremitenkirchlein S. Biagio (2 km vom Zentrum): sehenswerte Fresken (letztes Abendmahl spätromanisch 14. Jh., gotische Fresken 16. Jh.), Schlüssel vorher im Ort beim Pfarramt holen.

- *Tourismusbüro, Viale Vittorio Emanuele 3, Tel. 0461/727700, links von der Kirche 500 m auf der Hauptstraße bis vor das Hotel Eden; zum Tourismusbüro ATP rechts vom Hotel Eden vorbei*
- *Mehrere Hotels, z. B. Liberty, Viale V. Emanuele 18, Tel. 0461/701521, info@hotelliberty.it, www.hotelliberty.it*

Vom Hauptplatz weiter auf der Via Regia, der Via Marconi – vorbei am Parco delle Terme – und der Via Rovigo durch den Ort. Beim sechseckigen Wallfahrtskirchlein Madonna de Pezo (1700 erbaut, Rosenmadonna) halblinks die Via Gasparri leicht aufwärts und immer geradeaus – das Castello di Selva vor uns sichtbar – bis zum Ort **Selva**.

Von Selva nach Borgo Valsugana (12,5 km)

In Selva ab der Kirche die Via A. Cotto abwärts bis hinunter zur Hauptstraße. Auf dieser 100 m weiter und dann rechts die Valsuganabahn queren. Auf dem Sträßchen unter der Schnellstraße hindurch, bei der nächsten Kreuzung rechts (WW Tor Quadra), über eine kleine Brücke und nun links den Radwegschildern folgend in 11 km bis **Borgo Valsugana**. Über Borgo ist das Castello Telvana (privat)

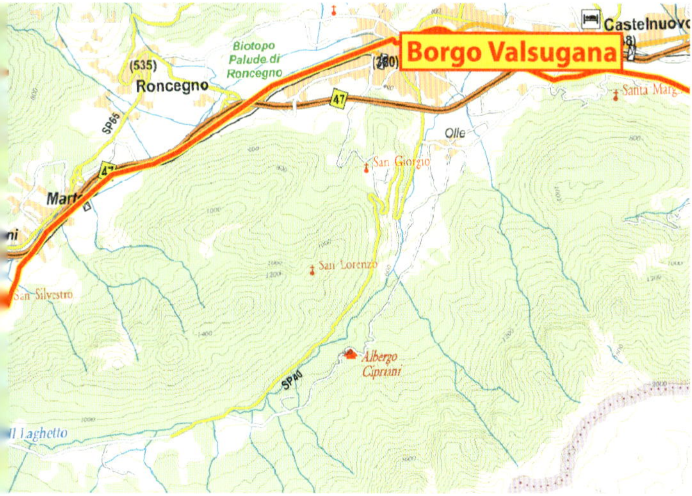

Borgo Valsugana

sichtbar. Am rechten Ufer der Brenta in den Ort. Am Ende der Uferstraße kurz rechts und dann links auf die Piazza Degasperi mit dem Municipio (Tourismusbüro). An der Kirche Sant'Anna vorbei, danach links zur venezianischen Steinbrücke, jedoch vor der Brücke wieder rechts (WW Radweg Bassano) bis zur Kirche Pieve della Natività di Maria (Marmoraltar von Cristoforo Benedetti).

Borgo Valsugana: 7000 EW; Chiesa S. Rocco: zweistöckig, Freskenzyklus aus dem 16. Jh. von Francesco Corradi; Kloster San Damiano (Klarissen); Palazzo Ceschi.

- *Ostello Sportivo, Via Giuseppe Gozzer 52 (beim Sportplatz), Tel. 0461/753836 oder 335/5735727, info@valsuganasport.it, www.valsuganasport.it*
- *„Locanda in Borgo 1775", Corso Ausugum 90, Tel. 0461/757103;*
- *Tourismusinformation, Piazza Degasperi 20, Tel. 0461/727740, borgovalsugana@visitvalsugana.it*

Anmerkung: Die nächsten zwei Etappen von Borgo Valsugana nach Bassano del Grappa haben eine Länge von 26 + 31 oder 31 + 26 km, je nachdem, wo am Ende genächtigt wird. Es besteht aber auch die Möglichkeit, von Borgo Valsugana noch 3 km bis Castelnuovo zu gehen, um dort in der Casa Gabriella zu nächtigen (jedenfalls vorher anfragen!), womit sich die Etappen auf 28 + 26 km verkürzen lassen. In diesem Fall von Borgo Valsugana links des Flusses Brenta der Straße entlang zum Hauptplatz von **Castelnuovo**. Links auf die Piazza und am Ende rechts durch einen Torbogen zum Geschäft „Famiglia", gegenüber die Casa Gabriella. Am nächsten Tag vom Hauptplatz direkt unter der Schnellstraße hindurch wieder zum Rad- und Gehweg Richtung Bassano del Grappa.

- *Casa Gabriella, Piazza del Municipio 10, Tel. 0461/753436 oder 347/8483913, info@casagabriella-valsugana.it, www.casagabriella-valsugana.it*

26 km, 6½ Std. ↗ 30 m ↘ 200 m

Borgo Valsugana – Primolano

Abt-Albert-von-Stade-Weg / Trentino und Venetien

Borgo Valsugana	Grigno	Tezze	Pianello/Martincelli	Primolano
380 m	260 m	230 m	220 m	220 m
0 km	17 km	21 km	24 km	26 km

↘ 120 hm · ↘ 30 hm · → · →

Auf dieser Etappe überschreiten wir die Grenze zwischen den Regionen Trentino und Venetien (Veneto). Die Valsugana wird im venezianischen Teil auch nach dem Fluss als Valbrenta bezeichnet.

Von Borgo Valsugana nach Primolano (26 km)

Ab jetzt gehen wir beinahe ausschließlich am Rad- und Gehweg. An der Kirche Natività di Maria in Borgo links vorbei (WW Bassano) und dem Fluss Brenta entlang. Nach 1 km rechts vom Fluss weg und nun vorerst den Schildern Radweg Grigno folgen. Nach 12,5 km ab Borgo ist ein schöner Rastplatz in einem Wäldchen. Nach weiteren 1,5 km durch die Fraktion **Selva**, nach 2 km an einem historischen Kalkofen vorbei und in 1 km bis zu einem Kreisverkehr (*Anmerkung*: Abzweigung nach **Grigno** möglich, 1,3 km bis zum Hotel Conca d'Ora). Geradeaus auf der rechten Brentaseite weiter, nach 1 km kommt ein Brunnen, von dort noch 3 km bis zum Ort **Tezze** (*Anmerkung*: Abzweigung zum Hotel da Remo links über die Brentabrücke und 500 m auf der Straße zurück). 1 km weiter bis zum „Bicigrill" (Bar), nach 2 km zu einer modernen Betonkirche in **Pianello**.

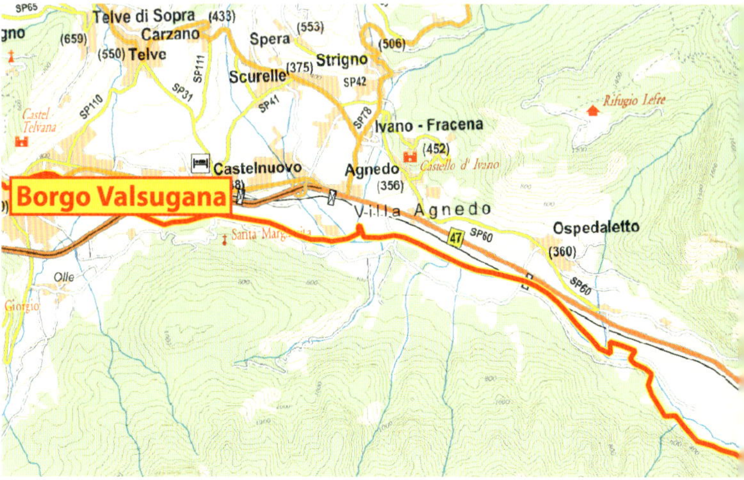

Valsugana mit dem Fluss Brenta

👁 *Achtung*: nicht am Radweg weiter, da dieser nach 2 km gesperrt ist! Daher über die Brücke hinüber nach **Martincelli** *(Grenze Trentino/Venetien)* und dort rechts der Straße entlang. Beim ersten Bahnschranken rechts über die Bahn, auf dem kleinen Sträßchen 1,5 km parallel zu den Geleisen weiter und beim nächsten Bahnschranken wieder links auf die Hauptstraße (Ortsschild **Primolano**). Nun rechts auf der Straße in 500 m bis zum Albergo Valsugana.

- *Albergo Valsugana, Via Stazione 1, Tel. 0424/433860 oder 333/9062280 (Reservierung empfohlen)*

31 km, 7½ Std. ↗ 60 m ↘ 150 m

Primolano – Bassano del Grappa

Abt-Albert-von-Stade-Weg / Venetien

Primolano 220 m	Forte Tombion 210 m	San Gaetano 180 m	Valstagna 150 m	Campolongo 140 m	Sarson 140 m	Bassano del Grappa 130 m
0 km	5 km	13,5 km	16 km	21,5 km	27 km	31 km

Heute kommen wir an einer Besonderheit vorbei, der Calà del Sasso, einer Freitreppe aus dem 15. Jahrhundert, die in 4444 Stufen von Valstagna auf die Hochfläche der Sette Communi hinaufführt. Diese zu erklimmen, wird uns die Zeit nicht reichen, denn wir wollen beizeiten in Bassano del Grappa ankommen, der Stadt der schönen Künste, um am Abend mit unzähligen, vor allem jungen Leuten aus der ganzen Gegend durch die Stadt und über die berühmte Alpinibrücke hin und her zu flanieren. Apropos Grappa: Der typische italienische Schnaps aus Trester stammt von der italienischen Bezeichnung graspo (Traube) und nicht vom Monte Grappa, nach dem der Ort benannt ist. Dass viele glauben, Bassano del Grappa sei der Ursprungsort des Traubenschnapses, ist der Stadt freilich recht und findige Unternehmer haben hier Destillerien eröffnet – so dass doch manch bekannter Grappa aus Bassano del Grappa kommt.

Von Primolano nach Bassano del Grappa (31 km)

Vom Albergo Valsugana auf der Umfahrungsstraße (Schild Bassano) weiter, am Ende des Ortes die erste Straße rechts und durch eine Unterführung, danach sofort wieder bei einer Weggabelung rechts haltend durch eine runde Untertunnelung. Dahinter auf Schotterweg links weiter, bei Kreuzungen rechts über die Brentabrücke mit Blick auf die Festung Tagliata oberhalb von Primolano. Nach der Brücke rechts und dann ***nicht*** über die zweite Brücke, sondern links abwärts – hier endet die Radwegsperre – und in einem Rechtsbogen auf den Radweg. Nun 4 km am Radweg bis zum Bicigrill Cornale.

- *Zum Albergo Forte Tombion, Via Covolo 1, Tel. 0424/92130 (Reservierung empfohlen) hier links über die Brücke und 100 m auf der Straße zurück.*

Vom Bicigrill Cornale geht es ab jetzt immer auf der rechten Flussseite in 26 km auf der Straße durch die Dörfer des Valbrenta bis Bassano del Grappa. Nach 2 km besteht die Möglichkeit, über eine Hängebrücke (Schild Farmacia) nach **Cismon del Grappa** zu gelangen (Gasthof), und nach 200 m erreichen wir **Collicello**. Nach 3 km sind wir beim Ortsschild **Costa**, nach 600 m bei der Pizzeria 3 Volti. Nach 1,9 km gehen wir am *B&B Fataverde (Via Giara Mondon 10, Tel.*

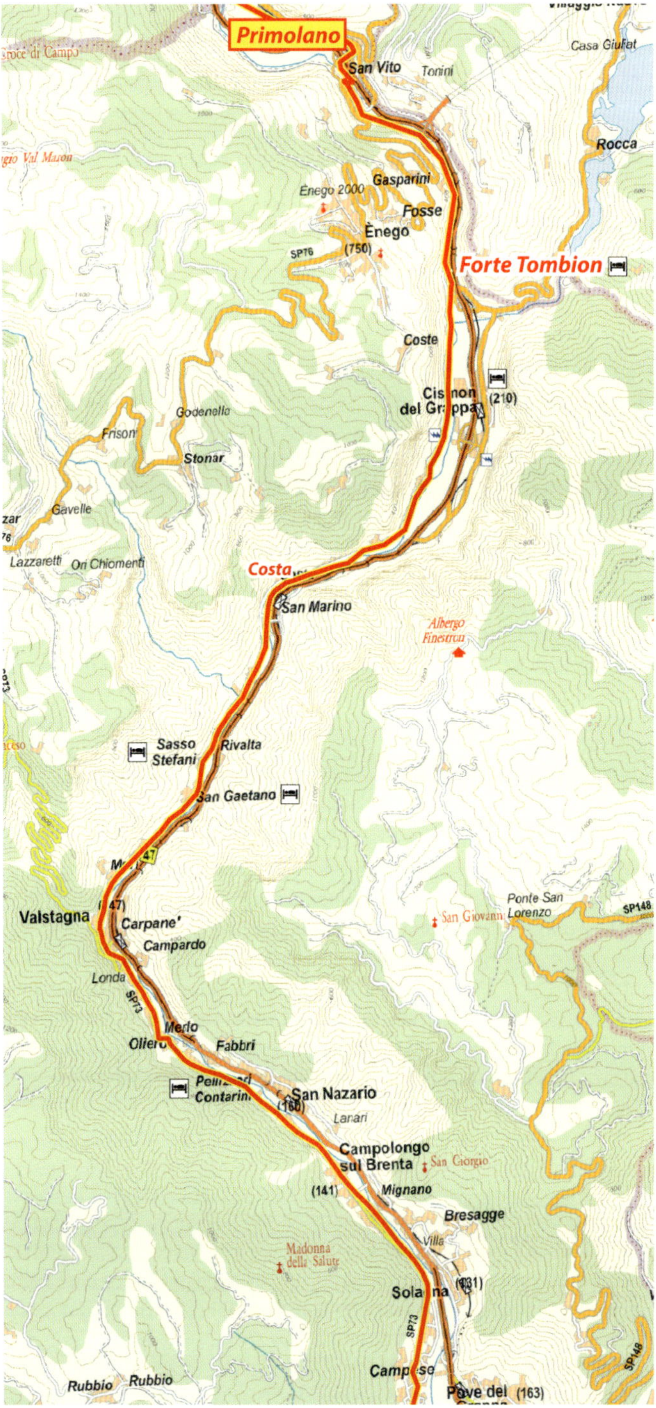
Primolano
San Vito
Tonini
Casa Giulat
Rocca
Gasparini
Ènego 2000
Fosse
Ènego
(750)
SP76
Forte Tombion
Coste
Cismon del Grappa
(210)
Godenello
Frison
Stonar
Gavelle
Lazzaretti
Ori Chiomenti
Costa
San Marino
Albergo Finestron
Sasso Stefani
Rivalta
San Gaetano
Valstagna
(147)
Carpane'
Campardo
Londa
SP73
Merlo
Oliero
Fabbri
Contarini
San Nazario
(160)
Lanari
Campolongo sul Brenta
San Giorgio
(141)
Mignano
Bresagge
Villa
Madonna della Salute
(131)
Ponte San Lorenzo
San Giovanni
SP148
Campese
Pove del
(163)
Rubbio
Rubbio

Typisches Dorf der Valsugana

349/5094927) vorbei, in 400 m sind wir in **Sasso Stefano** und nach weiteren 400 m in **San Gaetano**. Nach 500 m kommen wir zum *B&B Villa delle Feste, Tel. 333/4974608*. Von dort geht es in 2,3 km nach **Valstagna** (Pfarrkirche S. Antonio, 19. Jh., Calà del Sasso)**,** dann weiter in 1,4 km nach **Oliero** und in 1,9 km zum Ortsschild Campolongo. Von dort in 300 m zu einer Zimmervermietung und in weiteren 200 m zum *Albergo Contarini, Via Contarini 110, Tel. 0424/558164, www.contarini.it*. Vom Albergo in 1,6 km in die Ortsmitte von **Campolongo** und in 2 km weiter nach **Campese**. Von hier sind es 1,7 km bis zum einst berühmten Kloster Campese: Gegründet 1124 von Abt Ponzio aus Cluny, kontrollierte es den Weg von der Ebene in die Valsugana. In der Kapelle rechts vom Hauptaltar der Kirche befindet sich die Grabstätte des berühmten italienischen Dichters Teofilo Folengo (Pseudonym Merlin Cocai) aus dem 16. Jh., der hier wirkte. Weiter 1,5 km nach **Sarson** und 400 m nach **Sant'Eusebio**, von dort in 800 m zur Bar „Al Corte". Hier links (Schild Angarano) leicht abwärts zur berühmten Palladio-Villa Angarano (auch Bianchi Michiel genannt, um 1600). Auf einer Schotterstraße direkt an der Villa vorbei und dann in einem Rechts-links-rechts-Bogen weiter und 1,2 km der Strada Fontanelle entlang. Bei der T-Kreuzung links haltend geradeaus 500 m weiter. Bei einem Bildstock links hinunter bis zu einer T-Kreuzung am Fluss Brenta. Wir folgen diesem rechts in 300 m zum vor uns sichtbaren Ponte Vecchio oder Ponte degli Alpini, einem Wahrzeichen der Stadt **Bassano**. Bevor wir die Brücke queren, 20 m rechts und links durch einen Torbogen zur Chiesa di San Donato. Zurück und über die Brücke, danach rechts hinauf, bei der ersten Abzweigung links über Treppen, dann wieder rechts und links zur

Palladio-Villa Angarano (um 1600)

Piazza della Libertà. Am Ende des Platzes links die Loggia dei Podestà und rechts die Chiesa di S. Giovanni Battista. Gleich im Anschluss die Piazza Garibaldi mit der Chiesa di San Francesco. Zum Ostello in ca. 1 km von der Piazza della Libertà durch die Via Marinali, Vicolo Bastion, kurz auf der Via Ognisanti und dann linkshaltend in die Via G. Emiliani bis zur T-Kreuzung mit der Via L. Chini. Hier links zum Ostello.

BASSANO DEL GRAPPA, 44.000 EW. – **Ponte Vecchio** bzw. Ponte degli Alpini: Holzbrücke mit Marmorbelag, öfters nach Zerstörungen nach den Plänen Andrea Palladios (1569) wiedererrichtet. – **Chiesa di San Donato** von 1208, einer der ersten franziskanischen Konven-

Ponte Vecchio, Wahrzeichen von Bassano del Grappa und beliebter Treffpunkt der Jugend

te im Veneto, im Langhaus links durch die Türe in eine Vorhalle und über Stiegen hinauf zur Kapelle mit der Zelle des Antonius, in der er bei Besuchen gewohnt hat. – **Loggia dei Podestà**, 15. Jh., an der Außenwand eine Uhr mit bis heute tätigem Uhrwerk von 1747 sowie einem Fresko des hl. Christophorus, dem Patron der Wanderer. (Nach altem Brauch war ein Pilger den ganzen Tag lang beschützt, wenn er einen Blick auf ein Christophorus-Bild werfen konnte. Deshalb sind diese oft überdimensioniert wegseitig an Kirchen angebracht.) – **Chiesa di S. Giovanni Battista,** 18. Jh., Besonderheit: Der Hauptaltar befindet sich nicht in der Mitte der Kirche, sondern auf der linken Seite mit einem Altarbild von Piazzetta, 17. Jh. – **Chiesa di San Francesco**, 12. Jh., romanisch-gotisch, von den Franziskanern erbaut (nachdem sie von San Donato hierher umzogen), ursprünglich am Stadttor errichtet, um Pilger aufzunehmen, Vorhalle u. a. mit Fresken hll. Antonius und Franziskus von Martinelli 1613, innen Freskenreste 15. Jh., rechter Seitenchor sehr altes romanisches Kreuz. – Weiters: Duomo di Santa Maria in Colle (998 urkundlich erwähnt, heutiger Bau 17. Jh.), Tempio Ossario (Begräbnisstätte für 6000 Soldaten des Ersten Welt-

Chiesa di San Francesco: Kruzifix von Guariento di Arpo (1332) am Hochaltar

Loggia dei Podestà aus dem 15. Jh. mit der berühmten Sonnenuhr

kriegs), zahlreiche Palazzi, Bildersammlung im Stadtmuseum (u. a. von Jacopo dal Ponte, 1510–1592, einem Sohn der Stadt).

- *Ostello Don Cremona, Via Chini 6, Tel. 0424/219137, www.ostellobassanodelgrappa.it*
- *Tourismusbüro, Largo Corona d'Italia 35, Tel. 0424/524351, turismo@comune.bassano.vi.it oder iat.bassano@provincia-vicenza.it*

Tipp: Voranmeldung für die Nächtigung im Franziskanerkloster von Camposampiero nicht vergessen!

15. ETAPPE

34 km, 8½ Std. ↗ 0 m ↘ 80 m

Bassano del Grappa – Camposampiero

Abt-Albert-von-Stade-Weg / Venetien

Bassano del Grappa 130 m	Rosà 100 m	Rossano 80 m	Galliera Veneta 50 m	Martino di Lupari 40 m	Fratte 30 m	Camposampiero 20 m
0 km	5,5 km	10,5 km	17,5 km	20,5 km	30,5 km	34 km

Das Tor zur Poebene ist offen! Auf den nächsten neun Etappen pilgern wir durch eine weitläufige, fruchtbare Ackerlandschaft, gesäumt von kleinen Orten und großen Städten, durchzogen von Flüssen und unzähligen Kanälen. Von diesen Flachetappen ist die heutige zum Auftakt gleich die schwierigste, sie ist sehr lang und verläuft auf Straßen. Natürlich kann man sie auch in zwei Tagen bewältigen, etwa wenn man noch einen Halbtag in Bassano verbringt und anschließend bis Rossano geht, um am nächsten Tag nach Camposampiero zu gelangen. In Camosampiero angekommen, sind wir bereits am Ausgangspunkt des Antoniusweges bzw. des Cammino di Sant'Antonio.

Von Bassano über Rosà (5,5 km) nach Rossano (5 km)

Vom Ostello rechts der Via Chini entlang und nach einer Rechtskurve in die Via Cereria. Auf dieser nach 800 m bei einer Straßengabelung linkshaltend weiter und bald geradeaus in die Via Michelangelo Buonarroti. In einem großen Linksbogen hinaus zu einem Kreisverkehr an der Hauptstraße Via Capitalvecchio, hier rechts in 2,1 km zum Ortsschild Rosà und nochmals in 1,5 km bis zur Kirche von **Rosà**. Vor der Kirche links auf der Via Garibaldi weiter und vor der Bahn rechts in die Via dei Prati. An deren Ende links auf der Via Campagnola weiter, über die Bahn und durch den Ort Campagnola geradeaus hindurch. Danach rechts auf der Via Piave weiter und am Ende links auf der Via Stazione zu einer Viererkreuzung. Hier rechts auf der Via Salute bis zu einem Kreisverkehr, dort geradeaus weiter durch den Ort **Rossano Veneto** bis kurz vor die Trattoria Al Sole.

- *Albergo-Trattoria Al Sole, Via Salute 72a, Tel. 0424/84502, Montag geschlossen*

Von Rossano über Galliera Veneta (7 km) nach San Martino di Lupari (3 km)

Kurz vor der Trattoria Al Sole links in die Via Nosellare und bei der nächsten Viererkreuzung rechts in die Via Cartiera. Kurz nach einer Viererkreuzung links in die Via Valenti und auf dieser in 1,6 km bis zu einer Dreierkreuzung mit dem Ortsschild San Martino di Lupari. Hier rechts auf der Via Sega in 800 m bis zum Ortsschild Galliera Veneta.

Nun 1,5 km immer geradeaus, an der Kirche vorbei bis zu einer großen Kreuzung. Diese queren und in 500 m bis zu einer großen Villa. Hier links in 1 km zum neuerlichen Ortsschild **Galliera Veneta**.

- *B&B Alle Tre Grazie, Via Regia 21a, Tel. 049/5952092 oder 345/8762260*

Nach dem Ortsschild sofort rechts in die Via Tombolata und in 1,3 km bis zur Bahn. Diese queren und in weiteren 1,2 km neuerlich nach San Martino di Lupari. Hier beim Kreisverkehr links und sofort beim zweiten Kreisverkehr wieder rechts weiter. Bei der nächsten T-Kreuzung links und in den Ort **San Martino di Lupari**.

- *Albergo-Trattoria Alla Stella,Via Cardinale Carlo Agostini 173, Tel. 049/5952147*

Von San Martino di Lupari über Fratte (10 km) nach Camposampiero (3,5 km)

Vor der Kirche rechts in die Via G. Leopardi, nach 800 m bei der T-Kreuzung bei einem Friedhof links, vorbei an einem Kreisverkehr und danach rechts in die Via Fiori.

Auf dieser in 1,6 km bis zu einer Dreierkreuzung (geradeaus Schild

Oratorio San Massimo (10. Jh.) bei Borghetto

Sackgasse), hier links über einen kleinen Kanal weiter und nach 500 m bei der nächsten großen Dreierkreuzung geradeaus in 2 km bis zum Schild Ortsende San Martino. Hier beginnt die Via Maglio, auf dieser 600 m entlang und dann links auf der Via Borghetto (Schild S. Massimo Museo) zum alten Kirchlein San Massimo. Dahinter schon das Ortsschild **Borghetto**. Bei der nächsten T-Kreuzung bei einem Fußballplatz rechts und nach 700 m, sobald die Straße eine große Rechtskurve macht, linkshaltend geradeaus auf der Via Riagianco weiter und sofort wieder links einer größeren Straße entlang. Nach 800 m rechts in die Via C. Battisti und in 2 km zum Ort **Fratte**. Vor den Bahngleisen links auf der Via Centoni weiter – bald sehen wir rechter Hand die Kirchtürme von Camposampiero – bis zum Ortsschild **Camposampiero**. Bald danach bei der nächsten Viererkreuzung geradeaus durch die Bahnunterführung und schon sind wir in 800 m beim Convento dei Santuari Antoniani.

CAMPOSAMPIERO (12.300 EW), **Convento dei Santuari Antoniani** und Kirche **Santuario della Visione**: Graf Tiso, ein Freund des hl. Antonius, besaß hier ein Landgut, auf das sich die Franziskaner von Padua zurückziehen konnten und wo Antonius – in einer Hütte auf einem Nussbaum – von Ende April bis zum 13. Juni 1231 die letzten Monate seines Lebens verbrachte. Die heutige Kirche (1906) löste Vorgängerkirchen aus der Zeit des hl. Antonius und von 1437 ab; in der **Cella della Visione** Bild des hl. Antonius von Andrea di Murano (1486). Von der Visionskirche führt eine Allee zum Wallfahrtskirchlein **Santuario del Noce**, wo der Nussbaum mit der Baumhütte des hl. Antonius stand: Kapelle von 1400, Tympanon- und Innenfresken aus dem Leben des Heiligen von Girolamo Tessari (1. Hälfte 15. Jh.), Apsis-Gemälde von Bonifacio da Verona (1536, Antonius predigt

vom Nussbaum). Neben der Kapelle ein Klarissinnenkloster von 1967. Seitlich der Allee ist im Park der „Sentiero di Antonio Vangelo e Carità" (Evangelium und Liebe) mit wunderschönen Bronzeskulpturen von Romeo Sandrin angelegt, die Szenen aus dem Leben des hl. Antonius darstellen.

Camposampiero – Santuario del Noce (1400) im Park des Franziskanerklosters

Antoniusfeiertage in Camposampiero: Nachtwallfahrt am letzten Maiwochenende über Arcello bis zur Basilika in Padua (von Samstag, 23.00 Uhr, bis Sonntag, 7.00 Uhr); Tredicina vom 1. bis 13. Juni; Antoniustag am 13. Juni: 18.00 Uhr hl. Messe mit anschließender Prozession mit der Statue und den Reliquien des hl. Antonius durch die Stadt; Pranzo di S. Antonio: um 12.30 Uhr Mittagessen mit den Franziskanerbrüdern im Kloster (Voranmeldung).

Prozession mit der Antoniusstatue am 13. Juni jeden Jahres

- *Convento dei Santuari Antoniani, Via Sant'Antonio 6, Tel. 049/9315711, info@ilcamminodisantantonio.org, www.ilcamminodisantantonio.org, u. a. nach Bruder Giuseppe Franco fragen*
- *weiters mehrere Hotels in Camposampiero*

Anmerkung: Pilger, die nur den ersten Abschnitt, also den Abt-Albert-von-Stade-Weg, zu gehen beabsichtigen, können diesen hier beenden. Es bietet sich aber durchaus an, noch die nächste Etappe – sie ist die erste des Antoniusweges/Cammino di Sant'Antonio – von Camposampiero nach Padua zum Grabmal des hl. Antonius mitzunehmen.

II. ABSCHNITT

ANTONIUSWEG
CAMMINO DI SANT'ANTONIO

Camposampiero – Dovadola
310 km, 14 Etappen

Der heilige Antonius von Padua

von Bruder Dr. Felix Gradl OFM Conv.

Sie nennen ihn einfach „Il Santo", „der Heilige", und er gilt als der große Wundertäter schlechthin. „Si quaeris miracula ...", „Suchst du Wunderzeichen, so gehe zu Antonius", singt man ihm zu Ehren im Lied. In zahlreichen Kirchen steht eine Statue, die ihn mit dem Jesuskind auf dem Arm, einem Buch und einer Lilie in der Hand darstellt. Die Legende erzählt, in einer Vision hätte er beim Lesen der Heiligen Schrift plötzlich den lebendigen Jesusknaben auf den Blättern gesehen – wohl ein sprechendes Symbol für seine innige Liebe zum Wort der Schrift (Buch), in dem ihm Jesus begegnete. Die weiße Lilie als Symbol der Reinheit weist ihn aus als einen, der den weithin üblichen Verlockungen seiner Zeit widerstanden hat.

Wenigen ist der verschlungene Lebensweg des Heiligen bekannt. In Lissabon als Sohn adeliger Eltern geboren, mit 15 Jahren Eintritt bei den Augustiner-Chorherren des Klosters St. Vinzenz bei Lissabon, zwei Jahre später Studium der Heiligen Schrift und der Kirchenväter im Studienhaus in Coimbra, wo er auch zum Priester geweiht wurde. In Coimbra lernte er Brüder des im Entstehen begriffenen Ordens des hl. Franz von Assisi kennen. 1220 wurden die Überreste der fünf Franziskaner, die in Marokko den Märtyrertod gestorben sind, nach Coimbra gebracht. Das war für Antonius der Anstoß, in den neuen Orden überzutreten (dort erhielt er den Namen Antonius, er war auf Ferdinand getauft). Die grenzenlose Begeisterung, so wie diese fünf den Muslims zu predigen und für Christus den „Heldentod" zu sterben, trieb ihn nach Marokko. Eine schwere Erkrankung (Malaria?) aber nötigte ihn zur Rückkehr. Doch ein Sturm verschlug das Schiff nach Sizilien, wo Antonius bei Franziskanern aufgenommen wurde. 1221 fand in Assisi ein großes Treffen aller Brüder des hl. Franziskus statt, das sogenannte „Mattenkapitel", weil die rund 5000 Brüder auf Strohmatten schliefen. Da musste Antonius dabei sein. Ob er mit Franziskus persönlich sprechen konnte, ist nicht erwiesen. Anschließend lebte er abgeschieden in einer Einsiedelei in Montepaolo in der Nähe von Forlì.

Anlässlich einer Priesterweihe, bei der der Unbekannte auf Aufforderung seines Oberen hin aus dem Stegreif eine Predigt hielt, kam die Wende: Man erkannte sein verborgenes Talent und seine theologische Bildung, besonders seine Kenntnis der Heiligen Schrift. Von nun an prägte im Wesentlichen die Tätigkeit als (Wander-)Prediger seine noch fast 10-jährige Lebenszeit, bis er 1231 schwer krank (Wassersucht) in der Nähe von Padua starb.

Antonius lebte sein Leben ganz und gar im Sinne des hl. Franziskus. Bewusst stellte er sich in die zweite Reihe und tat jegliche Arbeit, die ihm aufgetragen wurde. In der Zeit, in der die großen Probleme um die „Braut" Armut begannen, hielt Antonius am Ideal des Heiligen fest. Das war auch der Grund, warum ihn Franziskus, der der Wissenschaft insofern kritisch gegenüberstand, als sie oftmals zu einer Quelle des Hochmutes und der Überlegenheit wurde, zum Lehrer der Theologie für seine Brüder bestellte: „Dem Bruder Antonius, meinem Bischof, wünsche ich, Bruder Franziskus, Heil. Es gefällt mir, dass du den Brüdern die hl. Theologie vorträgst, wenn du nur nicht durch dieses Studium den Geist des Gebetes und der Hingabe auslöschest, wie es in der Regel steht."

Das Metier des hl. Antonius war die Predigt: Er konnte ob seiner Gelehrsamkeit von der Bibel her argumentieren, zeigte sich durchaus angriffig und nannte Missstände und Personen beim Namen. Dennoch ließ er es nie an Respekt fehlen. Jede Art von Gewalt lag ihm fern. Überzeugungskraft besaßen das Wort und die Person. Aber auch Erfolglosigkeit war nicht ausgeschlossen, wie die Legende von der Fischpredigt in Rimini deutlich werden lässt: Die Menschen haben nicht zugehört, wohl aber die unvernünftige Kreatur. Diese Predigt ist auch ein beredtes Zeugnis für die Liebe des Heiligen zur Schöpfung, die er ganz im Sinne seines großen Vorbildes als liebende Anrede des Schöpfers an den Menschen verstand.

Den Realitätsbezug seiner Predigten bestätigt auch seine besondere Liebe zu den Armen und sozial Schwachen, für die er sich einsetzte und denen er, wo er konnte, konkrete Hilfe brachte. Nicht zufällig ist zumeist unter seiner Statue ein Opferstock für die Armen („Antoniusbrot") angebracht.

Bis zu seiner offiziellen Heiligsprechung vergingen nur elf Monate (der kürzeste Heiligsprechungsprozess der Geschichte) und Papst Pius XII. ernannte ihn 1946 zum Kirchenlehrer. Mehr über den hl. Antonius unter www.heiligerantonius.org

Lebensdaten im Überblick

1195 in Lissabon geboren
1215 in Coimbra als Augustiner-Chorherr zum Priester geweiht
1220 Übertritt in die Gemeinschaft des hl. Franziskus (Ordensname Antonius), Aufenthalt in Marokko
1221 Teilnahme am Mattenkapitel der Franziskaner in Assisi
1221–1231 Predigttätigkeit, verschiedene Aufgaben im Orden
1231 Tod in Arcella bei Padua

ANTONIUSGEDENKTAGE:

- 13. Juni – Gedenktag
- Tredicina: die Wochen vom 1. bis zum 13. Juni mit Prozessionen, Messen und kulturellen Veranstaltungen als Vorbereitung auf das Antoniusfest (in Padua, Camposampiero und anderen Orten mit franziskanischen Kirchen); auch ein 13-strophiges Gebet ist so benannt.

Der Antoniusweg / Cammino di Sant'Antonio

Der Cammino di Sant'Antonio besteht aus zwei Abschnitten – dem *Ultimo Cammino* und dem *Lungo Cammino*.
Der *Ultimo Cammino* umfasst nur eine, nämlich die erste Etappe des Antoniusweges von Camposampiero nach Padua. Dieser Cammino folgt dem letzten Lebensweg des hl. Antonius und wird daher Ultimo Cammino genannt, letzter Weg.
Der *Lungo Cammino* führt in 13 Etappen vom Grabmal des „Santo" in Padua bis nach Montepaolo, jener Einsiedelei, zu der er 1221 nach

dem Mattenkapitel in Assisi entsandt wurde. Wir pilgern also sozusagen der Biographie des hl. Antonius folgend in entgegengesetzter Richtung – vom Ableben bis zu seinen Anfängen in der Emilia Romagna. Wir überqueren die Poebene, treffen dabei nochmals auf die Etsch (Adige) und folgen vor Ferrara kurz dem Po. Ab Bologna wandern wir auf den nördlichen Ausläufern des Apennins, den Colli Bolognesi, Colli d'Imola und den Colli di Forli e Cesena ostwärts und erleben dabei eine äußerst vielfältige Landschaft.
Der Pilgerweg ist mal besser, mal schlechter ausgeschildert und markiert. In den Städten ist meist keine Beschilderung oder Markierung vorhanden.
Bitte beachten: Unser Weg weicht bei einigen Etappen teilweise von der Streckenführung des Cammino di Sant'Antonio ab.

Informationsschilder am Ultimo Cammino zwischen Camposampiero und Padua

25 km, 6 Std. ↗ 30 m ↘ 40 m

Camposampiero – Padua

1. Etappe am Antoniusweg/Cammino di Sant'Antonio/Venetien

Camposampiero 20 m	Campodàrsego 20 m	Mejaniga 20 m	Arcello 10 m	Padua 10 m
0 km	10 km	16 km	21 km	25 km

Den Pilgerpass für den Ultimo Cammino haben wir im Kloster erhalten, nun wollen wir auf den Spuren des hl. Antonius pilgern. Als der hl. Antonius in Camposampiero am 13. Juni 1231 sein Ende nahen sah, bat er, nach Padua in das Kloster Santa Maria gebracht zu werden. Die Mitbrüder luden den Sterbenskranken auf einen Ochsenkarren, fuhren mit ihm noch am selben Tag Richtung Padua und legten in Arcello in der Einsiedelei der Franziskaner eine Rast ein, um den Heiligen zu schonen. Dort starb er. – Die Etappe ist durchgehend gut beschildert.

Von Camposampiero über Campodàrsego (10 km) nach Arcello (11 km)

Von der Kirche Santuario della Visione am Kloster vorbei bis zur Hauptstraße. Dem Schild Il Cammino di Sant'Antonio links folgen und nach 30 m rechts (kleines Schild Cammino di Sant'Antonio) bis zur Piazza Castello, nach links und am Municipio vorbei bis zur Piazza Vittoria. Rechts in die Contrada Rialto, danach gleich wieder links in die Via Tiso, bald an einem Kanal rechter Hand entlang bis zum Fluss Muson dei Sassi (Infoschild zum Cammino). Hier rechts und 5 km am Damm entlang, die ersten Erhebungen der Euganeischen Hügel werden sichtbar. Nun nach rechts den Fluss verlassend, nach 300 m die Hauptstraße queren, über eine kleine Brücke, dahinter nach links und am rechten Damm des Flusses bis **Campodàrsego**.

Weiter am rechten Dammufer am Ort vorbei und in 6 km bis zum Schild Mejaniga/Cadoneghe. Weiter auf der rechten Seite des Flusses und in einem Rechtsbogen zu einem größeren Fluss, links über die Brücke, danach wieder links und auf einem Steig leicht abwärts. Nach 300 m rechts in die Via Cortivo, am Ende links durch einen Spielplatz, danach sofort rechts und bei der nächsten Weggabelung wieder rechts. Vor der Autobahn nach links in die Via Ferrero, dann rechts in die Via Leonati und unter der Autobahn hindurch. Nach einem Linksbogen in die Via Geremia und vorbei am Fußballstadion. Beim Kreisverkehr geradeaus in die Via Benedetti. Weiter bis zum nächsten Kreisverkehr, geradeaus in die Via Saetta, Via Liszt und bald danach bei einer Kreuzung rechts. Die Kuppel des Santuario

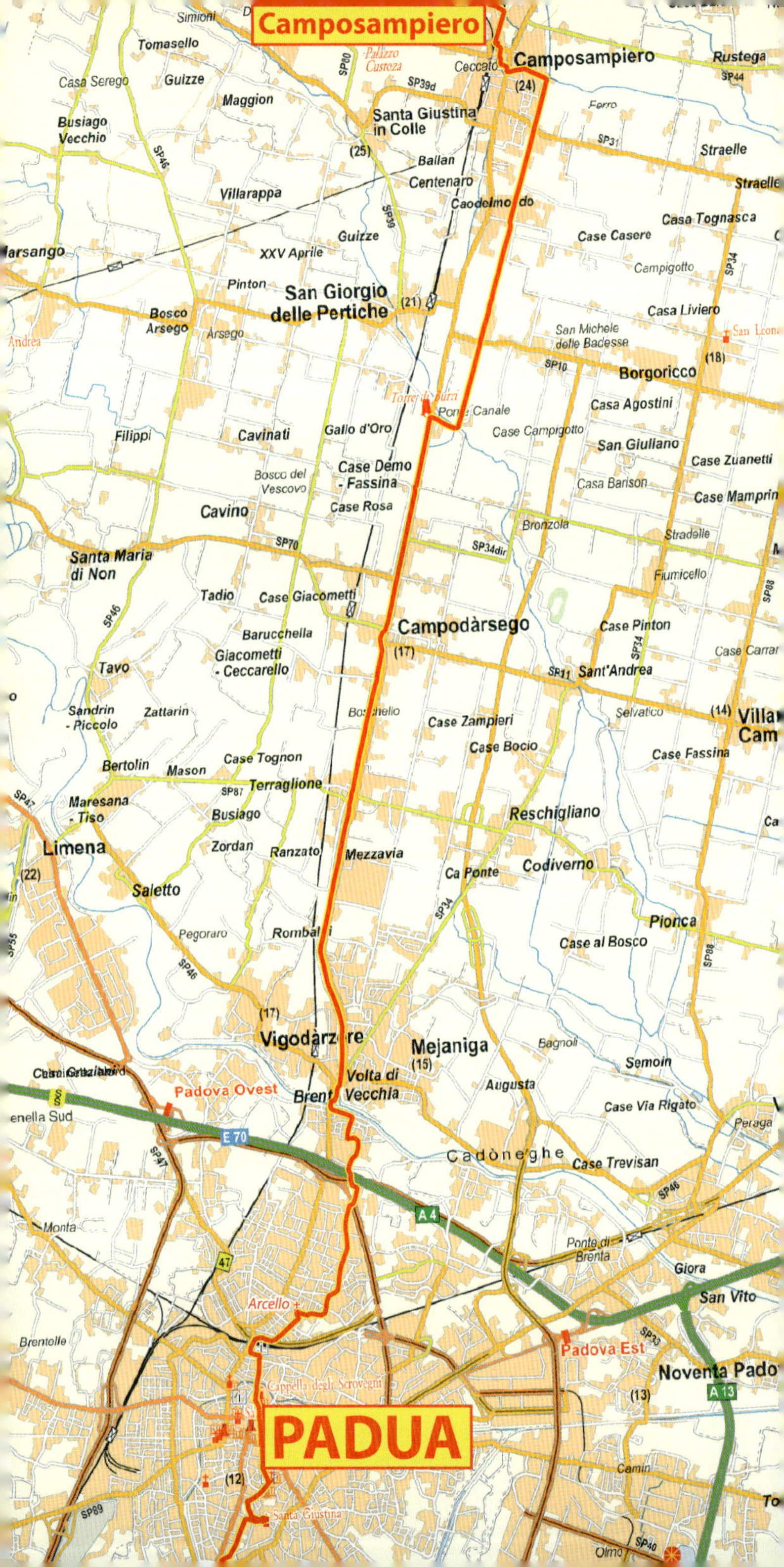

Camposampiero
Camposampiero
Rustega
Simioni
Tomasello
Palazzo Custoza
Ceccato
Casa Serego
Guizze
Maggion
Santa Giustina in Colle
Ferro
Busiago Vecchio
Straelle
Ballan
Centenaro
Caodelmondo
Villarappa
Casa Tognasca
Guizze
Case Casere
Marsango
XXV Aprile
Campigotto
Pinton
San Giorgio delle Pertiche
Casa Liviero
Bosco Arsego
Arsego
San Michele delle Badesse
San Leonardo
Andrea
Borgoricco
Torre di Burri
Ponte Canale
Casa Agostini
Filippi
Cavinati
Gallo d'Oro
Case Campigotto
San Giuliano
Bosco del Vescovo
Case Demo - Fassina
Case Zuanetti
Casa Barison
Case Mamprin
Cavino
Case Rosa
Bronzola
Stradelle
Santa Maria di Non
Fiumicello
Tadio
Case Giacometti
Campodàrsego
Case Pinton
Barucchella
Case Carraro
Giacometti - Ceccarello
Sant'Andrea
Tavo
Selvatico
Sandrin - Piccolo
Zattarin
Boschello
Case Zampieri
Case Bocio
Case Fassina
Bertolin
Mason
Case Tognon
Terraglione
Maresana - Tiso
Busiago
Reschigliano
Limena
Zordan
Ranzato
Mezzavia
Codiverno
Ca Ponte
Saletto
Pionca
Pegoraro
Rombaldi
Case al Bosco
Vigodàrzere
Mejaniga
Bagnoli
Semoin
Volta di Vecchia
Brenta
Augusta
Padova Ovest
Case Via Rigato
Peraga
E 70
Cadòneghe
Case Trevisan
A 4
Monta
Ponte di Brenta
Giora
San Vito
Arcello
Brentolle
Padova Est
Cappella degli Scrovegni
Noventa Padovana
A 13
PADUA
Camin
Santa Giustina
Olmo
SP80
SP39d
SP44
SP31
SP46
SP39
SP34
SP10
SP70
SP34dir
SP88
SP11
SP87
SP47
SP55
SP33
SP89
SP40
(24)
(25)
(21)
(18)
(17)
(14)
(22)
(15)
(13)
(12)
47

Arcello – Sterbekapelle mit Statue des hl. Antonius von R. Rindali (1808)

Antoniano dell'Arcella vor uns nun links in die Via Marcello, weiter in die Via da Molin und am Ende rechts zum Santuario von **Arcello**.

Arcello: Heute ein Stadtteil von Padua, ursprünglich eine Vorstadt namens Capo di Ponte mit einem Klarissenkloster und einer franziskanischen Einsiedelei mit einigen Minderbrüdern, die für die Seelsorge der Schwestern verantwortlich waren. Auch Antonius hielt sich hier öfters auf und schrieb hier einen Teil seiner Sermones (Predigten). Am 13. Juni 1231, Freitag abends, kam der Heilige hier an

Der Zank um die sterbliche Hülle

Sowohl die Mitbrüder, die Klarissen als auch die Einwohner von Capo di Ponte wollten den Leichnam des Heiligen in Arcello bestattet wissen, doch der Bischof und der Stadtherr von Padua bestanden auf der Überführung in das Kloster Santa Maria. Es kam zu einem Aufruhr und nur die Anwesenheit des franziskanischen Provinzialministers Albert von Pisa verhinderte Schlimmeres. Um den Leichnam nicht durch Capo di Ponte führen zu müssen, bauten die Paduaner eine Bootsbrücke über den Fluss Bacchiglione. Das wiederum erzürnte die Einwohner von Capo di Ponte so sehr, dass sie diese Brücke umgehend wieder zerstörten. Die Sache begann zu eskalieren, Padua drohte mit dem Einsatz des Heeres. Letztendlich fand der Leichenzug unter strengen Sicherheitsvorkehrungen nach Santa Maria statt, wo der hl. Antonius in einen Marmorsarg umgebettet wurde. Es war Dienstag, der 17. Juni, der bis heute als Antoniusdienstag gefeiert wird.

und verstarb mit den Worten: „Video Dominum meum“ – „Ich sehe meinen Herrn“. **Santuario Antoniano**: Das ursprüngliche Kloster und die Einsiedelei wurden zu Beginn des 16. Jh. von Kaiser Maximilian I. auf einem seiner Kriegszüge gegen Venedig zerstört; die heutige Kirche ist ein neugotischer Backsteinbau (1866 bis 1931); im Inneren Sterbekapelle des hl. Antonius mit Medaillonbild von Liberi (1675) und Statue des sterbenden Antonius von R. Rinaldi (1808); ebenfalls hier begraben ist die selige Helene Enselmini, Zeitgenossin von Antonius und Schwester im Klarissenkloster von Arcello; freistehender, 75 m hoher Glockenturm mit 6 m hoher Statue des hl. Antonius. – Feierliche Prozession „Transito di S. Antonio“ mit der Antoniusstatue auf einem Ochsenkarren jeweils am 13. Juni abends nach der Festmesse.

Von Arcello zur Basilica di Sant'Antonio in Padua (4 km)

Rechts an der Kirche entlang zur Via Menabuoi und dieser bis zur Bahn folgen. Davor rechts die J. Avanzo nehmen und vor einer Unterführung rechts hinauf zur Brücke. Über diese nach links hinüber, danach nach links auf Treppen abwärts und weiter bis zum Bahnhof. Hier rechts den Corso del Popolo entlang bis zum Parco dell'Arena. Am Park vorbei und am Ende links zur Piazza Eremitani – hier befindet sich der Eingang zur Scrovegni-Kapelle und zu den Musei Civici –, weiter in die Via Zabatella, dann auf der Via del Santo direkt zur Basilica di Sant'Antonio.

PADUA: 215.000 EW; Bischofs- und Universitätsstadt; weltweit bekannt als die Stadt des hl. Antonius. – **Basilica di Sant'Antonio**: Hier stand zu Lebzeiten des Heiligen eine kleine Kapelle, die als Kapelle der Schwarzen Madonna in die Basilika integriert wurde, und daneben das Kloster Santa Maria, das 1229 vermutlich auf Initiative des hl. Antonius erbaut wurde. 1238 bis 1310 Bau der Basilika, welche 1690 nochmals erweitert wurde. Außen romanisch-gotische Architektur mit sechs byzantinischen Kuppeln und mehreren Türmen. Das Innere (dreischiffiges Langhaus) birgt eine Vielzahl an Schätzen und Kunstwerken, von links: *Grabeskapelle* mit dem Silbersarkophag (an den Seiten Marmorreliefs mit Szenen aus dem Leben des Heiligen, 16. Jh.; die Gläubigen berühren das Grabmal und geben die Bitt- und Dankesschriften an den hl. Antonius in einen Behälter; Zettel und Schreibzeug liegen am Eingang in der Kirche auf); Kapelle des Luca Belludi (Freund und Mitbruder des Heiligen, Fresken Menabuoi, Ende 14. Jh.); anschließend die *Kapelle der Schwarzen Madonna* (Statue von R. von Puy-l'Evèque, 1396; Grabstätte des Heiligen bis 1263); hinter dem Hochaltar in der Apsis die *Schatzkapelle* (1691, Reliquien des Heiligen, u. a. die unverweste Zunge, ein Ordenskleid etc.); *Segnungskapelle* (hier lassen Pilger ihre Erinnerungsgegenstände an die Basilika und den „Santo“ segnen, u. a. moderne Darstellung von 1981 der Fischpredigt und des Besuchs bei Ezzelino III. in Verona); *Altarraum* (Chor 18. Jh. für die Liturgie der

Padua – Basilica di Sant'Antonio (13. Jh.) mit ihren byzantinischen Kuppeln

Ordensbrüder, berühmte Skulpturengruppe von Donatello, 15. Jh., u. a. Kruzifix, hll. Franziskus und Antonius); *Jakobuskapelle* (Pilgerpatron, Fresken 14. Jh.; weitere Szenen aus dem Leben des hl. Jakobus in den acht oberen Lünetten und auf den Seitenwänden. Vier *Kreuzgänge* und *Antoniusmuseum (*Zugang rechts von der Basilika), mehr zur Basilika unter www.basilicadelsanto.it.
Am Vorplatz der Basilika: **Oratorio di San Giorgio**: Grablege der Familie Soragna, vollständig mit gotischen Fresken von Altichiero da Zevio unter Mitarbeit von J. Avanzo ausgemalt; **Scuola di Sant'Antonio**: kleines Kirchlein und Kapitelsaal mit Freskenzyklus (Wunder des hl. Antonius) von Tizian; **Reiterstandbild des Gattamelata** („gefleckte Katze"): Meisterwerk des Donatello (1453), erstes freistehendes Bronzemonument seit der Antike, darstellend den Oberbefehlshaber der venezianischen Landstreitkräfte Erasmus da Narni.
Weitere Sehenswürdigkeiten: **Cappella degli Scrovegni**: kunsthistorisches Juwel, Fresken von Giotto 1304 in – erstmals in der Kunstgeschichte – Grisaille-Malerei, Marmorskulptur Madonna mit Kind von G. Pisano, Eintritt zur Kapelle nur über die **Musei Civici agli Eremitani** im einstigen Eremitenkloster (archäologische Sammlung und Pinakothek); **Chiesa degli Eremitani**, ebenfalls beim Museum, Ende 13. Jh., Baumeister Fra Giovanni degli Eremitani, u. a. Fresken Mantegnas 15. Jh.; **Dom Santa Maria Assunta**: 16. Jh., Bau von Michelangelo; daneben das **Baptisterium**, 1260, Freskenzyklus von Menabuoi 1380; **Palazzo della Ragione**, der bekannte Rats- und Gerichtssaal, und vieles mehr …

Pilgerinfo: Bei der Basilika rechts im Durchgang zum Kreuzgang der Magnolie liegt das Informationsbüro (hier kann man u. a. einen klei-

Si quaeris miracula

Responsorium (Lobgesang) zu Ehren des hl. Antonius von Julian von Speyer (1233)

Wenn du suchest Wunderzeichen,
Tod und Irrtum, Unglücksstund,
Satan, Aussatz eiligst weichen,
Kranke stehen auf gesund.

Meer und Bande sinken nieder
Bei des Wundermanns Gewalt,
Sucht verlorne Hab und Glieder
Und erlangt sie jung und alt.

Es vergehen die Gefahren,
Auch die Not verschwindet da;
Soll'n es sagen, die's gewahren,
Sag es, Volk von Padua.

Hl. Antonius mit Jesuskind im Tympanon des Santuario della Visione in Camposampiero

nen Führer über die Basilika und die Stadt erwerben), Piazza del Santo 11, Tel. 049/8225652, deutschsprachig, jeden Tag geöffnet 9–13 und 14–18 Uhr. Im Büro bekommt man den Pilgerstempel, die Urkunde (credenziale) für den „Ultimo Cammino" und den neuen Pilgerpass sowie eine Übersicht der Nächtigungsmöglichkeiten („Rifugi del Cammino" – ein Heftchen) für den „Lungo Cammino". Gegen Vorlage des Pilgerpasses oder der Rifugioliste erhält man in vielen Quartieren und manchen Restaurants am Antoniusweg Sonderpreise.

- *Hotel „Casa del Pellegrino", Via Melchiorre Cesarotti 21 (100 m links der Basilika entlang), Tel. 049/8239711, info@casadelpellegrino.com, www.casadelpellegrino.com, Pilgerpreis*
- *Ostello „Città di Padova", Via Aleardo Aleardi 30, Tel. 049/8752219, ostellopadova@gmail.com; www.ostellopadova.it*
- *Tourismusbüro direkt auf der Piazza del Santo neben der Antoniusbasilika, Tel. 049/8753087, infosanto@turismopadova.it, geöffnet von April bis Oktober*

17. ETAPPE

24 km, 6 Std. ↗ 40 m ↘ 40 m

Padua – Monselice

2. Etappe am Antoniusweg/Cammino di Sant'Antonio/Venetien

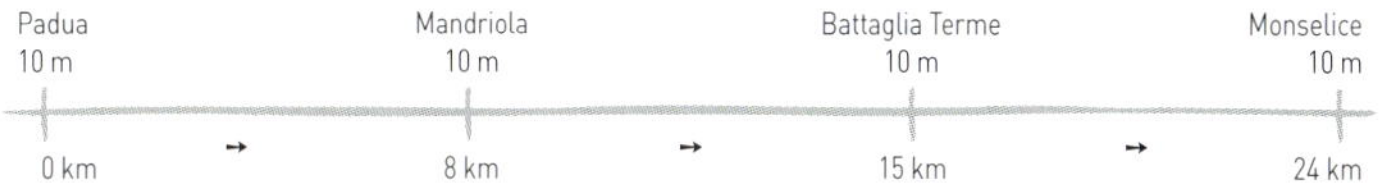

Mit dem Lungo Cammino di Sant'Antonio begeben wir uns auf eine besondere Art der Pilgerreise. Endet eine solche in der Regel bei einem großen, bedeutenden Pilgerziel – wie letztlich auch unsere in Rom – so erfahren wir hier eine Umkehr. Vom Grabmal des „Santo", einem bedeutenden Ort der Christenheit, pilgern wir zu der einsam und versteckt gelegenen Einsiedelei von Montepaolo – vom hellen Strahl der majestätischen Basilika zum Kerzenlicht einer kleinen Klosterkirche. Das Ziel dieses Abschnittes unserer Pilgerfahrt ist außergewöhnlich still.

Von Padua über Battaglia Terme (15 km) nach Monselice (9 km)

Nach einem letzten Besuch der Basilika führt uns am Ende des Vorplatzes die linke Straße, die Via Beato Luca Belludi, bis zum Prato della Valle, ein von einem Kanal umschlossenes Oval mit Standbildern von angesehenen Paduaner Bürgern. Beim Prato links zur **Basilika di Santa Giustina** (mächtiger Renaissancebau des 16. Jh., u. a. Hochaltarbild Martyrium der Justina von Paolo Veronese 1575), der wir noch einen Besuch abstatten. Vom Haupteingang der Basilika weg 300 m geradeaus, dann links in die Via Carducci bis zu deren Ende und rechts die Via Marghera entlang bis zum Piazzale

Padua – Prato della Valle

PADUA
Monselice
Saccolongo
Selvazzano
Dentro
Perarolo
Zona Industriale
Polese
Pralungo
Carretta
Brentelle
di Sotto
Tencarola
Volpato
Volta Brusegana
San Benedetto
Selvatico
Feriole
San Biagio
Tambara
La Croce
Monterosso
Àbano Terme
Terme
Guazzi
Mandria
Mandriola
Sàlboro
Ponte Fabbrica
Monteortone
Tramonte
Fornace
San Daniele in Monte
Bernardi
Santa Maria
di Abano
Levante
Ferrovia
Sabbioni
Albignàsego
Padova Sud
Torreglia
Montegrotto
Terme
Torre al Lago
Castelletto
Mezzavia
Terradura
San Pelagio
Ovest
San Pelagio
Est
San Pelagio
Cuccara
Palazzina
Saline
Turri
Canova
Antonio
Regazzoni
Porto
La Torre
Figaroli
Due Carrare
Carrara
San Giorgio
Pontemanco
Catajo
Noiera
Grottarole
Valsanzibio
Terme Euganee
Battaglia Terme
Chiodare
Carrara
Santo Stèfano
Due Carrare
Corte Vigo
Castello
Sant' Elena
Granze
Gorghizzolo
Milan Belfio
Corte Borin
Monticelli
Rivella
Maseralino
Cartura
Molon
Pernumia
Ca' Rossa
San Pio X
Reoso
Capitello di
Sant' Antonio
San Pietro
Viminario
Papalin
Granze
Castello
Duomo
Vecchio
Alega
Chiesa
Vecchia
Vanzo
San Cosma
E 13
A 13
SP38
SP82
SP13
SP83
SP89
SP56
SP60
SP2d
SP61
SP25d
SP25
SP43
SP74
SP2
SP99
SP30
SP63
SP9
SP17
SP16
SP73
SP14
SP14d
SP92
SP5
SP37
250
16dir
(19)
(18)
(14)
(16)
(11)
(22)
(9)
(7)

Santa Croce mit der rechts liegenden Kirche **Santa Croce** (Rokokobau 1737). Gegenüber (WW Leopoldo Chiesa) befindet sich das **Santuario San Leopoldo Mandic** – Kirche und Kloster mit dem Grabmal des heiligen Kapuzinerpaters Leopoldo Mandic, geb. 1866 in Dalmatien, gest. 1942 hier im Kloster, Heiligsprechung 1983 (Rundgang durch die Anlage mit Museum, Kapelle mit der Reliquienhand, Gebetszelle, Kreuzgang etc. beschildert).
Vom Santuario weg nach rechts (WW Antoniusweg) die Via Cavalotti weiter bis zu einer großen Kreuzung vor dem Fluss Bracchiglione. Hier rechts (Schild Autostrada Bologna) und über eine Brücke, danach links (Pfeil Antoniusweg), kurz geradeaus und die Via Isonzo weiter. Über die weiße Bogenbrücke nach links hinüber, an einem Tennisplatz vorbei und danach wieder rechts, bald wieder links zu einem Kreisverkehr. Hier links in die Via Marostica, an einem Spielplatz vorbei, danach rechts weiter und schließlich links haltend hinauf zum Canale Battaglia, dem wir nun fast 20 km lang bis Monselice folgen. Zunächst nach 3 km am Ort **Mandriola** (auf der anderen Kanalseite alte und neue Pfarrkirche zum hl. Jakobus) vorbei, bald danach sind rechter Hand die Villa Molin und weiter entfernt die Euganeischen Hügel und der Ort **Abano Terme** sichtbar. Bei der nächsten Brücke teilt sich der Antoniusweg – rechts (Via Ponte della Fabbrica) eine Variante über 2 Tage durch die Euganeischen Hügel, geradeaus (Lungo Argine) aber nach Monselice.
Also geradeaus weiter, später am Castello Catajo vorbei nach **Battaglia Terme** (Jakobskirche). Weiter am Kanal entlang und vorbei an der Villa Remo bis **Monselice**. Dort links über eine blaue Fußgängerbrücke, danach hinunter und geradeaus zur Hauptstraße. Dieser nach rechts folgen, durch das Stadttor hindurch in die Altstadt bis zur Piazza Mazzini (Palazzo, Palazzo Ezzelino, Aufgang zur Via del Santuario, Tourismusinformation). Geradeaus weiter zum Venetienhostel oder rechts und am neuen Dom vorbei in die Via Garibaldi

Monselice – Sieben-Kapellen-Weg, benannt nach den sieben Pilgerkirchen Roms

Villa Duodo und Kirche S. Giorgio mit Blick auf Monselice und die Poebene

und nach 300 m in der Via San Giacomo erreichen wir links den Convento di San Giacomo, das Franziskanerkloster zum Hl. Jakobus.

MONSELICE, 18.000 EW. Die Stadt erlaubt eine Rom-Pilgerfahrt im Kleinen, ist also ein Muss auf unserem Weg in die Ewige Stadt. Die kleine Via del Santuario führt von der Piazza Mazzini hinauf auf den Burghügel, vorbei am **Castello des Ezzelino da Romano** (13. Jh., Waffensammlung, Prunkräume, Langobardenmuseum) und an der **Kirche Santa Giustina** (Beginn 13. Jh.). Nachdem wir ein Tor durchschritten haben, folgen wir den **sieben Kapellen**, allesamt nach den Pilgerkirchen Roms benannt, die uns zur kleinen **Kirche San Giorgio** (Reliquien von 30 Märtyrern) und der **Villa Duodo** führen. Pietro Duodo, Gesandter Venedigs beim Papst, ließ sie errichten und der Heilige Vater Paul V. gewährte per Dekret 1605 einen Ablass, gleichgestellt dem Besuch der sieben Pilgerkirchen in Rom. Oben angekommen genießen wir vom Amphitheater einen fantastischen Ausblick auf Monselice und die Poebene. – **Dom San Giuseppe Operaio** (zu Josef dem Arbeiter): Neubau mit schönen Glasfenstern, die bei niederem Sonnenstand ein grandioses Lichtspiel in die Kirche zaubern. – **Convento San Giacomo**: Franziskanerkloster mit Kirche, ursprünglich 1162, romanisch-gotisch mit Apsis, Klosteranlage teils 19. Jh.

- *Monasterio San Giacomo, Via San Giacomo 17, Tel. 328/3438580 (Voranmeldung bei Herrn Danilo Masiero)*
- *Venetian Hostel, Via S. Stefano Superiore 33, Tel. 0429/783125, info@venetianhostel.it, www.venetianhostel.it*
- *Tourismusinformation, Via Santuario 6, Tel. 0429/783026, turismo@comune.monselice.padova.it*

25 km, 6 Std. ↗ 40 m ↘ 40 m

Monselice – Boara Pisani

3. Etappe am Antoniusweg/Cammino di Sant'Antonio/Venetien

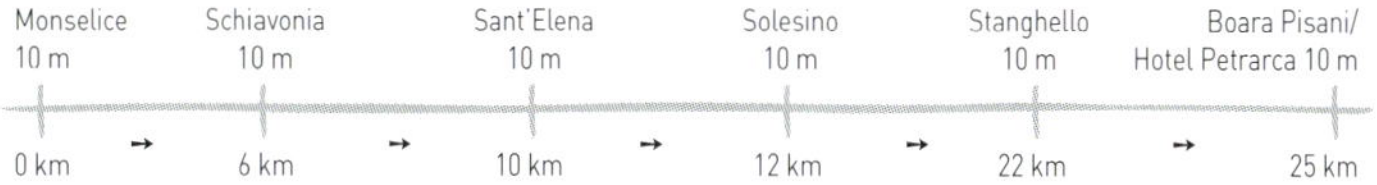

So schnurstracks, wie wir von Padua nach Monselice gekommen sind, geht es durch die Poebene – leider – nicht weiter. Gerade verlaufen hier nur die großen, vielbefahrenen Straßen, und wer hiervon verschont sein möchte, benützt wie unser Antoniusweg die kleinen Nebenstraßen. Zahlreiche Wasseradern von Entwässerungsgräben über Kanäle bis zu Flüssen durchziehen spinnennetzartig die Landschaft, so dass sich die Wege vielfach im Zickzack dahinziehen. Wander- und Radwege gibt es ohnehin nur entlang von Gewässern. Vermeintliche Abkürzungen enden meist vor einem unüberwindlichen Kanal und Brücken sind außerhalb von Orten Mangelware. So gewöhnen wir uns für die nächsten fünf Etappen an die Vorgaben der Poebene, finden aber unterwegs zur Abwechslung immer wieder einmal interessante Orte und Sehenswürdigkeiten.

Von Monselice über Schiavonia (6 km) nach Sant'Elena (4 km)

Gegenüber vom Convento San Giacomo auf einer Seitenstraße zum Kanal und über eine Fußgängerbrücke, danach links am Damm weiter. Nach 2 km teilt sich der Weg: links über die Brücke geht der Normalweg weiter, geradeaus führt eine Variante über die Stadt Este. Daher links über die Betonbrücke, vor bis zur T-Kreuzung, rechts weiter bis zum Ortsschild Marendole. Hier links in die Via Ronchi, dieser bei einer T-Kreuzung weiter rechts folgen, bei der nächsten T-Kreuzung links und sogleich wieder rechts (Schild Schiavonia). Durch die Unterführung und gleich wieder rechts (Schild Schiavonia) bis in den Ort **Schiavonia** (Kirche Nativitas B. V. Mariae, Mariä Geburt, moderne Skulptur aus Messing auf der Wendeltreppe zur Empore mit 18 Szenen aus dem Leben Jesu).

Nach der Kirche links die Via Carraro nehmen, die Hauptstraße queren und geradeaus in die Via Ponticello. Bei der nächsten Weggabelung links, bei einem Bildstock neuerlich eine Straße queren und nun am Feldweg geradeaus weiter. Bei der nächsten T-Kreuzung links, rechts ein Industriegelände durchqueren und gleich wieder halblinks auf einen Schotterweg. Bei der nächsten T-Kreuzung rechts und sofort wieder links (Schild Rovigo, Solesino), durch die Unterführung, bald vorbei an der Villa Miari de Cumani und in den Ort **Sant'Elena**.

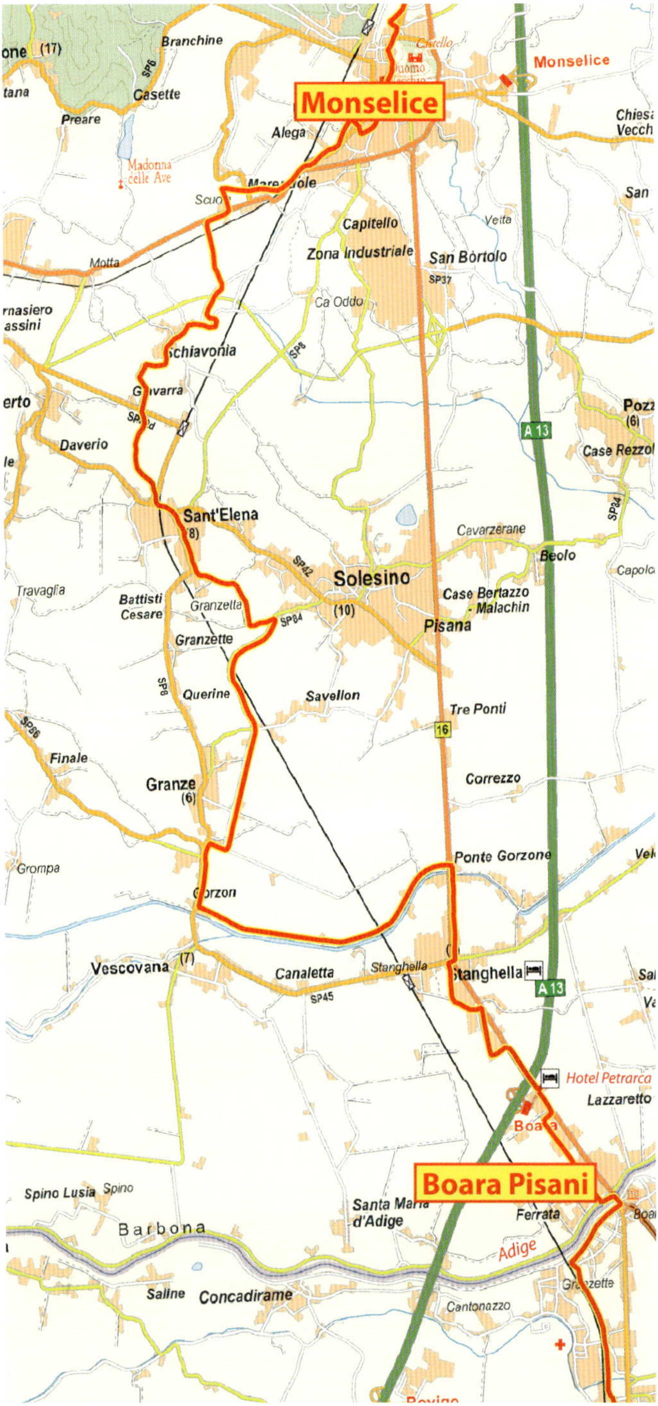
Monselice
Boara Pisani
Branchine
Casette
Preare
Madonna delle Ave
Alega
Castello
Duomo
Monselice
Chiesa Vecch
San
Capitello
Zona Industriale
San Bòrtolo
SP37
Vetta
Motta
Ca Oddo
SP8
Schiavonia
SP6
Daverio
Sant'Elena
(8)
SP42
Solesino
(10)
Cavarzerane
Beolo
Pozz
(6)
Case Rezzol
SP84
A 13
Travaglia
Battisti Cesare
Granzetta
Granzette
SP84
Case Bertazzo - Malachin
Pisana
Querine
Savellon
Tre Ponti
16
SP86
Finale
Granze
(6)
Correzzo
Grompa
Ponte Gorzone
Vescovana
(7)
Canaletta
SP45
Stanghella
Hotel Petrarca
Lazzaretto
Spino Lusia
Spino
Barbona
Santa Maria d'Adige
Ferrata
Adige
Saline
Concadirame
Cantonazzo

Von Sant'Elena über Solesino (2 km) nach Stanghella (10 km)

Schiavonia –Messingskulpturen auf der Wendeltreppe zur Empore der Kirche Mariä Geburt

Durch den Ort an der Pfarrkirche vorbei bis zum Ortsende und dort bei der Antoniuskapelle weiter geradeaus. Nach einiger Zeit rechts in die Via Arzereni, die nächste T-Kreuzung links und in den Ort **Solesino**. Bei der nächsten T-Kreuzung rechts und bis zum Ortsende, die Eisenbahn queren und weiter auf dieser Straße. Die nächste Kreuzung queren und bei einem Padre-Pio-Denkmal in die Via Gazzolo. Am Ort **Granze** vorbei bis zur Villa Ca' Conti. Weiter geradeaus bis zur nächsten T-Kreuzung, dort rechts in die Via 4 Novembre und die nächste Abzweigung links (Schild Villa Estense) nehmen bis zum Canale Gorzone. Vor der Brücke links und nun immer am Kanal entlang: zuerst am Damm, dann auf einer kleinen Asphaltstraße, unter der Bahn hindurch (leider nicht zwecks Abkürzung über die Bahnbrücke) und bis zur Hauptstraße. Hier rechts über die Brücke und auf der Hauptstraße geradeaus bis zum Hauptplatz des Ortes **Stanghella** (schöner großer Park).

- *Hotel Giardino, am Hauptplatz, Tel. 0425/958695, info@hotel-giardino.com, www.hotel-giardino.com*

Von Stanghella nach Boara Pisani (3 km)

Beim Hauptplatz rechts und dann links die Via Marchese am Park entlang. Am Ende des Parks links in die Via Pellico, geradeaus weiter in die Via Picopia, dann rechts in die Via Manzoni. Geradeaus weiter am Rad- und Gehweg und nach 500 m bei der nächsten Straße links (Ortschild Stanghella). Bei der nächsten T-Kreuzung auf die Hauptstraße rechts (Schild Boara Pisani), unter der Autobahn hindurch und schon sind wir beim Hotel Petrarca, das vor der Ortschaft **Boara Pisani** liegt.

- *Hotel Petrarca, Via Roma 90, Tel. 0425/485176, hotelpetrarca@ristorantehotelpetrarca.it, www.ristorantehotelpetrarca.it*

22 km, 5½ Std. ↗ 25 m ↘ 30 m

Boara Pisani – Bosaro

4. Etappe am Antoniusweg/Cammino di Sant'Antonio/Venetien

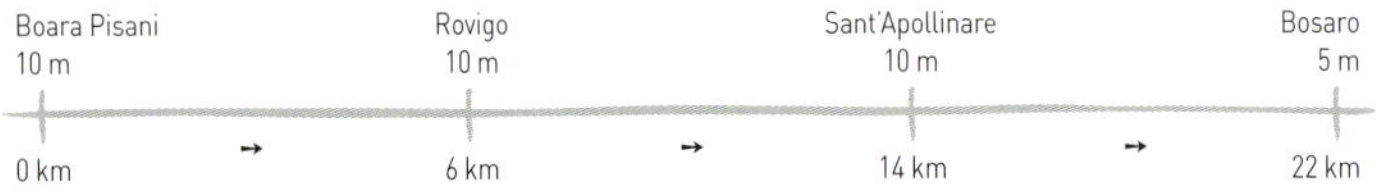

Die Etappe führt uns durch die Ebene der Polesine, so heißt die Landschaft zwischen Etsch und Po, die immer wieder Überschwemmungen ausgesetzt ist. Unbilden, die dazu führten, dass nach 1882 an die 60.000 Bewohner dieser Region nach Südamerika auswanderten. Andere zogen in die Industriestädte Mailand und Turin oder folgten Ende der 1920er Jahre dem Ruf Mussolinis in den Agro Pontino im südlichen Latium, um die Pontinischen Sümpfe trockenzulegen und landwirtschaftlich zu nutzen.

Von Boara Pisani nach Rovigo (6 km)

Vom Hotel auf der Hauptstraße weiter, nach 200 m rechts die Via Boniole nehmen, dann links in die Via Artigianato und nach 1,4 km bei der T-Kreuzung links hinauf zur Etschbrücke. Hier begegnen wir also wieder dem Fluss, dem wir von Salurn bis Trient gefolgt waren. Er bahnt sich hier als Fiume Adige den Weg von Verona nach Osten zur Adria. Wir queren die Brücke und gehen sofort wieder rechts auf der Dammstraße der Etsch entlang. Direkt vor der Eisenbahn links in die Via Fabbrica und gleich danach rechts auf dem Radweg weiter. Nach 2 km links über eine kleine Brücke und wieder rechts am Radweg in 500 m bis in einen Park in **Rovigo**. Nach einem Denkmal mit Adler links auf dem Gehweg durch den Park, am Ende rechts hinaus zur Straße, kurz links und gleich wieder rechts in die Via Margherita. Die Via Umberto I. weiter und bald danach rechts durch die Via Minelli zu den zwei schiefen Türmen Torre Mozza und Torre Donà (Reste des alten Castello aus dem 10. Jh.). Hier links am Corso del Popolo weiter und alsbald rechts auf der Via Trento zum Dom Santo Stefano.

Rovigo: 54.000 EW; Dom Santo Stefano: Ursprung 964, heutiger Bau 1696, innen Barock, altes Fresko, Fassade unvollendet; Wallfahrtskirche Beata Vergine del Soccorso („La Rotonda", Mariahilf): 1594–1603 von Francesco Zamberlan (Schüler Palladios) errichtet, achteckiger Grundriss, Hauptaltar Muttergottes mit Jesuskind und Rose, zahlreiche Gemälde vorwiegend aus dem 17. und 18. Jh. (u. a. von Francesco Maffei, Andrea Celesti, Alessandro Varotari), Campanile 17. Jh.; mehrere Palazzi, z. B. Municipio mit Uhrturm und Loggia, Roverella (Renaissance, 1475), Roncali (1599).

- *Tourismusinformation, Piazza Emanuele II Nr. 20, Tel. 0425/386290 oder 0425/386281, iat.rovigo@provincia.rovigo.it, www.provincia.rovigo.it*

Von Rovigo nach Sant'Apollinare (8 km)

Nach dem Dom halblinks in die Via Nicolò Bodolini und dann die Via Cappuccini weiter. Bald auf der linken Seite das Frauenkloster der Serve di Maria Riparatrice, danach auf der rechten Seite das Kapuzinerkloster. Über eine Kreuzung und danach gleich links auf einem Rad- und Gehweg in die Passeggiata Baden Powell. Diesem Weg am Kanal bis zur 3. Brücke entlang, links hinüber und danach wieder rechts auf dem Radweg weiter. Nach 1,2 km bei einer Gabelung 👁 nicht rechts auf den Radweg, sondern links auf der Straße zum Ristorante Postiglione. Dort die Hauptstraße queren und auf der Via E. Marconi in einem großen Linksbogen in den Ort **San Sisto**. Wir

kommen wieder an den Kanal und halten uns nach 200 m rechts an den Rad- und Gehweg. Am Ende des Radweges links auf einem Sträßchen 500 m weiter, die erste Abzweigung rechts und auf dieser Straße länger geradeaus. Vor uns ist schon der Turm der Kirche von Sant'Apollinare als Wegweiser sichtbar. Nach Querung der Bahngleise und einer Hauptstraße sind wir beim Ortsschild **S. Apollinare** und gehen weiter in den Ort direkt zur Chiesa di Sant'Apollinare (Bar, Geschäft).

Von Sant'Apollinare nach Bosaro (8 km)

Bei der Kirche rechts 100 m durch den Ort, bei einem Buswartehäuschen links in eine Seitengasse und in einem Linksbogen bis zur nächsten Kreuzung. Hier links die Via Bergamo hinauf zur Brücke, diese queren und bald danach bei einer Kreuzung die Via Canalbianco rechts weiter. Ab nun 6 km diesem großen Kanal entlang, zuerst 2 km bis zur nächsten großen Kreuzung (rechts die Kanalbrücke, links eine Bar), dann 3,7 km – bald auf der Via dei Torolla – geradeaus weiter bis nach **Bosaro**. Dort zuerst links in die Via Roma und nach einer Rechtskurve liegt schon die Sebastianskirche. Von der Kirche weiter auf der Hauptstraße noch 800 m durch den Ort bis zum Kanal und hier in spitzem Winkel rechts 200 m bis zum Ostello Canalbianco.

Bosaro – Ostello Canalbianco

Bosaro: 1600 EW, Geburtsort und Grabstätte der Mystikerin Maria Bolognesi (1924–1980), für die ein Seligsprechungsprozess läuft. Geschäft, Pizzeria.

- *Ostello Canalbianco mit Restaurant (Pilgerpreis), Via Valmolin 340/1, 45031 Arquà Polesine, Rezeption geöffnet von 9.00 bis 13.00 und von 16.30 bis 20.00 Uhr, Tel. 0425/465213 oder 349/0561113, info@ostellocanalbianco.it, www.canalbianco.it*
- *Hotel Laghetti, Via Statale 16 (2,5 km außerhalb von Bosaro, der vielbefahrenen Via Nazionale folgend, rechts nach einer Pizzeria, ca. 1 km vor dem Ort Polesella), Tel. 0425/444339*

20. ETAPPE

30 km, 7½ Std. ↗ 40 m ↘ 45 m

Bosaro – Ferrara

5. Etappe am Antoniusweg/Cammino di Sant'Antonio/Venetien, Emilia Romagna

Bosaro	Polesella	Francolino	Ferrara
5 m	5 m	5 m	10 m
0 km	8 km	21 km	30 km

Zwei Impressionen gegensätzlicher Art erwarten uns heute: der mächtige Fluss Po und die feinsinnige Kunststadt Ferrara. Gleich bei Polesella überschreiten wir diesen gefürchteten Strom, der an der französisch-italienischen Grenze entspringt und mit 650 km der längste Fluss Italiens ist. Die Römer nannten ihn „padus" und bis zu seiner Zähmung breitete er sich bei Hochwasser kilometerweit aus. Allmählich wurde versucht, ihn in die Schranken zu weisen und das umliegende Sumpfland urbar zu machen. Beidseitig von Dämmen begrenzt, die genügend Überschwemmungsflächen einschließen, ist der einst wilde Geselle zahmer geworden. Und so können wir beruhigt 13 km am Damm entlangpilgern, vorbei an Vogelparadiesen und den Pappelplantagen, die hier zur Holzgewinnung angelegt wurden. Den Po bei Francolino verlassend, stehen wir einige Kilometer später vor einem Bollwerk von einer Stadtmauer und es ist kaum vorstellbar, dass sich dahinter ein Juwel der Städtebaukunst und ein UNESCO-Weltkulturerbe verbirgt – Ferrara.

Von Bosaro nach Polesella (8 km)

Vom Ostello zurück zur Kirche, an dieser links vorbei, danach rechts abwärts und wieder rechts in die Via G. Marconi. Bald nach einer Brücke 10 m rechts und links in der Via Zanon weiter. Der Asphalt wird zur Schotterstraße, um ein Gehöft im Rechtsknick herum und in 3 km bis zu einer Hauptstraße. Hier geradeaus die Via Ca'Donà weiter in ca. 2 km bis zum Strom Po. In einer Rechtskurve zum Damm hinauf und der Via Kennedy bis zur Po-Brücke von **Polesella** folgen. Unter dieser hindurch und sofort über Stiegen hinauf zur Brücke. *Anmerkung*: 100 m geradeaus geht es ins Ortszentrum.

Von Polesella nach Francolino (13 km)

Wir überschreiten den Strom Po und damit auch die Grenze zwischen den Regionen Venetien und Emilia Romagna. Bei der ersten Treppe rechts hinunter zum Damm des Destro Po und auf diesem in 13 km, alle Abzweigungen nach links ignorierend, bis zur Abzweigung nach **Francolino** (Schild). 50 m links hinunter und in 2 km durch den Ort (Geschäfte, Bar, Busstation nach Ferrara) bis zur Markuskirche (18. Jh.).

Am Po in der Nähe von Polesella

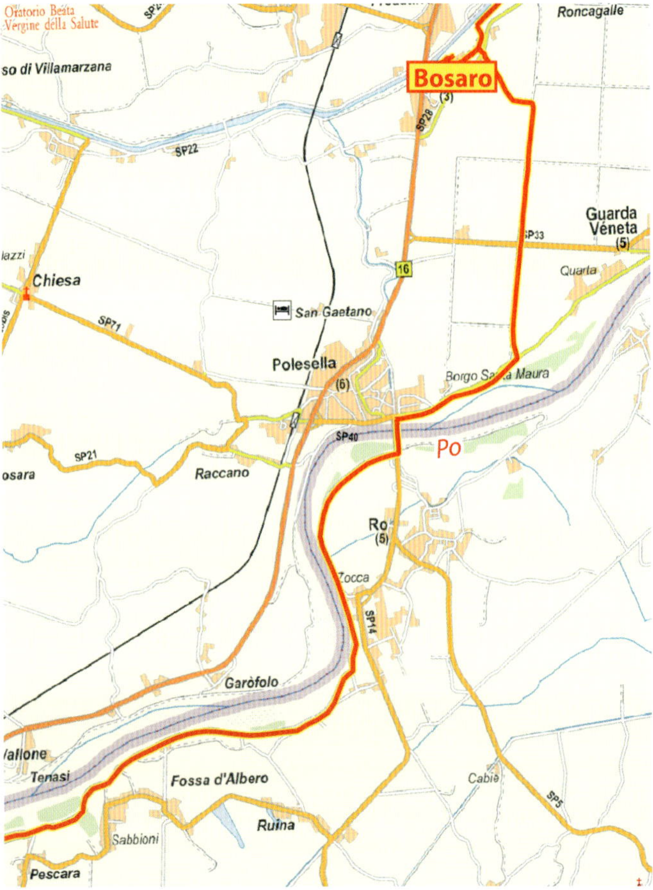

Von Francolino nach Ferrara (9 km)

Von der Kirche weiter geradeaus und am Ende des Ortes nach einer Linkskurve auf den Rad- und Gehweg, der uns in 5 km direkt nach **Ferrara** leitet. Bei der T-Kreuzung vor einem Kanal (vis-à-vis ist rechts die riesige Stadtmauer zu sehen) rechts am Radweg weiter, nach 800 m links über die Brücke, durch die Stadtmauer hindurch und danach sofort links einer Straße entlang. Bei der T-Kreuzung rechts dem gepflasterten Corso Ercole I. d'Este entlang, bei der asphaltierten Querstraße Corso Biagio Rossetti (gegenüber an der Ecke der Palazzo dei Diamanti) rechts in 100 m bis zur Nr. 24, der Jugendherberge.

FERRARA – die Stadt der Este und der Renaissance: 140.000 EW; es empfiehlt sich, einen kleinen Führer zu kaufen; Ferrara ist eine Fahrradstadt, in keiner italienischen Stadt sieht man so viele Radfahrer – also Pilger, Augen auf! Mauerring (16. Jh.) um die Innen-

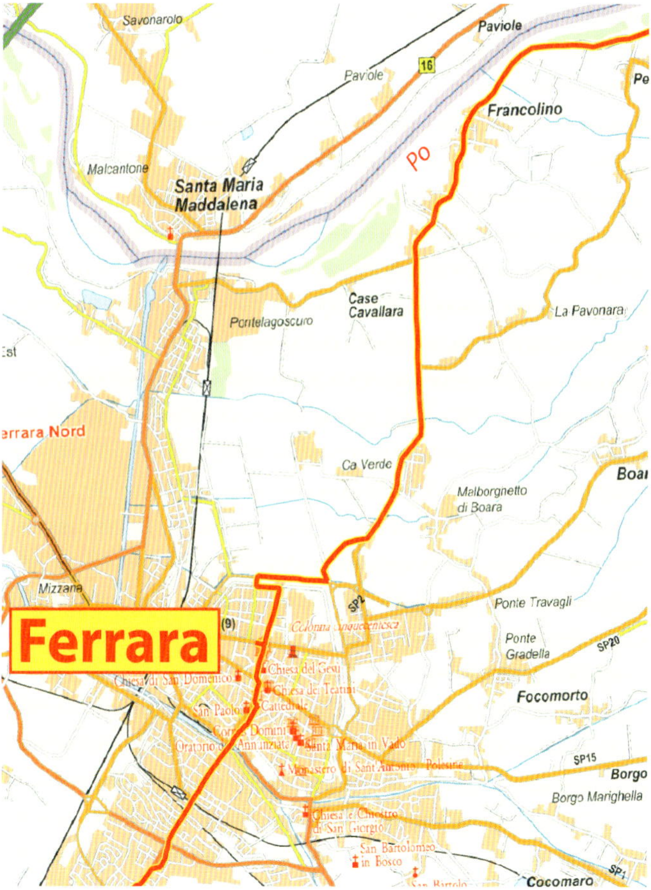

Ferrara – Kathedrale San Giorgio

stadt; **Kathedrale San Giorgio**: romanisch-gotisch, prächtige Marmorfassade mit drei Giebeln, Figur des Alberto d'Este in Pilgerkleidung neben dem rechten Portal, innen im 18. Jh. barockisiert, u. a. Fresken von Petrus und Paulus beim Hauptportal von Benvenuto Tisi, 16. Jh., sehenswert sind auch Sakristei und Kreuzgang. – **Castello Estense** aus der Glanzzeit der Herrschaft der Este zwischen 13. und 16. Jh.: Burg mit mächtigen Ecktürmen und Wassergraben ab 1385 unter Nicolò II. errichtet, herzogliche Residenz, Prunksäle. **– Palazzo Comunale**: Palast der Este, malerischer Innenhof mit überdachter Freitreppe, 15. Jh. – **Sant'Antonio in Polesine**: Benediktinerinnenkloster aus dem 13. Jh. – **Basilica di San Francesco**: 1594 anstelle einer älteren Kirche errichtet, Meisterwerk von Biagio Rossetti. – **Palazzo Schifanoia**: berühmter Freskenzyklus mit Monatsdarstellungen im Salone dei Mesi, 1470 von den Meistern der Malerschule von Ferrara wie Cosmè Tura, F. del Cossa oder Ercole de'Roberti geschaffen. – **Palazzo dei Diamanti**: ab 1493 von Biagio Rossetti erbaut, Fassade in diamantförmig zugespitzten Quadern.

- *Ostello Estense della Gioventù, Corso Biagio Rossetti 24, Tel. 0532/201158, info@ostelloferrara.it, www.ostelloferrara.it (Pilgerpreis)*
- *Tourismusbüro im Castello Estense, Tel. 0532/299303 oder 0532/209370, infotur@provincia.fe.it, www.ferrarainfo.com*

26 km, 6½ Std. ↗ 30 m ↘ 30 m

Ferrara – Pegola di Malalbergo

6. Etappe am Antoniusweg/Cammino di Sant'Antonio/Emilia Romagna

Ferrara	San Martino	Gallo	Malalbergo	Agriturismo Al Navile
10 m	10 m	10 m	10 m	10 m
0 km	11 km	20 km	23 km	26 km

Zu Beginn Ferrara länger auf einer Hauptstraße verlassend, sind wir den Rest der Etappe auf Nebenstraßen unterwegs, eine eher monotone Angelegenheit ohne wirkliche Höhepunkte. Aber es ist die letzte Etappe dieser Art, denn ab morgen wird es bis Bologna etwas abwechslungsreicher und dann haben wir die Poebene ohnehin hinter uns gelassen. Dennoch – vermutlich hätten wir diese Landschaft nie kennengelernt. Hierher hätte uns außer in die Städte kein Urlaub verschlagen und noch dazu hätten wir sie zu Fuß nie erwandert, wären wir nicht gepilgert. Wie im Leben gilt es Durststrecken zu überwinden! – Tipp: Es ist ratsam, das Quartier des heutigen Tages vorab zu reservieren.

Von Ferrara nach San Martino (11 km)

Vom Ostello zurück zur Kreuzung beim Palazzo dei Diamanti, dort rechts und weiter bis zum riesigen Castello Estense. Vor diesem links und sogleich rechts den Corso Martiri della Libertà direkt bis zur Kathedrale San Giorgio nehmen. Nach der Hauptfassade links

Ferrara – das mächtige Castello Estense

Ferrara
Vigarano Mainarda
Corte Vecchia
255
496
Chiesa di San Domenico
San Paolo
Oratorio
Loghetto
Borgo Scoline
Ca Tane
Borgo Fondo Reno
Torre del Fondo
Torre del Fondo
Coronella
Chiesòl del Fosso
64
A 13
Ferrara Sud
Uccellino
A 8
Ca Postazza
Osteria
Torre dell' Uccellino
San Martino
SP8
Penavara
Bosca di Sott
Case Buttifredo
Renàtico
SP25
Montalbano
64
Borgo Sgarb
Gallo
Case Borgatti
Malalbergo
(12)
A 13
Agriturismo Navile
Passo Segni
SP25
Boschi
Pegola

und sofort bei einer kleinen Kirche rechts in die Via Romano. Von hier nun 6 km immer geradeaus. Zunächst am Ende der Via Romano weiter auf der Via Bologna, über den Fluss Po di Volano, länger bis zu einem Kreisverkehr und sofort danach an einem Intercoop-Geschäft vorbei. Über einen Kreisverkehr bis zum Ortsschild Ferrara/ Chiesuol del Fosso und danach bis zu einer rotbraunen Kirche bei einer Ampelkreuzung. Hier links die Via Sammartina weiter, nach 2,3 km über die Autobahnbrücke, nach 800 m bei der nächsten T-Kreuzung rechts in 1,1 km bis zum Ortsschild **San Martino** und weiter in den Ort (Geschäft, Bar).

- *B&B Acero Rosso, Via Buttifredo 51, gegen Ende des Ortes, Tel. 0532/712240 oder 347/2408972, info@acerorossobb.com, www.acerorossobb.com*

Von San Martino über Malalbergo (12 km) zum Agriturismo Al Navile (3 km)

Von San Martino noch ca. 1 km bis zu einer Viererkreuzung und dort geradeaus die Via Navigazione in 3,3 km zur nächsten T-Kreuzung (braunes Hinweisschild Gebietsende Ferrara). Rechts weiter in 1,3 km bis zu einem Gehöft, bevor die Straße auf die Autobahnbrücke ansteigt. Hier links die Straße verlassen, 10 m zu einem Gehöft, davor rechts auf einem Feldweg bis zu einem Sendemasten und bei diesem in einer Linkskurve herum. Nun immer auf einem Feldweg 1 km entlang, zuerst vorbei an einem Gehöft und beim zweiten rechts wieder auf die Straße. Auf dieser links in 2,6 km in den Ort **Gallo** (Geschäft, Bar). Bei der T-Kreuzung rechts, in 1,9 km bis zum Ortsschild **Malalbergo** und in einem weiteren Kilometer in den Ort (Pfarrkirche zum Hl. Antonius dem Einsiedler, 1953 nach einem Bombardement von 1945 neu erbaut, innen Werke aus dem 18. Jh., beschildert); Geschäft.

- *Hotel Med, Via Guglielmo Oberdan 1a, Tel. 051/872551, hotelmed@live.it, www.hotel-med.it (sollte im Agriturismo Al Navile kein Platz sein, nächtigt man hier)*

Am Ende des Ortes Malalbergo bei einer Kreuzung 10 m rechts und sofort wieder links am Wanderweg dem Canale Navile entlang. Nach 1,5 km links über eine Fußgängerbrücke und nun auf der Straße (Vorsicht, viel Verkehr) noch 800 m zum Agriturismo Al Navile, das 1 km vor dem Ort **Pegola** liegt.

- *Agriturismo Al Navile, Via Nazionale 425/A, Tel. 051/870486 oder 347/4264589, info@agriturismoalnavile.it, www.agriturismoalnavile.it (Pilgerpreis)*
- *4 km weiter hinter dem kleinen Ort Ponticello liegt das Hotel Melograno, siehe 22. Etappe.*

24 km, 6 Std. ↗ 20 m ↘ 30 m

Pegola di Malalbergo – Castel Maggiore

7. Etappe am Antoniusweg/Cammino di Sant'Antonio/Emilia Romagna

Die vorletzte Etappe durch die flache Poebene! Für Abwechslung sorgt heute der Naturpark Parco Agricolo Naturale delle Bonifiche Bolognesi, angelegt am Areal ehemaliger Reisfelder (Risaia di Bentivoglio). Der Park umfasst einige Weiher und Teiche mit einer bunten Vogelwelt und für die Störche gibt es im Naturparkhaus ein eigenes Gehege.

Von Pegola nach Bentivoglio (14 km)

Vom Agriturismo „Al Navile" auf der Straße 1,2 km bis vor den Ort Pegola und dann rechts über die erste Brücke des Canale Navile. Bald danach zur aufgelassenen Chiesa dei Santi Cosma e Damiano (beschildert) und weiter in 1,6 km in den Ort **Ponticelli**. Bei der T-Kreuzung (Schild Altedo) links bis zur nächsten T-Kreuzung.

- *Hier rechts das Hotel Melograno, Tel. 051/6661692 oder 051/811219, orsinicram@libero.it, www.latrattoriadelmelograno.it*

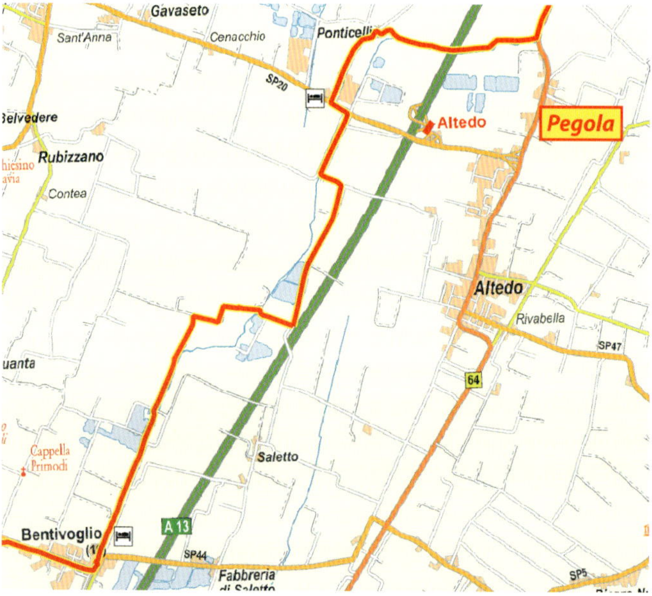

Bentivoglio – Radlerdenkmal

Wir gehen bei der Kreuzung links (Schild Altedo) weiter. Nach 300 m nach einer Brücke (Schild Saletto) rechts und ab hier 3 km, am braunen Gebietsschild Bentivoglio und an Fischteichen vorbei, bis zur Abzweigung in die Via dell'Olmo. Hier rechts und am Ende der Geraden bei der Dreierkreuzung bei einem Fischteich geradeaus auf einer Schotterstraße weiter zu einem Schranken. Hier beginnt der **Naturpark** aus ehemaligen Reisfeldern (Infotafel Risaia di Bentivoglio), der heutzutage aus Weihern, Feuchtgebieten und Schilfgürteln besteht und von seltenen Wasservögeln bevölkert ist. Wir kommen bald zu einem Teich mit Sichtschutzzaun, wo wir durch Sehschlitze die Vögel beobachten können.

Bei der nächsten Viererkreuzung von Feldwegen links durch eine Allee alter Maulbeerbäume und alsbald bis zum Naturparkhaus „La Rizza" mit einem Gehege für weiße Störche. Nach 800 m bei einer Hausruine links und vor der kleinen Brücke rechts weiter. Nun 2,2 km am Kanaldamm entlang, zuletzt durch höheres Gras, von Gebüschen gesäumt, bis zum Ortsbeginn der Stadt **Bentivoglio** (5400 EW, Castello Bentivoglio aus dem 15. Jh., Hotel Bentivoglio, B&B nach der Burg links, Geschäft, Bar). Nach den ersten Häusern links zur Piazza Pizzardi.

Von Bentivoglio über Funo (8 km) nach Castel Maggiore (2 km)

Am Ende der Piazza Pizzardi liegt links das Castello, wir gehen aber rechts in 1,5 km durch den Ort, vorbei an einem originellen „Radpeloton" bei einem Kreisverkehr, bis zum Friedhof. Nach diesem links und in den Ort **S. Maria in Duno**. Gegen Ende der Ortschaft – die Straße macht eine Rechtskurve – geradeaus auf der Via di Mezzo Maria in Duno weiter 3 km in den nächsten Ort **Castagnolo Minore**. Bei der T-Kreuzung rechts und sogleich beim Kreisverkehr links weiter. Wir kommen auf eine große Straße und folgen dieser geradeaus. Bei einer großen T-Kreuzung (Schild Bologna) rechts, durch eine

Bentivoglio – Castello aus dem 15. Jh.

Straßenunterführung hindurch und gleich wieder rechts zum Ort **Funo**. Beim Bahngelände rechts durch die Fußgängerunterführung durch den Bahnhof und danach im Ort links weiter. Wir kommen zu einem Kreisverkehr. Hier liegt links das *Hotel Sabo (Via Galliera 82, Tel. 051/860553, info@hotelsabo.it, www.hotelsabo.it,* wenn die Pilgerherberge in Castel Maggiore besetzt ist, hier nächtigen), wir gehen geradeaus die Via Agucchi ca. 1 km weiter und sind schon in **Castel Maggiore**. Bei der nächsten Weggabelung rechts zur Kirche S. Bartolomeo und um diese im Linksbogen herum in die Via Bondanello.

- *Pilgerherberge beim Pfarramt, Via Bondanello 61, Tel. 051/6321661, frezzotti.francesco@libero.it, vorher anrufen*

12 km, 3 Std. ↗ 80 m ↘ 20 m

Castel Maggiore – Bologna

8. Etappe am Antoniusweg/Cammino di Sant'Antonio/Emilia Romagna

Castel Maggiore 20 m	Bahnhof Bologna Corticella 30 m	Bologna 50 m
0 km	3,5 km	12 km

Bologna mit dem Meer verbunden? Der Canale Navile, der Schiffskanal, dem wir schon in Malalbergo begegnet sind, ist mit seinen alten Schleusen ein historisches Zeugnis eines Bewässerungs- und Transportsystems, dessen Ursprünge bis in das Mittelalter zurückreichen. Der Kanal mündet in den Fluss Reno, welcher bis zur Adria führt und so Bologna mit dem Meer verbindet. Heute dient er nur mehr der Bewässerung und uns mit seinem begehbaren Ufer als Pilgerweg. Und die kurze Etappe des heutigen Tages – zuletzt wieder am Canale Navile entlang – lässt uns auch noch Zeit für eine der schönsten Altstädte Europas.

Von Castel Maggiore nach Bologna (12 km)

Auf der Via Bondanello weiter und vor einem Betonwasserturm rechts in einen Park mit Schulen. Am Ende des Parks links vorbei an Geschäften hinaus bis zur Hauptstraße. Dieser rechts 1 km folgen und beim Kreisverkehr geradeaus, jedoch nicht auf der großen Straße, sondern rechts vom Damm in einen Park. 1 km durch den Park und wieder links hinaus zur Hauptstraße mit einem Kreisverkehr. Hier rechts weiter und nach 100 m beim nächsten Kreisverkehr (Schild Bologna) links. Wieder zu einem Kreisverkehr (Ortsschild Castel Maggiore, *Hotel Olimpic, Via Galliera 23, 051/700861,*

Der historische Canale Navile am Weg nach Bologna

hotelolimpic@libero.it, www.hotelolimpicbologna.com), an diesem rechts herum und vis-à-vis beim Schild Stazione Corticella bzw. beim Ortsschild Lo Maggio weiter. Gleich danach macht die Straße einen Rechtsknick und bald sind wir beim Bahnhof von **Bologna Corticella**. Beim ersten Bahnhofsschild rechts über Treppen hinunter zur einer anderen Straße und links durch die Bahnunterführung. Vor einer Brücke sofort wieder links und nach 10 m rechts hinunter zum Canale Navile. Diesem Kanal folgen wir 6 km!

Nach einiger Zeit kommen wir in einem kleinen Park an einem Speditionsgebäude vorbei, wir queren eine kleine Asphaltstraße und gehen bald über den kleinen Ponte della Biondo (16. Jh.). Danach bei einer Kanalgabelung links weiter und schließlich zwischen zwei Kanälen in der Mitte dahin. Unter der Autobahn hindurch, am Kanal weiter und am Wegende bei einer Brücke über Treppen hinauf und dahinter wieder geradeaus. Wir kommen in einen kleinen Park, queren eine doppelspurige Straße und gehen durch ein Tor in den Parco di Villa Angeletti. Im Park bei der Weggabelung links und bei der nächsten wieder links. Schon sehen wir weit vor uns auf einem Berg die Wallfahrtskirche Madonna di San Luca, wir sind ja bereits in Bologna.

Am Ende des Parks bei der T-Kreuzung links und nun ca. 1 km geradeaus bis zur nächsten T-Kreuzung. Hier rechts über die Bahnbrücke mit Blick auf den Zentralbahnhof. Immer geradeaus, vorbei an den riesigen Treppen zum Park Montagnola, und der Via dell'Indipendenza entlang durch Laubengänge direkt bis zur Piazza del Nettuno im Herzen Bolognas. Gleich dahinter liegt die Basilika San Petronio.

BOLOGNA – die Universitätsstadt: 385.000 EW, davon ca. 80.000 Studenten. Bereits 1088 wurde die Universität gegründet und die Stadt avancierte zu einem geistigen Zentrum Europas. Wie Assisi und Padua beherbergt Bologna die Grabstätte eines berühmten Heiligen: 1215 gründete der adlige Dominikus de Guzmán in Toulouse einen Predigerorden (die nach ihm benannten Dominikaner) und kam 1218 erstmals nach Bologna. Am 6. August 1221 starb er hier, wo er auch begraben wurde. Dass sich Dominikus und Franziskus zu Lebzeiten begegnet sind, ist belegt.

Basilika San Domenico: Grabstätte des hl. Dominikus, kurz nach seinem Tod erbaut, Backsteinfassade, innen dreischiffig, im 18. Jh. barockisiert, rechts die Grabkapelle San Domenico mit der „Arca", einem Marmorschrein mit vier Reliefs aus dem Leben des Heiligen von Nicola Pisano, Fra Guglielmo da Pisa und Arnolfo Cambio, Baldachin und Skulpturen von Niccolò da Bari, 15. Jh., sowie ergänzt durch drei Figuren von Michelangelo (rechts Leuchterengel, hl. Petronius als 2. Figur von links, Proculus auf der Rückseite), auf

Antonius und Franziskus in Bologna

Antonius und Franziskus waren in Bologna präsent, für Antonius war es der Mittelpunkt seiner Lehrtätigkeit in der Emilia Romagna. Franziskus, der gerade aus dem Heiligen Land zurückgekehrt war, fand hier plötzlich einen Studienkonvent vor, den Bruder Pietro Stacia eingerichtet hatte. Umgehend ließ er diesen räumen, wohl darauf bedacht, eine „Theologisierung" seines Ordens hintanzuhalten. In den folgenden Jahren kommt es bei Franziskus allerdings zu einem Wandel und 1224 schreibt er den berühmten Brief an Antonius, in dem er ihm erlaubt, „die heilige Theologie vorzutragen", und nunmehr den Studienkonvent unter der Leitung von Antonius gutheißt. Bekannt ist auch, dass Franziskus im August 1222 von La Verna über den Apennin aufbrach, um zu Mariä Himmelfahrt in Bologna zu sein. Dort hielt er auf dem Platz vor dem Rathaus eine Predigt. Und wie Thomas von Split als Augenzeuge berichtete, „strömte fast die ganze Stadt zusammen und die Verehrung stieg derart, dass Männer und Frauen scharenweise darum kämpften, wenigstens einen Saum von seinen Lumpen an sich zu reißen".

Silberbüste des hl. Dominikus (1383)

der Rückseite findet sich der Reliquienschrein mit der Figur des hl. Dominikus aus Gold und Silber von Jacopo da Bologna (1383), das Bild „Hl. Katharina" von Filippino Lippi (1501); im linken Querschiff Kreuz von Giunta Pisano (1250) und Grabstätte des Seligen Jakob von Ulm (Dominikaner und Künstler, gest. 1491); in dieser Kirche spielte Mozart 1769 auf der Orgel; neben der Kirche zwei freistehende Grabmäler der Rechtsgelehrten Rolandino de' Passeggeri (1305) und Egidio Foscarari (1289).

Basilika San Petronio, nach dem ersten Bischof Bolognas aus dem 5. Jh. benannt, seit 2000 auch dessen Grabstätte: gewaltige Dimensionen (132 m lang, 60 m breit und innen 45 m hoch), unvollendete Fassade mit prächtigen Reliefplatten der Frührenaissance (Bauzeit 1390–1479), Fertigstellung (Mittelschiff) im 17. Jh.; innen vom Eingang schräg nach links verlaufend am Boden der 66,8 m lange Meridian von Giandomenico Cassini, links zwischen 1. und 2. Seitenaltar Steinkreuz „Johannes der Evangelist" (4./5. Jh.), am 2. Seitenaltar links Reliquien des hl. Petronius, am 4. Seitenaltar links Fresken, z. B. Jüngstes Gericht von Giovanni da Modena, am 4. Seitenaltar rechts einziges erhaltenes Glasfenster von Jakob von Ulm, weitere bedeutende Kunstwerke u. a. von Filippino Lippi, Lorenzo Costa d. J., Amico Aspertini, Krypta, älteste Orgel Italiens (links und rechts vom Hauptaltar, 1475).

Basilika Santo Stefano: Kirchenkomplex mit vier Kirchen und zwei Innenhöfen (ursprünglich sieben Kirchen, die im 19./20. Jh. zu vier Kirchen „umrenoviert" wurden), anstelle eines römischen Isis-Tempels, die Bauten gehen bis in das 5. Jh. zurück, im 10. Jh. wurde eine Klosteranlage (Benediktiner) dazugebaut, Chiesa del Crocifisso (8. Jh., im 11. Jh. umgebaut, später barockisiert, Säulenkrypta mit den Gräbern der Märtyrer Vitalis und Agricola), Chiesa San Sepolcro (5. Jh., im 12. Jh. umgestaltet), Chiesa dei Santi Vitalis e Agricola (5. Jh., im 11. Jh. romanisch umgestaltet, Steinsarkophage der beiden Märtyrer), Pilatushof, Chiesa della Trinità (13. Jh.), Kreuzgang (11./12. Jh.)

Basilika San Francesco: gotisch, 13. Jh., mächtiges äußeres Strebewerk. – Eine Vielzahl an Palazzi, zahlreiche arkadengesäumte Straßen; am Stadtrand **Madonna di San Luca**: Ein Arkadengang mit 666 Bögen führt hinauf zur Wallfahrtskirche auf dem Colle della

Hoch über Bologna thront die Wallfahrtskirche Madonna di S. Luca (18. Jh.).

Guardia, im 18. Jh. nach Plänen von Vater und Sohn Dotti erbaut, herrliche Aussicht.

- *B&B Cristina Rossi, Via Porta di Castello 6 (gegen Ende der Via dell'Indipendenza rechts in die Via Manzoni und dann links in die Via Porta di Castello), Tel. 335/6223113, info@cristinarossi.it, www.cristinarossi.it (Englisch)*
- *B&B Adriano, Via dei Mille 10 (von der Via dell'Indipendenza rechts in die Via dei Mille), 5. Stock, Tel. 380/2649572 (Romina) oder 380/2649518 (Adriano), rominabed@yahoo.it*
- *Romina besitzt ein weiteres B&B in der Altstadt, Via Dè Gombruti 16*
- *B&B Molineventidue, Via delle Moline 22 (von der Via dell'Indipendenza links in die Via Augusto Righi und weiter in die Via delle Moline), Tel. 348/9996506, 347/4939183 oder 051/2917099, www.molineventidue.it, höherer Standard*
- *Ostello Bologna, etwas außerhalb des Stadtzentrums in der Via Viadagola 5 gelegen (nach der Brücke links in den Viale Angelo Masini, weiter den Viale Carlo Berti Pichat und am Ende links in die Via San Donato; auf dieser ca. 3 km, zuerst unter der Autobahn hindurch, beim großen Kreisverkehr weiter bis zu einem kleinen Park), Tel. 051/501810, bologna@aighostels.it, www.ostellobologna.com*
- *B&B Antico Fienile, Via del Pozzo 17 (im Stadtteil San Ruffillo, linke Seitenstraße der Via Toscana; mit Bus Nr. 13 ab der Via Rizzoli (bei den zwei Türmen) bis zur Station „del Pozzo", Tel. 051/473825 oder 377/1942836, anticofienile@live.it, www.anticofienile.com*
- *Tourismusinformation, Piazza Maggiore 1E, Palazzo Podestà, Tel. 051/239660 oder 051/6472113, touristoffice@comune.bologna.it, www.bolognawelcome.it*

20,5 km, 5½ Std. ↗ 370 m ↘ 90 m

Bologna – Settefonti

9. Etappe am Antoniusweg/Cammino di Sant'Antonio/Emilia

Bologna 50 m		San Lazzaro 60 m		Parco dei Gessi Bolognesi 80 m		Brücke Idice 100 m		Settefonti 330 m
0 km	→	7,5 km	↗ 30 hm	11,5 km	↗ 120 hm ↘ 100 hm	15,5 km	↗ 330 hm ↘ 90 hm	20,5 km

Vorbei sind die Großstädte und das Flachland! Die nächste größere Stadt, Città di Castello mit 40.000 Einwohnern, erreichen wir erst wieder auf der 38. Etappe. Und dazwischen erfreuen wir uns an Natur pur, an Nationalparks, dem Apennin, an kleinen Dörfern, an romantischen Städtchen, an Eremitagen und an Wallfahrtsorten. Deutlicher kann ein solcher Übergang nicht sein als auf der heutigen Etappe: Wir erleben den Kontrast zwischen der pulsierenden Großstadt Bologna und dem Naturpark „Parco dei Gessi Bolognesi e Calanchi dell'Abbadessa". Der Park ist ein Konglomerat an Gipsaufschlüssen (gesso = Gips), Dolinen, zerfurchten Abhängen und Sacktälern (calanchi = Gräben, Furchen) – und die selige Äbtissin (Abbadessa) Lucia gab ihm ihren Namen.

Von Bologna nach San Lazzaro (7,5 km)

Von der Piazza Maggiore gehen wir links weg, immer unter Arkaden, zuerst auf der Via Rizzoli bis zu den zwei schiefen Türmen, dort vorbei rechtshaltend auf der Strada Maggiore weiter bis zur Porta Maggiore. Dahinter geradeaus in die Via Mazzini und auf dieser vorbei an der Chiesa di Santa Maria Lacrimosa degli Alemanni. Am Ende der Arkaden weiter geradeaus, schließlich auf der Via Emilia Levante unter der Bahn hindurch und nach 1 km Querung der Via Po. Gleich danach bei einer Straßengabelung mit einem roten Eckhaus in der Mitte rechtshaltend auf der Via Bellaria weiter und schließlich wieder geradeaus auf der Via Genova bis

Bologna ist bekannt für seine kilometerlangen Arkadenstraßen.

zu ihrem Ende bei einem Busumkehrplatz. Dort rechts vorbei am Gehweg abwärts, nach 50 m rechts und in einem großen Linksbogen unter einer Straße hindurch, auf der anderen Seite wieder aufwärts und geradeaus am Geh- und Radweg bis in den Parco della Resistenza (Informationsschild Parco Gessi Bolognesi). Auf der Fußgängerbrücke über den Torrente Sàvena, gerade weiter und bald danach eine Asphaltstraße queren. Geradeaus rechtshaltend an einem Gebäude vorbei und gleich danach rechts über eine kleine Holzbrücke (weiß-rote Markierung Wanderweg 702). Danach durch die Allee bis zu deren Ende, links einem Zaun entlang und gleich wieder rechts dem Zaun folgend hinaus vom Park zur Straße. Hier links auf der Via Bellaria auf einem Geh- und Radweg bis nach **San Lazzaro** (Bar nach Tankstelle).

Von San Lazzaro zum Parco dei Gessi Bolognesi (4 km)

Weiter die Via Carlo Jussi und nach einiger Zeit diese in einer Rechtskurve nach links abwärts in die Via Sandro Pertini verlassen. Sobald die Straße eben wird, rechts in eine kleine Gasse mit der bereits sichtbaren Straßenunterführung. Zu dieser hin, hindurch und danach auf einem Feldsteig in einem großen Linksbogen zu einem Gehöft. An diesem links vorbei und weiter geradeaus, länger über Felder bis zu einer Asphaltstraße. Hier 100 m rechts und in einer Rechtskurve geradeaus in Richtung eines gelben Transformatorenturms. Nun links auf der Via Galletta weiter, an einigen Häusern vorbei und danach bei einer Linkskurve der Via Salarola folgen. Am Ende rechts auf der Via Palazzetti weiter und vor einer Brücke wieder rechts in die Via Fondè. Wir betreten nunmehr den Parco Regionale dei Gessi Bolognesi e Calanchi dell'Abbadessa.

Merkmale der Calanchi sind die zerfurchten und steilen Abhänge.

Vom Beginn des Parco Gessi Bolognesi nach Settefonti (9 km)

Bei der nächsten T-Kreuzung rechts, gleich danach über eine Brücke und dann aufwärts bis zu einer Viererkreuzung. Hier rechts die Via Montebello bis zum Ende des Asphaltes weiter, auf der Schotterstraße geradeaus taleinwärts und bald am Fluss Idice entlang, bis eine Fußgängerbrücke über den Fluss führt. Wir nehmen die Brücke und gehen danach geradeaus hinauf zur Hauptstraße und auf dieser rechts 700 m taleinwärts bis zu einem ockerfarbenen Haus. Hier links (WW Nr. 817, Schild Tomisa) aufwärts, bald zu einem schönen Rastplatz in Weinbergen. Sich gleich danach bei der Weggabelung rechts halten, nach einem Gehöft links auf einem Feldweg weiter aufwärts. Vor einem Zaun mit Gatter links, bald geradeaus zwischen Weinbergen hinauf und durch ein neuerliches Gatter hindurch. Da-

nach links auf dem Steig Nr. 817 wieder weiter – linker Hand sind die Calanchi Calvane sichtbar – und schließlich bei der T-Kreuzung der Steige Nr. 817 und Nr. 801 rechts am 801er ansteigend weiter durch einen Wald. Auf der Anhöhe geradeaus zu einem Betonmasten und über ein Feld. Dahinter sind wir bereits auf der Via Palestrino, kommen aufwärts am Kirchlein **Madonna delle Grazie** (1677) vorbei und gehen bei der nächsten Kreuzung (WW 801, Schild Antoniusweg) wieder rechts abwärts. Um eine Linkskurve herum (nicht geradeaus zum Restaurant Palazzi) und am Kamm entlang mit wunderschöner Aussicht rechts auf die umliegenden Hügel bis in den Apennin und links in die Calanchi dell'Abbadessa. Wir kommen zur Pilastrino-Säule mit der Gedenktafel an die Äbtissin Lucia von **Settefonti**.

Die selige Lucia von Settefonti

Der Pilastrino (Gedenkbildstock), 17. Jh., neu restauriert, steht an der Stelle des Klosters Santa Cristina (Kamaldolenserinnen, zum Orden siehe 33. Etappe), in dem die selige Lucia von Settefonti im 12. Jh. Äbtissin war. Die Legende berichtet, dass sich des Öfteren ein adeliger Jüngling aus Bologna in das Kloster Santa Cristina begeben hätte, um Lucia bei der Feier der Liturgie zu beobachten. Durch ein Wunder rettete sie nach ihrem Tod diesen Jüngling, als er erwachsen als Ritter an einem Kreuzzug ins Heilige Land teilnahm, aus der Gefangenschaft. Das Klostergebäude selbst ist bereits vor hunderten Jahren über den Abhang abgerutscht.

Kurz vor einer T-Kreuzung gehen wir am B&B I Calanchi vorbei, bei der Kreuzung dann links in 200 m zum Agriturismo Dulcamara.

- *Agristurismo Dulcamara, Via Tolara di Sopra 78, Tel. 051/796643, agriturismo@coopdulcamara.it, www.coopdulcamara.it (englisch), Frau Elena spricht Deutsch*
- *B&B I Calanchi, Via del Pilastrino 7, Tel. 051/6515540, 349/3124814 oder 349/5629187 (englisch), info@bb-icalanchi.it, www.bb-icalanchi.it*
- *Sollte kein Quartier erhältlich sein, geht man noch 5,5 km weiter bis Varignana.*

21,5 km, 5½ Std. ↗ 430 m ↘ 650 m

Settefonti – San Martino

10. Etappe am Antoniusweg/Cammino di Sant'Antonio/Emilia

Settefonti 330 m		Palesio 100 m		Varignana 180 m		Gaianatal 80 m		Liano 260 m		San Martino 100 m
0 km	↗ 40 hm ↘ 240 hm	4,5 km	↗ 80 hm	5,5 km	↗ 80 hm ↘ 180 hm	11,5 km	↗ 180 hm	15,5 km	↗ 50 hm ↘ 230 hm	21,5 km

Wir verlassen bald nach Settefonti den Parco dei Gessi Bolognesi und pilgern durch die Weinberge der Colli d'Imola. Diese Hügelregion am Rande des Apennins hat zwei Gesichter. Meist zieht sich auf einer Seite ein fruchtbarer, geradezu lieblicher Hang auf eine Anhöhe hinauf, auf der Wein, Oliven und Pfirsiche gedeihen oder Kühe weiden, während der Hügel auf der anderen Seite abrupt in einer steilen Flanke als Calanco in die Tiefe stürzt. Immer wieder bricht bei starkem Regen oder bei der Schneeschmelze, wenn Wasser eindringt, ein Teil der Kante als Erdrutsch ab. Die Menschen hier haben gelernt, damit zu leben, und erstaunt sehen wir manchmal ein Bauerngehöft auf der Kuppe nahe am Abgrund stehen.

Von Settefonti nach Varignana (5,5 km)

Vom Agriturismo Dulcamara auf der Straße weiter abwärts, nach 1,3 km bei einer Linkskurve geradeaus und auf der Via degli Ulivi weiter. Nach 200 m bei einem gelben Haus nicht links, sondern wieder ge-

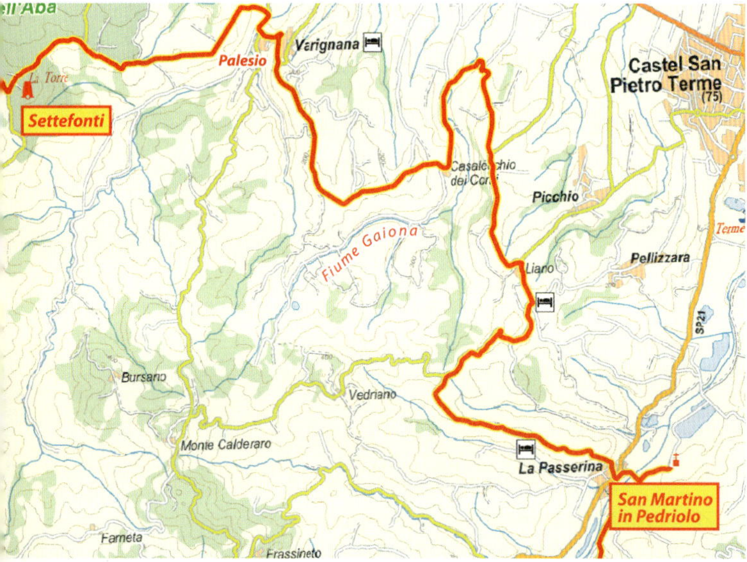

radeaus auf einer Schotterstraße weiter. Nach 1,2 km sind wir wieder auf der Asphaltstraße, verlassen hier wieder den Parco dei Gessi Bolognesi und sehen schon auf der anderen Talseite vor uns den Ort Varignana. Weiter abwärts, bald vor uns ein wunderschöner Park mit einer großen Villa und nun hinunter bis zur Hauptstraße. Dort rechts in 120 m bis zu den Häusern von **Palesio** (Ortsschild). Links über die Brücke (u. a. Schild Montecalderaro), danach geradeaus weiter aufwärts. Nach einer Rechtsserpentine knapp vor dem Ort **Varignana** beim Verkehrsschild 50 km/h links am Steig hinauf ins Dorf und geradeaus bis zur T-Kreuzung. Links zur Kirche S. Maria e S. Lorenzo (sehenswerte Krypta, 9. Jh., mit Fresko Muttergottes mit Kind, 15. Jh.), rechts zum Albergo/Bar Terantiga.

Varignana – Pfarrkirche mit Krypta aus dem 9. Jh.

- *Pfarramt S. Maria e S. Lorenzo, Via San Lorenzo 1, Tel. 051/945144 oder 339/5766712, parrocchia-varignana@davide.it*
- *Albergo Terantiga, Via Domenico de' Jani 9–11, Tel. 051/6957234, info@terantiga.com; www.terantiga.com*

Von Varignana nach Liano (10 km)

Von der Kirche auf der Via Jani zum Albergo Terantiga. Dort weiter geradeaus und wieder abwärts bis zu einer Dreierkreuzung. Hier rechts weiter auf der Straße hinunter, an der Via C. Battisti noch vorbei und nach 20 m bei der nächsten Dreierkreuzung links auf der Via Cà Masino weiter. Nach 2,3 km am Kamm entlang wird sie zur Schotterstraße, nach 600 m sind wir auf einer Kreuzung mehrerer Wege. Hier auf der asphaltierten Hauptstraße in einem Linksbogen abwärts, immer noch auf der Via Cà Masino. Nach 900 m an einem Soldatenfriedhof vorbei und gleich danach bei einer Viererkreuzung, wo vor uns am Hügel die Kirche und der Gutshof von Casalecchio dei Conti sichtbar sind, in einer Linkskurve auf der Via Malvezza abfallend weiter. Im Gaianatal angekommen, bevor die Asphaltstraße wieder kurz ansteigt, 👁 rechts der Schotterstraße Via Conventino folgen. Bald danach über eine rote Ziegelbrücke und aufwärts, bei der nächsten Weggabelung rechts und weiter dem Asphaltsträßchen folgen. Sobald dieses in einer Rechtskurve bei zwei Fahrverbotsschildern abwärtsführt, gehen wir geradeaus auf einer Schotterstraße aufwärts bis zu zwei Weingutshöfen. Danach bei der

Weingut in den Colli d'Imola in der Nähe von Liano

T-Kreuzung rechts und vorbei an Weinbergen bis in den kleinen Ort **Liano.**

Von Liano nach San Martino (6 km)

Im Ort bei der T-Kreuzung rechts weiter (aber nicht hinauf zur Dorfkirche) und in 500 m bis zur nächsten Viererkreuzung mit der *Osteria „Da Cesare" (Zimmer, Tel. 051/941202 oder 338/7066210)*. Wir befinden uns immer noch in der Emilia. Hier rechts (Schild pista motocross) aufwärts weiter, schließlich wieder in Kurven abwärts zu einem unter uns liegenden Motocrossgelände. Sofort danach links (Schild Azienda Agrituristica San Martino) in der Via Tanari weiter auf der Feldstraße wieder abwärts, bei der nächsten Weggabelung rechts (Schild Agrituristica) und bis zur *Azienda Agristuristica San Martino (Via Tanari 7493A, Tel. 051/949766 oder 333/5312764).* An dieser direkt oder links vorbei, danach am Kamm entlang und zuletzt auf einer steilen Betonrampe hinunter, wo wir rechter Hand bereits den Ort und vor uns etwas außerhalb die ockerfarbene Kirche sehen. Im Ort **San Martino** (840 EW) angekommen, befinden wir uns bereits in der Romagna. Direkt an der Hauptstraße liegt die Bar San Martino, daneben der Alimentari-Markt. Von hier 50 m rechts zum B&B Sillart oder links in 800 m zur Kirche/Pfarre: links auf der Hauptstraße abwärts, bald rechts (Schild Chiesa), über die Brücke und links in 500 m zum Pfarramt und zur Kirche (Anfang 19. Jh. erbaut, nach der Zerstörung der Kirche und des Campanile im Zweiten Weltkrieg wiederaufgebaut).

- *Pfarre di San Martino, Via S. Martino 1, Tel. 347/4804576 (Frau Morena Celati betreut das Pilger-Appartement der Pfarre), morena.celati@gmail.com*
- *B&B Sillart, Via Longo 2, Tel. 051/949941 oder 328/8623075, sillart.bb@libero.it*

18,5 km, 5 Std. ↗ 680 m ↘ 520 m

San Martino – Tossignano

11. Etappe am Antoniusweg/Cammino di Sant'Antonio/Romagna

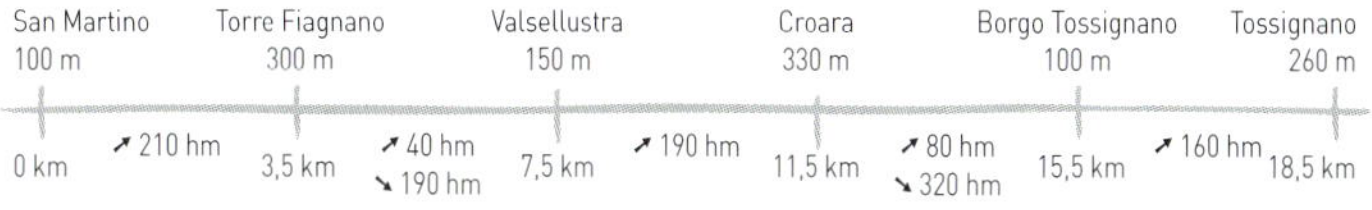

So reizvoll diese von Furchen und Gräben durchzogene Karstlandschaft ist, sie hat auch ihre Tücken. Wehe es ist nass und feucht, dann kann es auf den Wanderwegen stellenweise unangenehm „lettig" und rutschig werden. Unsere Wanderstöcke sind dann jedenfalls wieder einmal gefragt. Die Straßen führen auf den Anhöhen auf Grund der Geländeformationen meist den Kämmen entlang, nicht selten auf einer Seite von den Calanchi begrenzt. Dann kann es schon vorkommen, dass ein Teil der Straße wieder einmal abrutscht und mit Stützmauern versehen werden muss. Um also bei großer Nässe der „Lettenschlacht" zu entgehen, finden Sie bei dieser Tagesetappe Variantenvorschläge. Allerdings sind wir im Süden und die meiste Zeit ist es hier – in diesem Falle Gott sei Dank – trocken.

Von San Martino nach Valsellustra (7,5 km)

Vom Ort wieder Richtung Kirche, jedoch nach der Brücke rechts bzw. von der Kirche kommend zur Brücke und vorher links in die Via Fiagnano (Schild Via Beccara). Nach 1,3 km auf der Straße das erste nach links abbiegende Asphaltsträßchen (nach Leitplanken und

Calanchi mit den Häusern von Fignano

vor Müllcontainern) aufwärts und diesem 2 km lang bis zu einer Anhöhe folgen. Vor uns am Hügel liegen die Reste des **Castello di Fiagnano**, der Campanile wurde wieder errichtet. Wir gehen rechts (Via Marcati) zunächst abwärts weiter. Der Blick zurück auf den Burgberg zeigt uns erneut die bizarre Landschaft der „Calanchi". Nach 500 m kommen wir nach einer Leitplanke zu einem ebenen Straßenteil, wo linker Hand eine kleine ebene Fläche ist. Von hier gibt es zwei Möglichkeiten, nach **Valsellustra** zu gelangen:
Variante a: Der Normalweg führt weiter auf der Straße bis zur nächsten Anhöhe, dort links und bald wieder hinunter ins Tal. Bei der T-Kreuzung sehen wir links schon den Weiler Valsellustra.
Variante b: Abkürzung (1,5 km kürzer), aber nur wenn es *trocken* ist! Wir zweigen hier nach der ebenen Fläche links auf einen deutlich sichtbaren, nach unten führenden Pfad ab und gehen etwas steiler abwärts bis in ein Tälchen. Von dort links auf einem Feldweg talauswärts. Wir queren ein kleines Bachbett und gehen weiter bis in den Weiler Valsellustra.

Valsellustra: Chiesetta di Santa Maria Assunta; vor der Kirche Gedenktafel an den in Fiagnano geborenen Papst Honorius II. (1124–1130); Ristorante/Bar.

Von Valsellustra über Croara (4 km) nach Borgo Tossignano (4 km)

Bis Croara folgen wir ***nicht*** dem beschilderten Weg des Cammino di Sant'Antonio, sondern gehen von Valsellustra auf der Asphaltstraße taleinwärts und biegen nach 1,8 km (Schild Casalfiumanese) links in die Via Casette ab, um in Serpentinen in 2 km hinauf zur Anhöhe von Croara bei einem Gehöft zu gelangen. Bei der T-Kreuzung rechts und nach zwei Serpentinen abwärts zur Chiesa della **Croara** mit dem ehemaligen Kloster. Auf der Straße kurz weiter und dann, denn ab hier gibt es wieder zwei Varianten:

Variante a: Wenn es ***trocken*** ist, vor der Linkskehre rechts auf einem Karrenweg (rot-weiß-rote Markierung des CAI-Weges 703) weiter. Diesem Weg folgen wir nun in leichtem Auf und Ab 800 m bis zu einem Feld. Wenn der Steig sehr verwachsen ist, gehen wir ab hier rechts vom Pfad am linken Rand des Feldes entlang. Nach weiteren 700 m endet der Pfad auf einem Feld bei einer Hausruine. Hier rechts (WW Nr. 703 Borgo Toss. Mescola) durch ein Feld hinauf bis zum höchsten Punkt. Von nun an geht's bergab – zumindest bis **Borgo Tossignano**, das schon unter uns sichtbar ist, wie auch das am Berg gegenüber liegende **Tossignano**. Zuerst links dem abfallenden Kamm entlang, an dessen Ende bei einer Weggabelung links und nach 50 m am rechten Rand des Feldes (CAI-Markierungen) weiter. Nach 100 m rechts am Kamm weiter, bei einer neuerlichen Weggabelung links steil abwärts bis zum Asphaltsträßchen und links zur Hauptstraße in den Vorort von Borgo Tossignano. Hier treffen wieder beide Varianten zusammen.

Variante b: 3 km länger; bei oder nach ***Regen*** bleiben wir auf der Straße, gehen in insgesamt gut 4 km zuerst in Serpentinen abwärts und dann talauswärts bis zu einer T-Kreuzung. Links vor uns auf einer Anhöhe ist der Ort Casalfiumanese sichtbar, wir gehen aber rechts die Via Ceredola in 2 km nach Riviera. Zuerst kurz aufwärts, dann wieder abwärts und endlich eben bis zu einer T-Kreuzung. Hier rechts – vor uns ist eine moderne Kirche sichtbar – bis zu einer Viererkreuzung. Dort geradeaus abwärts weiter, über eine Brücke und gleich danach rechts in die Via Riviera. Dieser folgen wir bis zum Ortsteil **Riviera** mit der romanischen Kirche (um 1400). Nun hinunter zur Hauptstraße (links das *Albergo Riviera, Via Montanara 39, Tel. 0542/91136*). Auf der Straße in 2,2 km bis Borgo Tossignano, vorerst taleinwärts an Keramikfabriken vorbei bis in den Vorort von Bor-

Die romanische Kirche von Riviera

Auf einer Seite von Felsen geschützt liegt der Ort Tossignano.

go Tossignano. Hier treffen wieder beide Wegvarianten zusammen. Weiter auf der Hauptstraße an einer Tankstelle vorbei und in einem großen Linksbogen über die Brücke des Flusses Santerno zum Hauptplatz in **Borgo Tossignano** (3400 EW, Bartolomäuskirche von 1959). Wenn es regnet oder sehr nass ist, empfiehlt es sich, in Borgo Tossignano zu nächtigen.

- *Albergo Richì, Via Roma 85, Tel. 0542/94083, ristorante.richi@gmail.com*

Von Borgo Tossignano nach Tossignano (3 km)

Von der Piazza über die Hauptstraße in den Viale Marconi (Schild Villa Maria). Gleich links steht das Municipio, wo man fragen kann, ob das Ostello in Tossignano wieder geöffnet ist. Weiter geradeaus in der Via della Resistenza bis zum Ortsende und am Friedhof vorbei. Bei der ersten Linksserpentine dem Steig (WW 705 Le Banzole) aufwärts folgen, die Straße queren und auf einer Abkürzung in 20 m zur Straße. Dieser links folgen und bei der Rechtsserpentine wieder am Steig geradeaus aufwärts. Neuerlich die Straße queren und geradeaus auf einem Asphaltsträßchen weiter. Bald links auf einem Pfad hinauf zu den ersten Häusern von **Tossignano** (400 EW, Papst Johannes X., 914–928, wurde hier geboren). Links weiter und aufwärts auf dem Kopfsteinpflaster bis zum Hauptplatz. Hier ist das Ostello – oder vom linken Ende des Platzes auf einem gepflasterten Natursteingässchen in einer Serpentine weiter hinauf und dann links (Schild Villa S. Maria) zur Villa Santa Maria.

- *Villa Santa Maria, Centro di Spiritualità, Via San Michele 1, Tel. 0542/91001, ottorinorizzi@alice.it, Voranmeldung erbeten*
- *Ostello dei Gessi, c/o Palazzo Baronale, Piazza A. Costa (im Frühjahr 2013 wegen Neuorganisation geschlossen; wann es wieder öffnet, war nicht klar, für Nachfrage im Gemeindeamt Tel. 0542/91111)*

27. ETAPPE

29 km, 8 Std. ↗ 1080 m ↘ 1230 m

Tossignano – Brisighella

12. Etappe – Antoniusweg/Cammino di Sant'Antonio/Romagna

Tossignano		Brücke Rio Sgarba		Borgo Rivola		Sintriatal		Parco Carnè		Brisighella
260 m		100 m		120 m		140 m		380 m		120 m
0 km	↘ 160 hm	1,5 km	↗ 350 hm ↘ 330 hm	9,5 km	↗ 390 hm ↘ 370 hm	20 km	↗ 350 hm ↘ 110 hm	25 km	↘ 260 hm	29 km

Neuerlich betreten wir nach Tossignano einen Naturpark, den Parco Regionale della Vena del Gesso Romagnola, durch den sich eine 12 km lange Gipsader zieht, unterirdisch von weitverzweigten Grotten und Höhlen durchlöchert. Einige Höhlen kann man besichtigen, was für uns aus zeitlichen Gründen eher schwierig sein wird. Mitten in diesem Naturpark kommen wir zum sehr schön gelegenen Rifugio Parco Carnè, wo wir uns entscheiden können zu bleiben und den Tag zu beschließen oder doch noch nach Brisighella weiterzugehen. Mit Brisighella wartet ein Kleinod auf uns, eine Stadt mit mittelalterlichem Kern, überragt von Burg und Uhrturm, bekannt für sein Olivenöl und seine Weine – kurzum ein Städtchen, in dem sich's länger aushalten ließe.

Je nachdem, ob wir in Borgo Tossignano oder in Tossignano genächtigt haben, verläuft der Weg am Anfang unterschiedlich:
Von ***Borgo Tossignano***: In diesem Falle gehen wir ***nicht*** hinauf nach Tossignano, sondern links um die Bergkuppe, auf der Tossignano liegt, herum. Bis zum Ortsende und zum Friedhof wie am Weg nach Tossignano (siehe 26. Etappe). Beim Friedhof jedoch links in eine kleine Schotterstraße (weiß-rote Markierungen) und auf dieser 1 km bis zu einer T-Kreuzung mit einer Asphaltstraße. Hier rechts weiter bis zu einer kleinen Brücke. Hier trifft sich der Weg mit dem von Tossignano; ab Borgo Tossignano bis hierher 3 km.
Von ***Tossignano***: Achtung, in Tossignano sind Infotafeln mit Karten aufgestellt, auf denen für die ersten 4 km zwei Varianten des Weges Nr. 705 eingezeichnet sind. Jedenfalls nach der hier vorliegenden Beschreibung gehen (linker Weg Nr. 705) und ***nicht*** direkt von Tossignano den rechten Weg Nr. 705 nehmen, da dieser verwachsen und nicht ungefährlich ausgesetzt ist. Daher mit Blickrichtung aus den Arkaden des Rathauses heraus zum linken Ende des Hauptplatzes und bei der Hausnummer 6 bzw. 4 zwischen der rechts gelegenen Straße und den Häusern (WW Antoniusweg) auf einem schmalen Gässchen abwärts. Bald queren wir die Hauptstraße und gehen weiter abwärts auf einem Steig bis zu einem großen Feld. Auf diesem rechtshaltend am Kamm zuletzt etwas steiler hinunter (bei Nässe ist es hier sehr lettig) bis ins Tal zu einer kleinen Brücke. Hier trifft

sich der Weg mit dem von Borgo Tossignano. Ab Tossignano bis hierher 1,5 km und 160 Hm abwärts.

Vom Tal (Rio Sgarba) nach Borgo Rivola (8 km)

Von hier in 5,5 km auf die Anhöhe. Zuerst über die Brücke und sofort rechts auf der kleinen Straße taleinwärts. Am Ende der Straße geradeaus auf dem Steig weiter, stets der Markierung Nr. 705 folgend. Allmählich in Serpentinen aufwärts, wir queren einen Forstweg und kommen schließlich zu einer großen Hausruine mit einer Informationstafel. Von hier weiter der ausreichenden Markierung Nr. 507 folgen, bis wir auf einer Anhöhe bei einer ebenen großen Lichtung auf eine Schotterstraße treffen. Hier links auf einem Schotterweg weiter (nicht mehr dem WW 507 geradeaus folgen) und alsbald auf diesem stetig abwärts. Am Ende der Schotterstraße bei einer T-Kreuzung rechts auf Asphalt weiter und auf dieser Straße hinunter Richtung Borgo Rivola. Schon sehen wir im Tal gegenüber den großen Gipsabbau am Monte Tondo. Bei den ersten Häusern von **Borgo Rivola** bei einer Dreierkreuzung geradeaus und am Ende nach einer Rechtskurve hinaus zur Hauptstraße. Auf dieser bis in den Ort und gegen Ende rechts zur Bar „da Simone“.

Von Borgo Rivola ins Sintriatal (10,5 km)

Gleich nach der Bar rechts von der Straße (WW Corolla della Ginestre, Antoniusweg) auf einem Pfad abwärts und im Tal über eine Fußgängerbrücke. Danach rechts auf einer kleinen Straße aufwärts bis zur ersten Anhöhe und hier weiter (WW Nr. 513) auf dem Asphaltweg. Nach 2,8 km ab Rivola sind wir auf der zweiten Anhöhe bei einem Gehöft und einem Betonmasten, wo wir auf einem Feldweg (WW Monte Mauro) geradeaus weitergehen. Nach 200 m bei einer

Am Weg nach Borgo Rivola mit dem weithin sichtbaren Gipsabbau am Monte Tondo

Weggabelung rechts aufwärts bis zur dritten Anhöhe von Ca' Faggia (schöner Rastplatz bei einem Haus). Nun wieder abwärts, bald auf einem Steig und bei einer Informationstafel teilen sich die Wege. Hier, egal wohin das Antoniuswegschild zeigt, nicht links dem Weg Nr. 513 folgen, sondern weiter geradeaus abwärts. Gleich danach kommt eine neuerliche Steigteilung, wo wir links am Weg Nr. 511 aufwärts weitergehen (der rechte Steig führt zu einer Informationstafel hinauf). Nach 50 m Achtung: Hier weiter geradeaus auf unserem Steig bleiben (***nicht*** rechts zwischen zwei markierten Bäumen

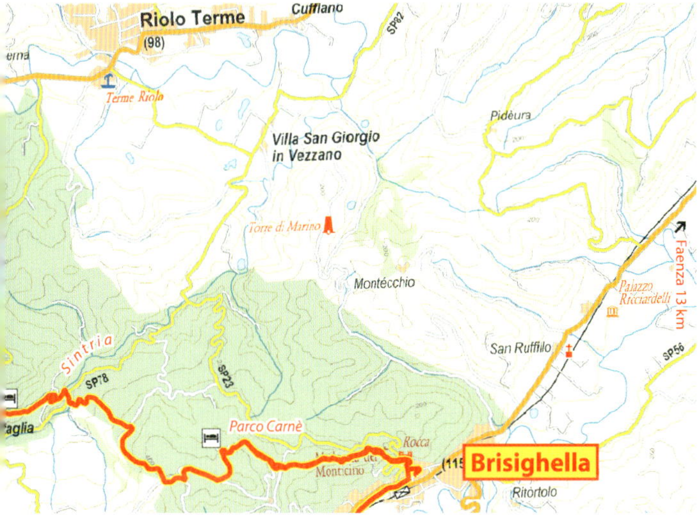

und dem Antoniuswegschild folgend steil aufwärts) und den rot-gelben Markierungen folgen, bis wir nach einiger Zeit zu einer Hausruine kommen. Gleich danach bei einer Steiggabelung rechts und nun eben weiter bis zu einem Forstweg. Auf diesem noch 200 m geradeaus bis zu einer T-Kreuzung mit einer Schotterstraße (Infotafel, Wegkreuz). Ab hier immer abwärts – zunächst rechts auf der Schotterstraße, bei einem Parkplatz links auf einem Asphaltsträßchen weiter und bei der nächsten Dreierkreuzung wieder links. Danach sind wir bald beim Agriturismo La Felce.

- *Agriturismo La Felce, Via Monte Mauro 8B, Tel. 0546/73989, 338/8430029 oder 335/8088907, info@agriturismolafelce.it, www.agriturismolafelce.it*

Bei der nächsten Dreierkreuzung bei einem Gehöft rechts und nach 150 m von der Straße links abbiegen auf einen Steig. Alsbald oberhalb eines Feldes entlang und am Ende auf einem Schotterweg zur Hauptstraße im Tal mit dem Fluss Sintria.

Vom Sintriatal zum Rifugio Parco Carnè (5 km)

Auf der Hauptstraße nicht ganz links über die große Brücke, sondern über die kleine Brücke (WW Nr. 511, Parco Carnè) auf der Via Mironi zu einem Haus, rechts an diesem vorbei und sofort danach links einem Steig 1,6 km folgen. Zuerst oberhalb eines Olivenhains, dann rechts in den Wald und schließlich an Weinbergen vorbei aufwärts bis nach einem Haus zu einer T-Kreuzung mit einer Schotterstraße. Hier nicht links (WW Parco Carnè), sondern rechts (WW Antonius, Nr. 511b) weiter, bis die Schotterstraße eine Rechtskurve abwärts macht. Dort geradeaus auf einem Feldweg weiter und in gut 1 km aufwärts bis zu einer Schotterstraße bei einem großen Einfahrtstor. Auf dieser rechts und beim nächsten Asphaltsträßchen linkshaltend in 1,3 km aufwärts. Schließlich eben bis zu einem Gehöft mit einer Informationstafel (Schild Museo al Aperto di Olio di Brisighella). Sofort danach links (WW Nr. 505 Faenza) bei einer neuerlichen Informationstafel auf einem Pfad in 800 m abwärts bis zu einer Fünf-Wege-Kreuzung und dort geradeaus durch das Tor zum Rifugio Parco Carnè.

- *Rifugio Parco Carnè, Bar, Restaurant, Zimmer, Tel. 0546/81468, parcocarne@hotmail.com*

Vom Rifugio Parco Carnè nach Brisighella (4 km)

Vom Rifugio zurück zwischen den „steinernen“ Gesichtern beim Tor hindurch und sofort links auf der Schotterstraße am Spielplatz abwärts. Wir folgen nun bis Brisighella immer dem Weg Nr. 511. Nach einiger Zeit wird die Schotterstraße zu Asphalt, bei der nächsten Dreierkreuzung links hinunter weiter und schließlich bei einem großen Steinhaus links und sofort wieder rechts (WW 511) und eben auf dieser Schotterstraße bis zu ihrem Ende bei einem Haus. Dort geradeaus über die Lichtung und am Steig 511 abwärts (bei Nässe lehmig und rutschig) und schon sehen wir unter uns Brisighella. Vor

Hoch über Brisighella prägt der Uhrturm das Stadtbild

einer Asphaltstraße rechts am Steig weiter talwärts und bei einer Vierer-Wegkreuzung geradeaus zum Parkplatz des Santuario del Monticino. Von dort auf dem Asphaltsträßchen hinunter zur großen Straße, auf dieser 100 m weiter und bei der Rechtsserpentine geradeaus unterhalb der Burg über Treppen abwärts. Wir sind schon in Brisighella, gehen am Ende der „Stiegenstraße" Via della Rocca bei der Wegteilung rechts und bald danach links auf der Dorfstraße hinein in den Ort, vorbei am Hotel Rocca, danach rechts kurz hinunter zum Hauptplatz (Piazza G. Carducci) mit der Kirche S. Michele Arcangelo.

Brisighella: 4800 EW, Rocca Manfrediana (15./16. Jh., zwei markante Rundtürme); Uhrturm (ursprünglich 1290, 19. Jh.); Via „degli Asini" – „Eselsstraße" (Arkadenweg, 14. Jh., der u. a. durch Häuser führt); Chiesa S. Michele Arcangelo (in der Altstadt, 17. Jh.); Chiesa dell'Osservanza/S. Maria degli Angeli (16. Jh., mit angrenzendem Konvent).

- *Hotel Tre Colli, Via Gramsci 9, Tel. 0546/81147, vom Hauptplatz die Via Baccarini bis zur Hauptstraße, auf dieser links und schließlich rechts in die Via Gramsci*
- *Hotel Rocca, Via delle Volte 10, Tel. 0546/81180, info@albergo-larocca.it, www.albergo-larocca.it*
- *B&B Modus Vivendi, Via Roma 5D, Tel. 0546/80250 oder 393/8885749, info@rermodusvivendi.it, www.rermodusvivendi.it*
- *B&B Casadelia, Via Giuseppe Ugonia 24, Tel. 328/1580070, info@casadelia.it, www.casadelia.it*
- *Tourismusinfo, Piazzetta Porta Gabolo 5, Tel. 0546/81166*

28. ETAPPE

16 km, 4 Std. ↗ 490 m ↘ 420 m

Brisighella – Modigliana

13. Etappe – Antoniusweg/Cammino di Sant'Antonio / Romagna

Brisighella 120 m		Kreuzung Via Tramonto/Via Casale 410 m		Modigliana 190 m
0 km	↗ 390 hm ↘ 100 hm	9 km	↗ 100 hm ↘ 320 hm	16 km

Die Calanchi und Gipsadern haben wir nun hinter uns gelassen und die sanfteren Colli di Forlì e Cesena warten auf uns. Es ist eine fruchtbare Gegend, in der vor allem Oliven, Kiwi und der spritzige Sangiovese angebaut werden. Und mit Modigliana empfängt uns ein Städtchen, das kaum Tourismus aufweist und dennoch mit seiner Burg, dem Dom und dem um die Tribuna (Pforte und Brücke) liegenden alten historischen Kern ein Geheimtipp ist.

Von Brisighella nach Modigliana (16 km)

Von der Piazza Carducci die Via Roma abwärts bis zum Ende der Altstadt und bei der Viererkreuzung geradeaus auf der Via Cardinale Cicognani (Schild Firenze) weiter. Bald zur linker Hand liegenden Chiesa dell'Osservanza**,** dann am Terra di Brisighella (Olivenölbetrieb) vorbei und schließlich vor einer Brücke links auf dem Geh- und Radweg links abwärts, durch die Bahnunterführung und sofort danach rechts am Gehweg neben der Bahn weiter. Wir befinden uns im Lamonetal, durch welches die römische Via Faventina führte, die Ravenna mit Florenz verband. Ca. 100 m vor der Kirche von Thò links auf einer Asphaltstraße weiter. Vorher aber noch zur **Pieve di Thò** (auch San Giovanni in Ottavo, dreischiffige romanische Basilika aus dem 8. bis 10. Jh., erbaut z. T. aus Resten eines Jupitertempels). Von der Kirche die 100 m zurück und nun also rechts auf der Asphaltstraße weiter, bald den Lamone überqueren und bei der T-Kreuzung links (von den zwei Straßen nochmals die linke). Nun auf der Via Siepi (Schild Modigliana) kurz dem Fluss entlang. Dann nach einer Rechtskurve aufwärts und nun immer auf die vor uns sichtbare Anhöhe zu.

Bald am *Agriturismo Ovello (Tel. 347/9608479, info@ginannifantuzzi.it)* vorbei und in 3,5 km, zuletzt in Serpentinen, hinauf zur Anhöhe. Auf dieser 2 km flach weiter zur Weggabelung Via Tramonto/Via Casale. Hier rechts (Schild Modigliana) und nach 1,5 km in einer Linksserpentine (Schild Modigliana) ***nicht*** der Markierung des Antoniusweges (Via Spegno) geradeaus weiter folgen, sondern links weiter auf der Asphaltstraße abwärts. Bald sehen wir unter uns den Ort mit dem Dom, darüber erhaben die Burgruine und rechts davon am Kamm das ehemalige Kapuzinerkloster. In Serpentinen auf der Stra-

Pieve di Thò im romanischen Baustil aus dem 8.–10. Jh.

ße hinunter in den Ort, auf der Hauptstraße weiter (***nicht*** den Schildern Antoniusweg nach links folgen), über die Brücke des Flusses Acerreta, danach links der Straße am Gehweg oberhalb eines Supermarktes vorbei und bald wieder hinauf zur Hauptstraße. Kurz geradeaus und dann rechtshaltend vorbei an der „Residenza“ durch

Modigliana – Tribuna aus dem 16. Jh.

die Via Seminario bis zur Piazza C. Battisti mit dem Dom. Rechts am Dom vorbei die Via G. Amendola abwärts bis zur Hauptstraße (Via Gramsci) bei der Bar Garibaldi.

Modigliana: 4800 EW, Geburtsstadt des Malers Silvestro Lega (1826–1895) sowie von Konrad von Staufen, Sohn von Friedrich Barbarossa und Herzog von Schwaben, geb. 1167, der nach dem Tod seines älteren Bruders in Friedrich (V.) umbenannt wurde. – Dom Santo Stefano: 892 urk. erwähnt, Neubau 1506 von Papst Julius II. geweiht, Umbau 1756, Campanile 1764; in der Via G. Amendola links im unteren Domgebäude das Oratorio del Gesù Morto aus dem 12. Jh. und die Kapelle Madonna del Cantone aus dem 15. Jh.; rechts vom Dom Chiesa und Monastero delle Agostiniane aus dem 18. Jh.; Tribuna, 16. Jh.: Brückenpforte bestehend aus einem Rundbau mit zwei Campanili und einem kleinen Tempel; Rocca (Burg) aus dem 12./13. Jh.; Weinanbau in der Umgebung (Sangiovese).

- *Ostello Il Passaggio, Via Gramsci 35 (von der Bar Garibaldi 100 m, neben einer Tankstelle), Tel. 0546/940506 oder 392/9020790*
- *Agriturismo Rio Monte, 5 km talauswärts gelegen, aber man wird in Modigliana mit dem Auto abgeholt, Tel. 0546/942124, 338/3359415 oder 392/4467293, www.riomonte.it*
- *B&B „A&E“ (Alberto & Ester), gehört zum Agriturismo Rio Monte und liegt direkt in Modigliana 50 m neben der Bar Garibaldi, Tel. siehe Agriturismo Rio Monte*

Anmerkung: Je nach morgigem Etappenziel in Dovadola oder in Marzanello das Quartier vorbestellen.

22 km, 6 Std. ↗ 590 m ↘ 590 m

Modigliana – Dovadola

14. Etappe am Antoniusweg/Cammino di Sant'Antonio/Romagna

Modigliana 190 m		Kreuz. Antonius-/ Franziskusweg 530 m		Passo Trebbio 570 m		Abzw. Eremo Montepaolo 400 m		Eremo Monte-paolo 400 m		Abzw. Eremo Montepaolo 400 m		Dovadola 190 m
0 km	↗ 410 hm ↘ 60 hm	7 km	↗ 40 hm	8 km	↗ 90 hm ↘ 260 hm	14,5 km	→	16 km	→	17,5 km	↗ 50 hm ↘ 270 hm	22 km

Mit der letzten Etappe des Antoniusweges, der in Montepaolo seinen spirituellen Abschluss findet, uns aber noch bis in den romantischen Ort Dovadola führt, endet heute der zweite Abschnitt am Pilgerweg nach Rom. In Dovadola beginnt dann mit dem Franziskusweg/Cammino di Assisi der dritte Abschnitt unserer Pilgerreise – wobei wir zunächst ein paar Kilometer auf dem Weg, auf dem wir gekommen sind, zurückgehen müssen. Wer „schnurstracks" nach Rom pilgern will, könnte also schon vor dem Trebbio-Pass den Franziskusweg rechts Richtung Marzanella einschlagen, wir wollen uns aber die Antonius-Einsiedelei in Montepaolo nicht entgehen lassen und uns dort zu Recht die Assidua abholen, die Pilgerurkunde für die Antonius-Pilger.

Von Modigliana zum Passo Trebbio (8 km)

Von der Via Gramsci bei der Bar Garibaldi die Via Don G. Verità 20 m hinunter, dann rechts in die Via A. Saffi. Nun über die Brücke des Flusses Tramazzo und durch die Tribuna hindurch und geradeaus

Der Antoniusweg verlässt Modigliana durch das Tor der Rocca aus dem 12./13. Jh.

auf der Via N. Sauro weiter. Bei der Piazza V. Veneto geradeaus rechtshaltend in die Via Roccaccia. Auf dieser aufwärts und sogleich nach einer Linksserpentine rechts auf einer kleineren Straße (weiß-rote Markierung an der Mauer) weiter hinauf zur Burg, durch das Burgtor und dann flach einem Feldweg entlang. Sobald der Asphalt beginnt, geradeaus abwärts und nach einer Linkskehre sofort wieder rechts im spitzen Winkel auf einer größeren Straße weiter. Bald vorbei an einem Staubecken und danach links auf der Via Castagnara abwärts auf der Schotterstraße bis zur Brücke und über den Bach Ibola. Dieser Schotterstraße folgen wir 4,5 km mehr oder weniger aufwärts – zuerst in 2 km bis zu einem großen Feld, an dessen rechten Seite entlang, dann weiter hinauf in 2,5 km bis zu einer Kreuzung mit einem Asphaltsträßchen am Ende der Via Castagnara. Wir treffen hier zum ersten Mal auf den Franziskusweg (Cammino di Assisi), der hier nach rechts Richtung Marzanella führt. Wir folgen aber weiter dem Antoniusweg und seinen gelben Wegweisern, gehen daher links weiter, von wo der Franziskusweg mit seinen rot-grün-weißen Schildern herkommt. Nach knapp 1 km bei einer Dreierkreuzung links und schon sind wir am **Passo Trebbio** mit seinem Radlerdenkmal.

Vom Passo Trebbio zum Eremo Montepaolo (8 km)

Vom Passo Trebbio bei der großen Kreuzung der rechten Straße insgesamt 2,2 km folgen – zuerst in zwei Serpentinen abwärts und dann flach dahin. Bei einem kleinen Betongebäude bzw. vor den links und rechts der Straße stehenden Strommasten auf einer Schotterstraße links insgesamt 4,4 km weiter. Zuerst aufwärts, nach 600 m bei einer Weggabelung rechtshaltend weiter hinauf und bald wieder abwärts zu einem alten Gehöft. An diesem in einer Rechtskurve vorbei und noch 3 km bis zur einer Dreierkreuzung. Hier links auf der Asphaltstraße weiter, sogleich an einem Gebäude (Rechts-

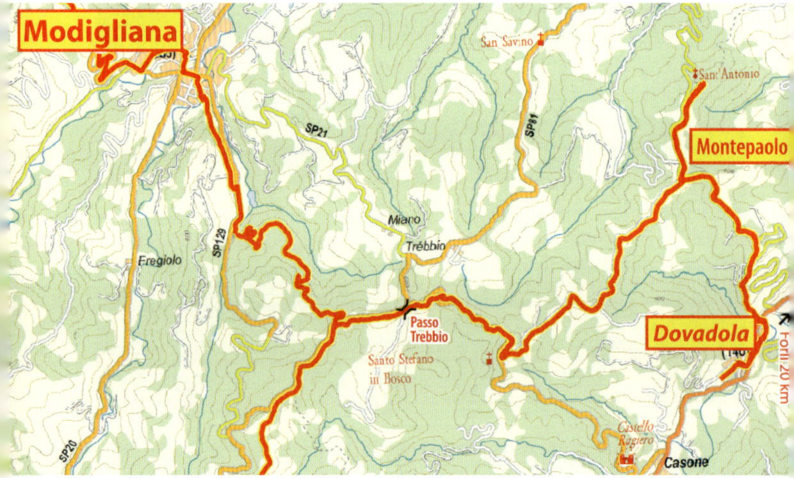

kurve) vorbei, nach ca. 1 km zu einer großen weißen Gebäudeanlage (Scuola Internazionale della Rosacroce d'Oro, meist geschlossen) und nun noch 400 m bis zum **Eremo Montepaolo**.

Mit dem Eremo Montepaolo ist das spirituelle Ziel des Antoniusweges erreicht.

Eremo Montepaolo: Stempel und Pilgerurkunde (die „Assidua" für den Antoniusweg) erhält man im Wohngebäude der Mönche (rechts an der Kirche vorbei und am Eingang läuten). Antonius war hier 1221/22 Mitbruder und errang große Aufmerksamkeit durch seine Tischrede bei einer Priesterweihe im nahen Forlì; das Romitorio (Einsiedelei) wurde, als Antonius bereits Provinzialminister war, geschlossen, da es durch Erdrutschungen gefährdet war; 1629 Neuerrichtung einer Kapelle; 1790 Ausbau des Klosters, das heutige Erscheinungsbild stammt aus den Jahren 1930/40, Restaurierung der Höhle des hl. Antonius (links neben der Kirche am Sentiero della Speranza abwärts zur Höhlenkapelle und in einem Kreis wieder retour, gesamte Runde ca. 700 m); moderner Mosaikweg zur Geschichte des Eremo Montepaolo und des hl. Antonius.

Das Antoniusbrot

Weder einer Bäckersfrau noch einem herbeigerufenen Schlosser gelang es in der Stadt Toulon an der französischen Mittelmeerküste, ein Schloss zu öffnen. Da rief die Frau den hl. Antonius an und versprach, den Armen Brot zu geben. Und siehe da, das Schloss öffnete sich. Die Bäckerin spendete so viel Brot, wie ihr Kind wog, und stellte dazu in ihrem Laden eine Antoniusstatue mit einer Opferbüchse auf. In vier Jahren kam eine erkleckliche Summe zusammen, die für karitative Zwecke verwendet wurde. Seitdem wird am Antoniusdienstag, manchmal auch am 13. Juni, in der heiligen Messe das Brot gesegnet und an die Gläubigen verteilt. In den Kirchen findet sich zudem meist bei einem Antoniusaltar ein Opferstock. Weiters hat sich daraus die „Caritas Antoniana" mit Sitz in Padua entwickelt, die in Zusammenhang mit der Zeitschrift „Messaggero di Sant'Antonio" (deutsche Ausgabe unter dem Titel „Sendbote des hl. Antonius") weltweit karitativ tätig ist. Mehr dazu unter www.caritasantoniana.org.

Vom Eremo Montepaolo nach Dovadola (6 km)

Vom Eremo Montepaolo die 1,5 km zurück zur Kreuzung, von der wir gekommen sind, und nun eben auf der Straße geradeaus weiter. 1,3 km nach einem Bildstock rechts auf einem Schotterweg (links eine Hausauffahrt) abwärts. In der ersten Serpentine geradeaus auf einem Steig weiter und auf einer ebenen Lichtung nach 10 m wieder rechts am Steig abwärts bis zu einer neuerlichen Schotterstraße. Auf dieser hinunter bis zu einer Rechtsserpentine und hier links auf einem Steig direkt bis ins Tal zur Hauptstraße (Ortsschild Dovadola, Schild Cammino di Assisi). Die Straße queren und abwärts zu den ersten Häusern, an einer Kirche vorbei und kurz hinauf zur Straße. Über die Brücke des Flusses Montone, bald danach rechts, sogleich links und wieder rechts hinauf zur Piazza C. Battisti in **Dovadola**. Hier links an der Kirche vorbei und in 200 m zum unteren Dorfplatz. Von dort rechts in 500 m zum Rifugio „Benedetta“ bzw. zur Abbazia Sant'Andrea sowie in weiteren 400 m zum Hotel Rosa Bianca.

Der kleine Ort Dovadola ist der Endpunkt des Antoniusweges und gleichzeitig der Ausgangspunkt des Franziskusweges.

Dovadola: 1700 EW; Abbazia Sant'Andrea (Kloster und Kirche): im 9. Jh. von Cluniazensern gegründet, romanische Fassade aus dem 11. Jh., Grabstätte (Sarkophag) der Benedetta Bianchi Porro (geb. 1936 in Dovadola, studierte Medizin, zunehmende schwere Krankheit, tiefgläubig und bis zum Tod umgeben von Freundinnen und Studierenden, gest. 1964 in Sirmione, ein Verfahren zur Seligsprechung läuft).

Von Pfarrer Don Alfeo bekommt man hier im links von der Kirche liegenden Haus (Rifugio „Benedetta“) die **Unterlagen für den Cammino di Assisi** (Pläne, Unterkunftsliste, Pilgerpass), im Dorfzentrum die Chiesa della Santissima Annunziata, 15. Jh.

- *Rifugio „Benedetta Bianchi Porro“ bei der Abbazia Sant'Andrea, Via G. Guerra, Pfarrer Don Alfeo, Tel. 0543/934676*
- *Hotel Rosa Bianca, Via G. Guerra (400 m nach der Abbazia in Kehren aufwärts), Tel. 0543/933344 oder 349/8601818, hotel@damoreno.net, www.damoreno.net, nicht ganztägig geöffnet, daher vorher Anruf empfohlen*
- *Agriturismo Ca' di Rico, Tel. 347/5709216, ca. 3 km talauswärts, bei Bedarf anrufen und abholen lassen*

III. ABSCHNITT

FRANZISKUSWEG CAMMINO DI ASSISI

Dovadola – Assisi
300 km, 13 Etappen

Der Franziskusweg / Il cammino di Assisi

Auf dem Franziskusweg pilgern wir ab jetzt auf den Spuren dieses großen Heiligen bis zu seinem Heimatort, wenngleich die Tagesetappen, die Franziskus seinerzeit zurückgelegt hat, für uns nicht als Maßstab dienen werden. Ab Dovadola führt uns der Franziskusweg in sieben Etappen zuerst über die Haupthöhe des Apennin und dann in ständigem Wechsel zwischen verschiedensten Tälern und Anhöhen bis nach Sansepolcro in das Tibertal (Valle Tiberina). Hinter Città di Castello verlassen wir das Tibertal wieder und kommen vor Gubbio in die Ebene des Assino. Danach folgen wir der Valle Chiascio, bis das Tal in der Gegend von Assisi in die Valle Umbra mündet.

Der Franziskusweg wird eingedenk des **Tau-Zeichens**, das vom hl. Franziskus gerne verwendet wurde, auch liebevoll „Tammino di Assisi" genannt und sogar die Wegweiser sind mit diesem Symbol versehen. Das Tau ist ein Symbol der Bibel (Ez 9,4f und Offb 7,2–8; 9,4) und der letzte Buchstabe des hebräischen Alphabets. Es hat die Form eines Kreuzes. Franziskus übernahm das Tau und benützte es als Segenszeichen und für seine Unterschrift. Heute ist es ein Symbol der franziskanischen Bewegung.

Altes Tau-Zeichen in Eremo Fonte Colombo

Franziskus empfängt in La Verna die Wundmale des Herrn – Fresko von Pietro Lorenzetti in der unteren Franziskusbasilika in Assisi.

24 km, 6 Std. ↗ 770 m ↘ 360 m

Dovadola – Marzanella

1. Etappe am Franziskusweg/Cammino di Assisi / Romagna

Dovadola 190 m		Abzw. Eremo Montepaolo 400 m		Eremo Montepaolo 400 m		Abzw. Eremo Montepaolo 400 m		Passo Trebbio 570 m		Eingang Azienda Montebello 580 m		Marzanella 600 m
0 km	↗ 270 hm ↘ 50 hm	4,5 km	→	6 km	→	7,5 km	↗ 260 hm ↘ 90 hm	14 km	↗ 90 hm ↘ 110 hm	19 km	↗ 150 hm ↘ 120 hm	24 km

Die erste Etappe des Franziskusweges führt uns zunächst zurück zur Einsiedelei von Montepaolo und von dort weitere 9 km Richtung Modigliana. Wer vom Antoniusweg kommend nicht 15 km am selben Weg zurückgehen will, fährt mit dem Bus Nr. 127 um 6.58 Uhr von Dovadola bis Rocca S. Casciano und steigt dort in den Anschlussbus um, der weiter bis ins Dorf Portico di Romagna fährt. Dieses Teilstück zu gehen rate ich ab, da die Hauptstraße eng, unübersichtlich und daher nicht ungefährlich ist. Nach einem Bummel durch das mittelalterlich anmutende Portico di Romagna (siehe Etappe 31) erreicht man in 11 km per pedes den Ort Premilcuore, den Zielpunkt der 31. Etappe.
Wer hingegen in Dovadola zu Fuß den beschilderten und markierten Franziskusweg in Angriff nimmt, bedenke, dass es unterwegs keine Einkehrmöglichkeit gibt. Trinkwasser hingegen ist vorhanden. Wichtig ist auch, sich im nächsten Quartier anzumelden. Empfohlen wird das Rifugio Capannina (kürzere Strecke), ansonsten bieten sich als Alternativen das Rifugio San Valentino (kleiner Umweg) oder das Albergo „Monte Busca" 3,5 km hinter Marzanella an.

Von Dovadola zum Kloster Montepaolo (6 km)

Vom Rifugio Benedetta zurück in das Dorf, beim Dorfplatz links und durch den Ort aufwärts zur Piazza Cesare Battisti. Hier rechts die Via Antonio Ranieri Biscia hinunter bis zur Hauptstraße und auf dieser nach links bis zur Brücke. Diese auf der rechten Seite begehen und danach hinunter zu einer Kirche. An dieser rechts vorbei und anschließend die Via Ospedale entlang, die allmählich zum Feldweg wird. Wieder aufwärts zur Hauptstraße, diese queren (Ortsschild Dovadola) und auf einem Pfad (Schild Cammino di Assisi) ab jetzt länger aufwärts.
Der Steig mündet in eine Schotterstraße, hier rechts weiter. Bei einer Rechtsserpentine geradeaus auf einem Pfad weiter bis zu einer Forststraße und auf dieser wieder geradeaus bis zu einer Asphaltstraße. Auf dieser eben weiter bis 4,5 km ab Etappenbeginn. 👁 Nun teilt sich der Weg (Schilder): geradeaus auf Asphalt nach Montepaolo, links weg auf einer Schotterstraße weiter zum Passo Trebbio.

Wer seinen Pilgerweg in Dovadola gestartet hat, geht natürlich zuerst zum Kloster Montepaolo und daher geradeaus zu einem Haus. An diesem in einer Rechtskurve vorbei und in 1,5 km, zuletzt vorbei an einem großen weithin sichtbaren Seminargebäude, bis zum **Kloster Montepaolo** (siehe 29. Etappe).

Von Montepaolo über den Passo Trebbio (8 km) nach Marzanella (10 km)

Von der Kirche den Mosaikweg zurück und am Ende bei der Kapelle geradeaus auf einem Steig hinunter zur Asphaltstraße. Weiter zurück, wie wir gekommen sind, und nun bei der oben beschriebenen Wegteilung rechts auf den Schotterweg. Ab nun erfreuen wir uns an einer Unzahl von Hagebuttensträuchern, die unseren weiteren Pilgerpfad

säumen. Nach 3 km bei einem Bauernhaus links aufwärts, nach 2 km auf eine Asphaltstraße, der wir rechts bis zum **Passo Trebbio** (575 m) folgen. Am Pass befindet sich ein originelles Raddenkmal, von passionierten Rennradfahrern der Emilia Romagna errichtet.

Auf der Passkreuzung links und nach 50 m rechtshaltend weiter, bis in 1 km die Via Castagnara von rechts unten als Schotterweg in unsere Straße mündet. Dies ist der Punkt, wo der Antoniusweg mit dem Franziskusweg zu-

Bei Marzanella

sammentrifft. Der Antoniuspilger geht also jene Strecke weiter, die wir gerade gekommen sind. Wir pilgern hier jedoch auf der Asphaltstraße weiter und nach 2,8 km vor dem Gehöft Pratello links zu einem grünen Schranken. Direkt davor rechts auf einem Steig aufwärts und auf diesem einige Zeit bis zu einem kleinen Weinberg mit Schuppen. Der Steig wird zum Feldweg und endet bald auf einer Asphaltstraße. Diese queren und bei einem Gatter (Schild u. a. Azienda Montebello) rechts durch die Maueröffnung. Auf der Schotterstraße weiter, bei der nächsten Weggabelung links aufwärts und nach einiger Zeit zur Hausruine von **Montebello**. Vorbei und beim Brunnen rechtshaltend auf einem grasigen Waldweg leicht abwärts. Nach 400 m teilt sich der Assisiweg: nach rechts abwärts geht es zum Rifugio San Valentino, geradeaus zum Rifugio Capannina in Marzanella.

Zum Rifugio Capannina gehen wir also geradeaus weiter bis zur Hausruine Il Poggiale, an dieser links vorbei und bei der nächsten Viererkreuzung (Schild Nr. 431) ebenfalls geradeaus. Bald an der Hausruine **Capanne di Marzanella** vorbei bis zum Agriturismo Marzanella. Nach diesem bei der nächsten T-Kreuzung auf einer Asphaltstraße links (Brunnen) und bald danach wieder links auf einen Schotterweg (Schild Rifugio Capannina). Hierher müssen wir morgen wieder zurück, aber es sind ohnehin nur mehr 300 m bis zum Tagesziel. Nach 100 m am Schotterweg rechts hinunter zum **Rifugio Capannina**.

- *Rifugio Capannina (Gehöft), Silvia Chinaglia, Tel. 0564/943114 oder 333/2313800, sauberes Quartier mit Halbpension in familiärer Atmosphäre, Silvia spricht deutsch und englisch, vorherige Anmeldung ratsam.*
- *Rifugio San Valentino, Tel. 347/2514041*
- *Albergo „Monte Busca“ (ab Marzanella 3,5 km weiter wie 31. Etappe), Tel. 0546/943941, albergo.montebusca@libero.it*

23 km, 6 Std. ↗ 680 m ↘ 780 m

Marzanella – Premilcuore

2. Etappe am Franziskusweg/Cammino di Assisi/Romagna

Marzanella		Ort Monte Busca		Portico di Romagna		Monte Orlando		Premilcuore		Rifugio Ridolla
600 m		710 m		310 m		750 m		430 m		500 m
0 km	↗ 170 hm ↘ 60 hm	3,5 km	↘ 400 hm	10 km	↗ 440 hm	14,5 km	↘ 320 hm	21 km	↗ 70 hm	23 km

Sobald wir von Marzanella heruntergekommen sind nach Portico di Romagna ins Tal des Flusses Montone, erschließt sich uns für die nächsten Tage eine neue Facette an Natur und Landschaft. Weitreichende Wälder, in denen Trüffel und Kastanien zu finden sind, und eine wildromantische Berglandschaft sind nun unser Revier, steuern wir doch bereits dem Hauptkamm des Apennins zu. Und im malerischen Portico di Romagna treten wir symbolhaft wie mittelalterliche Pilger über die alte Steinbrücke in diese archaische Welt ein.

Von Marzanella nach Portico di Romagna (10 km)

Zurück zur Asphaltstraße und links 1 km weiter bis nach **S. Maria in Castello**. Weiter auf der Straße abwärts bis zu einer Kreuzung und dort (Schild Monte Busca) geradeaus wieder aufwärts bis zum Ort **Monte Busca** (Albergo Monte Busca). Beim Albergo links (Schild Portico). Am Ende des Ortes bei einer kleinen Kapelle weiter auf der Straße (nicht links auf einen Schotterweg) und nach 2 km nach links (Schild Querciolano) abbiegen. Beim **Agriturismo Montanara** nicht geradeaus, sondern in einem großen Rechtsbogen herum. Bald nach dem Agriturismo links auf einer Schotterstraße (Schild Agricola Laghi, grüner Pfeil auf Betonmasten) abwärts und nach 300 m bei einem Haus nach einer Rechtskurve nicht weiter zum Agricola Laghi, sondern in spitzem Winkel nach links. Weiter abwärts, an einem Gehöft vorbei und bei der T-Kreuzung auf einer Asphaltstraße (Schild Portico) rechts. Dann geradeaus hinunter in den Ort **Portico di Romagna**. Die Hauptstraße queren, durch einen Torbogen in die mittelalterliche Altstadt und links hinauf zum ehemaligen Burgberg mit der Chiesa di Santa Maria in Girone (18. Jh.). An dieser rechts vorbei und wieder retour durch Bögen und Treppen abwärts bis zum Albergo Convento Vecchio.

Portico Romagna: 800 EW, Turm und Palazzo Portinari. Hier soll der italienische Nationaldichter Dante Alighieri zum ersten Mal Beatrice getroffen haben, seine große Liebe.

- *Albergo Convento Vecchio, Tel. 0543/967053 (Pilgerstempel). Neben dem Gasthaus ist ein Alimentari.*

Portico di Romagna mit dem Ponte de Maesta (14. Jh.)

Von Portico nach Premilcuore (11 km) und zum Rifugio Ridolla (2 km)

Direkt beim Albergo die Via Borgo Allerto hinunter und weiter durch die Gassen bis zum Ponte de Maesta (14. Jh.) über den Fluss Montone. Über die Brücke und danach rechts weiter bis zu einem Brunnen. 👁 Hier auf einem uralten gepflasterten Weg links aufwärts an einem Haus vorbei und in Serpentinen bis zu einem Forstweg. Diesem links (nicht dem CAI-Steig geradeaus) folgen, bis er zu einem Asphaltsträßchen wird. Dort rechts weiter, in der Folge stetig aufwärts, an einem Brunnen vorbei. Das Sträßchen wird zum steilen Betonweg. Bei einer Rechtskurve nach links auf einem steilen Karrenweg weiter. 👁 Nach 300 m bei einem Stacheldrahtzaun rechts

Pilgerweg mit Wegkreuz in der Romagna

auf einen Steig (Schild Nr. 431 Passo Valbura) und diesem bis zum **Monte Orlando** (Schild) folgen. Danach kurz wieder aufwärts und nun den weiß-roten bzw. grünen Markierungen entlang durch den Wald. Nach einiger Zeit zu fünf Schildern und hier auf dem linken Pfad (Schild Nr. 343 Premilcuore) weiter bis zu einem Forstweg. Auf diesem rechts steil abwärts,

Aufstieg zum Monte Orlando hinter Portico di Romagna

Blick auf das mittelalterliche Premilcuore

bis er beim Haus Casalino zur Asphaltstraße wird. Dieser abwärts folgen, vorbei an Rio dei Campi (Kirchlein, Friedhof) bis zur Hauptstraße. Nun rechts auf der Straße nach **Premilcuore**. Bei den ersten Häusern findet sich ein Alimentari, um für den nächsten Tag einzukaufen.

Bald danach die erste Brücke nach links überqueren (hier kommt gleich die Abzweigung zum 2 km bergan gelegenen B&B Luna e Stelle) und in 1,4 km in den Ort. Kurz vor der zweiten Brücke befindet sich das kleine Tourismusbüro. Bei der zweiten Brücke entweder rechts zum Hotel Rochetta oder weiter geradeaus in den historischen Kern des Dorfes. Am Ende des Ortes (Schild Agriturismo Ridolla) nicht die Straße aufwärts, sondern 10 m rechts und dann links am Fußweg weiter. Von hier ist es gut 1 km bis nach Ridolla, zuerst gehen wir rechts neben der Straße auf dem Gehweg, der alsbald in einen Forstweg mündet, dann geht es vorbei an waldigen Rastplätzen und an einem einfachen Campingplatz (gehört zum Ridolla) bis zum Pferdegehöft **Ridolla**.

Premilcuore: 800 EW; mittelalterliches Gepräge, Oratorien San Lorenzo (ursprünglich 12. Jh., Umbau 17. und 18. Jh.) und Mogio (1946 wiedererrichtet), Chiesa di San Martino all'Oppio (20. Jh.), Palazzi Giannelli und Briccolani.

- *Hotel La Rochetta, Tel. 0543/956914 oder 349/2392016*
- *Agroippoturistica Cà Ridolla. Herr Luigi, Tel. 0543/956829 oder 348/3806646, einfaches Quartier mit Halbpension*
- *B&B Luna e Stelle, Tel. 333/5871228, levillelunaestelle@libero.it, 2 km am Berg oberhalb von Premilcuore, bei Bedarf anrufen und abholen lassen*
- *Tourismusinformation, Tel. 0543/956540*

32. ETAPPE

18 km, 5 Std. ↗ 750 m ↘ 660 m

Premilcuore – Corniolo

3. Etappe am Franziskusweg/Cammino di Assisi/Emilia Romagna

Rifugio Ridolla 500 m		Ruine Montemerli 960 m		Bivacco Fratta 1070 m		Corniolo 580 m
0 km	↗ 500 hm ↘ 30 hm	6 km	↗ 170 hm ↘ 60 hm	10 km	↗ 80 hm ↘ 570 hm	18 km

„Parco Nazionale delle Foreste Casentinesi" – so heißt der riesige Nationalpark, den wir von Premilcuore bis La Verna in vier Etappen durchqueren. Was liegt näher, als dass uns der Patron der Schöpfung, Franziskus, auf diesem Pilgerweg begleitet? Auch auf dieser Etappe ist der Weg gut beschildert und markiert, aber wichtig ist, dass Sie ausreichend Proviant und Wasser mitnehmen, denn unterwegs gibt es weder Einkehrmöglichkeiten noch Trinkwasser.

Von Premilcuore/Ridolla zum Bivacco Fratta (10 km)

Von der Cà Ridolla direkt auf dem Schotterweg (Schild Nr. 317 Cà Petriccio) abwärts und im Tal des Flusses Rabbi entlang. Bei einer

Steinbogenbrücke auf der linken Flussseite 200 m weiter bis zu einem alten Bauernhaus. Danach bei einer Steiggabelung links weiter. Bei der nächsten Betonbrücke (Schild Nr. 311 Monte della Fratta) geradeaus. Ab hier steigt der Pfad für die nächsten Kilometer steil an. Vorbei an drei Hausruinen und dann zum aufgelassenen Haus von Montemerli. Von hier den Markierungen aufwärts folgen, bis der Steig in einen Forstweg mündet (Schild Rifugio Monte della Fratta). Das Ärgste ist geschafft, nun links und in 3 km zuerst flach, letztlich leicht ansteigend bis zum Biwak. Von einer Dreierkreuzung links in spitzem Winkel retour in 100 m zum **Bivacco Fratta** (unbewirtschaftet, immer geöffnet, Feuerstelle, kein Trinkwasser).

Vom Bivacco Fratta nach Corniolo (8 km)

Zurück zur Kreuzung und geradeaus (Schild Nr. 301 Corniolo) weiter. Nach 1,7 km bei einer Dreierkreuzung geradeaus (Schild Nr. 267 Corniolo), *nicht* rechts am Steig! Nach 300 m den Forstweg nach rechts (Markierung Nr. 279) verlassen und 1,5 km auf einem wunderschönen Waldpfad bis zum nächsten Forstweg. Hier rechts und zu einem Haus, danach gleich wieder rechts auf einem Steig am Wiesen- und Waldrand entlang in 2 km abwärts bis zu einem Asphaltsträßchen. Auf diesem links zuerst kurz aufwärts und dann wieder abwärts bis in den Ort **Corniolo** (180 EW, Geschäft). Gleich zu Beginn des Ortes eine kleine Kirche (Fresken Madonna mit Kind, 16. Jh.), dahinter die Pilgerherberge (Schild). Weiter durch den Ort abwärts und vorbei am Albergo Pini bis zur Chiesa S. Pietro (Majolikabild aus der Werkstatt von della Robbia). Vor der Kirche rechts die steilere Via Borgo abwärts zum Albergo Gigino.

Pilgerkreuz mit Jakobsmuschel am Dorfeingang von Corniolo

- *Pilgerherberge, Zutritt mit Kombinationsschlüssel, Nummer unter Tel. 347/8597635 von Hr. Vanni erhältlich*
- *Albergo da Gigino, Tel. 0543/980033 oder 340/3484678, info@albergodagigino.com, www.albergodagigino.com, Pilgerpreis, Giovanni züchtet Bonsaibäumchen, Schwester Nelly kocht hervorragend. Wer in der Pilgerherberge nächtigt, sollte wenigstens im Gigino abendessen.*
- *Albergo Pini, Tel. 0543/980250*

33. ETAPPE

Camaldoli: 28 km, 7 Std. ↗ 1230 m ↘ 1000 m
Badia Prataglia: 32 km, 8–9 h ↗ 1450 m ↘ 1200 m

Corniolo – Camaldoli oder Badia Prataglia

4. Etappe am Franziskusweg/Cammino di Assisi / Romagna und Toskana

Corniolo		San Agostino		Campigna		Passo Calla		Poggio Scali		Eremo Camaldoli		Camaldoli
580 m		630 m		1060 m		1300 m		1530 m		1100 m		820 m
0 km	↗ 270 hm ↘ 230 hm	5 km	↗ 420 hm	10 km	↗ 240 hm	13 km	↗ 260 hm ↘ 30 hm	19 km	↗ 40 hm ↘ 460 hm	25 km	↘ 280 hm	28 km

Die Königsetappe! Durch den Parco Nazionale delle Foreste Casentinesi geht es von der Emilia Romagna in die Toskana und mit dem Poggio Scali (1530 m) erreichen wir den höchsten Punkt der gesamten Pilgerfahrt. Wildschweine haben in der Nacht die Wegränder umgepflügt und im Herbst hören wir nicht selten die Hirsche röhren. Die Etappe ist beschildert und markiert.

Von Corniolo über Campigna (10 km) zum Passo della Calla (3 km)

Die Via Borgo hinunter bis zur Straße und auf dieser rechts weiter. Über eine Brücke, durch den Weiler Lago und nach insgesamt 2 km ab Corniolo links auf eine andere kleinere Asphaltstraße (Schild S. Agostino). Nach der Querung einer Brücke befindet sich das Hinweisschild Parco Nazionale delle Foreste Casentinesi. Nach 2,2 km auf der Schotterstraße rechts weg (Schild Nr. 349 Vilaneta), abwärts und an einem Haus vorbei. Kurz vor San Agostino *nicht* links den markierten Wanderweg nehmen, sondern am Schotterweg bleiben bis zur Kirche S. Agostino (Rastplätze, Brunnen). Weiter auf diesem Weg und gleich danach bei einer Dreierkreuzung geradeaus (rot-weiße Markierungen). Beim ersten Haus geht der Weg in einen Pfad über, beim zweiten Haus rechts vorbei, schließlich beim dritten Gehöft links vorbei und beim Brunnen wieder links. Am Pfad weiter, neuerlich zu einem Brunnen und endlich zu den zwei Häusern von Vilaneta. An

Aufstieg zum Passo della Calla durch den Parco Casentinesi

diesen entlang und sogleich rechts haltend (Schild Nr. 243 Campigna) in 1,5 km zum Ort **Campigna** (Chiesa di Santa Maria alle Celle).

- *Hotel Granduca, Tel. 0543/980051*
- *Albergo Scoiattolo, Tel. 0543/980052*

An den wenigen Häusern von Campigna vorbei und beim Albergo Scoiattolo geradeaus weiter aufwärts. Direkt vor der Provinzstraße SP 310 links auf einen Waldsteig (Schild Nr. 247 Passo della Calla). Nach 2 km über die Straße und weiter am Pfad bis zum **Passo della Calla** (1296 m, Monument, Bar Faggi). Am Pass überschreiten wir die Grenze zwischen der Emilia Romagna und der Toskana und gehen nunmehr für 10 km bis zum Prato al Soglio am Grenzkamm zwischen den zwei Regionen entlang.

Vom Passo Calla über den Poggio Scali (6 km) zum Eremo Camaldoli (6 km)

Gleich hinter dem Pass links einen grünen Schranken passierend (Schild Eremo di Camaldoli 00) auf einem Waldweg weiter. Nach 1,5 km zum **Poggione** (Schild, 1424 m) und nach weiteren 3,5 km zur Madonna della Fuoco. 50 m über uns der Hügel von **Poggio Scali** (1530 m, an klaren Tagen Weitsicht bis Rimini), an dem wir aber vorerst vorbeigehen, um ihn von der kürzeren Hinterseite zu „besteigen". Zurück auf den Waldweg und nach 1,5 km bei der nächsten Lichtung geradeaus, nach weiteren 1,5 km bei einer Lichtung ebenfalls geradeaus (Schild 00 Prato alla Penna). Nach 700 m bei einer Weggabelung (Schild 00 Prato alla Penna) nach links, später über die große Lichtung von **Prato al Soglio**. Bald danach rechts (Schild Nr. 68 Eremo di Camaldoli) abwärts über einen steinigen Karrenweg zur **Einsiedelei Camaldoli** (nicht zu verwechseln mit dem *Kloster* Camaldoli im 3 km entfernten *Dorf* Camaldoli!).

Eremo Camaldoli: 1024 vom hl. Romuald gegründet, Ursprung des Kamaldulenserordens, Zelle des Romuald, Kirche 18. Jh., im ersten Zellenhäuschen der linken Reihe verweilte Franziskus einen Monat lang nach seiner Rückkehr aus dem Heiligen Land. Einsiedelei und Bar von 12.00 bis 15.00 Uhr geschlossen.

Eremo Camaldoli – bei seinem Besuch in der Einsiedelei wohnte Franziskus im ersten Zellenhäuschen links.

Nun müssen Sie entscheiden, ob Sie ins Dorf Camaldoli mit dem Kloster oder zum Ort Badia Prataglia gehen. Dorf und Kloster Camaldoli erreicht man in 3 km und 300 Hm abwärts, wer noch über Reserven verfügt, geht in 7 km, 220 Hm hinauf und 500 Hm abwärts über den Prato della Penna nach Badia Prataglia. Das ist natürlich anstrengender, spart aber eine ganze Etappe, da man am nächsten Tag von Badia Prataglia direkt nach La Verna gehen kann.

a) Vom Eremo Camaldoli zum Dorf Camaldoli (3 km)

Vom Eremo auf der Straße (Schild Camaldoli) 3 km abwärts, entweder durchgehend auf Asphalt oder zwischendurch auf markierten Abkürzungen durch den Wald. Geradeaus in das Dorf zum Kloster Camaldoli und den zwei Gasthöfen, aus viel mehr Gebäuden besteht dieser Ort nicht.

Camaldoli: 40 EW, Monasterio Camaldoli: Konventsgebäude 16. Jh., zwei Kreuzgänge, Klosterkirche (Bilder von G. Vasari), alte Apotheke. Tipp: Voranmeldung für das morgige Quartier in Biforco empfohlen.

- *Foresteria Camaldoli im Kloster, Tel. 0575/556013, foresteria@camaldoli.it*
- *Albergo Baroni mit kleinem Alimentari, Tel. 0575/556015, locanda@itrebaroni.it, www.alberghicamaldoli.it*
- *Albergo Camaldoli, Tel. 0575/556019*
- *Forsthaus Meteleto: einfache Unterkunft mit Kochgelegenheit, Zutritt mit Kombinationsschlüssel (Nummer unter Tel. 370/3001371 oder 335/7686036 erhältlich); ca. 1 km weiter durch das Dorf, nach dem öffentlichen WC rechts auf einem Wanderweg aufwärts bis zu den Forsthäusern; es ist das Haus Nr. 8 und hinter dem rechten Fensterladen befindet sich die Nummernbox.*

b) Vom Eremo Camaldoli nach Badia Prataglia (7 km)

Vom Eremo weg die linke Straße aufwärts und bald links ab auf den Waldweg Nr. 74. Bald wieder auf die Straße, kurz auf dieser weiter und wieder links am Steig hinauf. Nach 1,5 km sind wir wieder auf der Asphaltstraße und hier kurz links bis zum **Prato alla Penna**. Von hier rechts immer auf dem gut markierten Wanderweg (Schild GEA CT 00) weiter, bei einer Weggabelung sich links halten (nicht Weg Nr. 98), bei der nächsten Wegteilung wieder links (nicht Weg Nr. 66) und bis vor das Rifugio Fangacci. 20 m davor rechts am Steig Nr. 4 800 m weiter, bis wir neuerlich zur Asphaltstraße gelangen, und nun bei Nässe auf dieser bleiben oder sonst am Steig weiter abwärts bis nach Capanna (Bar, Campingplatz). Von hier auf der Straße in 2 km nach **Badia Prataglia** (900 EW, Kirche aus dem 10. Jh. mit Krypta aus dem 8. Jh., Pilgerstempel beim Pfarrer, Geschäfte).

- *Albergo Giardino gegenüber der Kirche, Tel. 0575/559016*
- *Albergo La Foresta, Tel. 0575/559009 oder 339/6197427*
- *Camping Il Capanno, Tel. 0575/518015, 2 km oberhalb des Ortes*

21,5 km, 6 Std. ↗ 1020 m ↘ 1160 m

Camaldoli – Biforco

5. Etappe am Franziskusweg/Cammino di Assisi / Toskana

Camaldoli 820 m		Badia Prataglia 840 m		Frassineta 870 m		Rimbocchi 560 m		Biforco 680 m
0 km	↗ 440 hm ↘ 420 hm	8 km	↗ 340 hm ↘ 310 hm	14 km	↗ 120 hm ↘ 430 hm	20 km	↗ 120 hm	21,5 km

Der Hauptkamm des Apennins ist überschritten, noch einmal steht uns heute eine Etappe mit 1000 Höhenmetern bevor, dann aber haben wir die großen Anstiege bis nach Rom hinter uns. Wir befinden uns weiterhin im Parco Nazionale delle Foreste Casentinesi, der bis nach La Verna reicht. Vom Dorf Camaldoli geht es zuerst über einen Bergrücken nach Badia Prataglia und von dort neuerlich über eine einsame Bergkuppe – bereits mit Blick auf den Tafelberg von La Verna – zum urigen Weiler Frassineta. Cinghiali (Wildschweine) zu sehen, ist heute leicht möglich, sie in die Kamera zu bekommen aber eher unwahrscheinlich, so schnell sind sie im Wald verschwunden. Und am Etappenziel genießen wir italienisches Landleben pur.

Von Camaldoli nach Badia Prataglia (8 km)

Von Camaldoli wieder retour zum Ende des Dorfes, rechts über die Brücke und danach auf einem Steig (WW Nr. 72 Rifugio Cotozzo) geradeaus aufwärts. Nach 300 m bei einer Weggabelung links und in ca. 2 km hinauf zum Rifugio Cotozzo (unbewirtschaftet, Brunnen). Beim Rifugio den oberen der parallel nach rechts verlaufenden Wege (WW Nr. 72 Badia Prataglia) nehmen und in 1 km zum Poggio

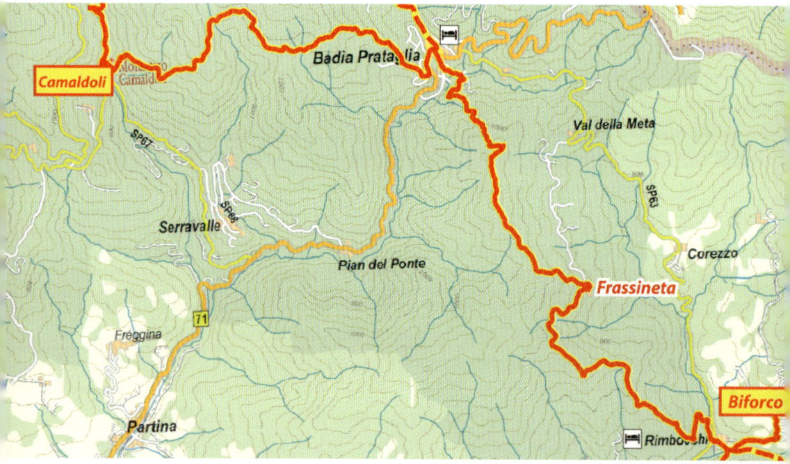

Brogli (Schild 1250 m). Geradeaus weiter und hinunter zu einem Bächlein, dieses queren und wieder ansteigend auf dem Steig durch hohen Farn und Ginster, daher Markierungen beachten. Bei der nächsten Dreierkreuzung von Pfaden nicht dem Schild Nr. 66 Serravalle folgen, sondern 10 m nach links und bei der Weggabelung rechts. Nach 20 m stehen wieder vier Wegweiser. Hier rechts weiter (WW Nr. 72) und nach der Querung eines kleinen Baches bei der Weggabelung links (Winkelmarkierung am Baum). Nun in ca. 2 km – neuerlich durch Farn und Ginster und mit einem ersten Blick auf den Tafelberg von La Verna – bis zur einer Dreierkreuzung (WW Nr. 72). Hier rechts und in 500 m bis zum Haus von Casanova, danach sofort links am Wiesenrand hinunter und auf der Schotterstraße links weiter bis **Badia Prataglia** (siehe 33. Etappe). Geradeaus auf der Hauptstraße bis zur Kirche.

Von Badia Prataglia über Frassineta (6 km) und Rimbocchi (6 km) nach Biforco (1,5 km)

Links an der Kirche vorbei die Via Eden 200 m abwärts, dann nach links (WW Casa Romita) abbiegen und auf dem Sträßchen hinunter bis zum Bach. Über die Brücke und dem Weg Nr. 73 folgen. Zuerst auf Schotterweg, dann auf Betonpiste aufwärts bis zur Casa Romita. Hier (WW Nr. 73 – Frassineta) rechts vorbei, bald danach im Wald bei einer Weggabelung links (Winkelmarkierung). Nach 2,2 km ab Badia bei einer Dreierkreuzung rechts (Winkelmarkierung). 300 m weiter auf einem Hügel einen Karrenweg queren, geradeaus abwärts und neuerlich auf einen Rücken. Gleich danach eröffnet sich ein schöner Blick auf La Verna.

Nach ca. 1 km zu einem Forstweg und auf diesem links abwärts. Hintereinander an zwei grünen Schranken vorbei und bei einer Wegkreuzung geradeaus (*nicht* WW Acquafredda). Nach 10 m bei einer Viererkreuzung (Schild Frassineta – Rimbocchi) links abwärts und kurz vor Frassineta an einer uralten romanischen Kapelle vorbei, in der vermutlich schon Franziskus gebetet hat.

Uralte Kapelle beim Weiler Frassineta

100 m weiter nach **Frassineta** (Kirche S. Egidio, romanisch), 30 m hinunter zu einem Brunnen (Trinkwasser), an diesem (Schild Il Sentiero di Foreste Sacre) rechts 20 m aufwärts zu einem anderen Sträßchen, an einigen Häusern vorbei und schließlich auf dem Schotterweg immer leicht ansteigend weiter. Vorbei an einem Schranken, dann durch ein Holzgatter und sofort nachher (WW Nr. 070 Rim-

Frassineta – romanische Kirche Sant'Egidio

bocchi) links auf einem Steig abwärts. Nach 500 m links durch ein Holzgatter. Bald sehen wir hinüber nach Frassineta, woher wir gekommen sind, und voraus auf Biforco. Weiter am Wanderweg und nach einiger Zeit bis zu einer Senke. 👁 Hier geradeaus (rot-weiße Markierungen) und ***nicht*** rechts zur Casa Santicchio (die freilich eine Alternative ist, wenn in Biforco das Quartier besetzt ist.

- *Casa Santicchio, Tel. 0575/1787586 oder 347/7694688, info@santicchio.org, www.santicchio.org*

Wir gehen aber geradeaus und sogleich beim Schild Passo della Forca vorbei, später zu einem Sendegerüst und nun auf einem verwaschenen Karrenweg, später auf einer Schotterstraße abwärts. Bei einer Linkskurve nicht den Steig geradeaus benützen (er ist steil und in schlechtem Zustand), sondern am Forstweg bleibend in 500 m zum Ponte Vecchio. Über die Brücke nach **Rimbocchi** (Bar, Panificio) und durch das Dorf bis zur Hauptstraße. *Hier geht der Weg (Schild Nr. 53 La Verna) für uns morgen weiter. Jene, die in Badia Prataglia begonnen haben, setzen hier ihren Weg fort.* Wir gehen links auf der Hauptstraße weiter und nach 100 m wieder links (Schild Biforco) aufwärts. Nun auf der Straße bis Biforco oder abkürzend nach 400 m links auf einem Pfad, bis zur Straße und nach 100 m wieder links am Pfad aufwärts. Im kleinen Ort **Biforco** (Kirche zum Hl. Michael) gleich das steile Gässchen aufwärts bis zur Bar. (Einkaufsmöglichkeit in der Bar, Frau Fiorella weiß wegen dem Rifugio Bescheid.)

- *Rifugio (Voranmeldung empfohlen, Frau Rossana, Tel. 331/9667967): günstiges Quartier direkt neben der Bar, Kochgelegenheit*

35. ETAPPE

8 km (Weg Nr. 53) bzw. 9,5 km (Weg Nr. 54), 2½ Std. ↗ 640 m ↘ 190 m

Biforco – La Verna

6. Etappe am Franziskusweg/Cammino di Assisi / Toskana

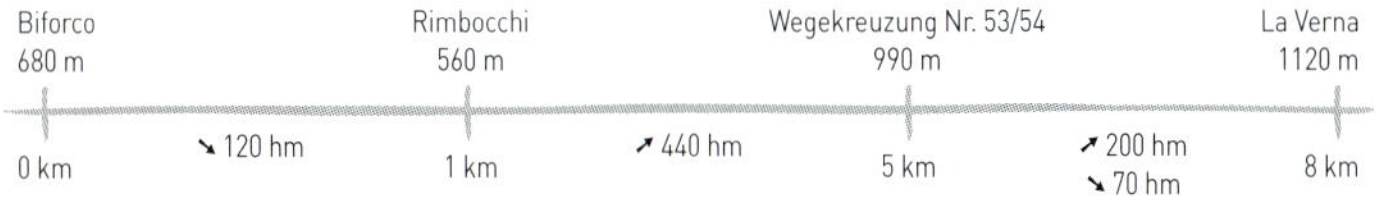

Die kurze Etappe ermöglicht es uns, anschließend einen Halbtag im Santuario La Verna zu verbringen, dem ersten Höhepunkt auf den Spuren des hl. Franziskus. Nach Assisi ist La Verna wohl die wichtigste franziskanische Stätte. Franziskus zog sich öfters hierher zurück und erhielt hier die Stigmata, die Wundmale Christi.

Von Biforco nach La Verna (8 bzw. 9,5 km)

Wir gehen von Biforco 1 km zurück nach Rimbocchi zum Beginn des Weges Nr. 53.

Ab hier gibt es zwei Möglichkeiten, um zum Santuario della Verna zu gelangen. Um dem Weg Nr. 53 zu folgen, müssen wir gleich zu Beginn über den Bach Rimbocchi. Dieser ist – zwar selten – bei höherem Wasserstand nicht ohne weiteres zu queren. Ist dies der Fall, dann benützen wir alternativ den Pfad Nr. 54.

Weg Nr. 53: Wir queren den Bach, bleiben nach 300 m rechts auf der Route Nr. 53 und folgen dieser länger steil aufwärts bis zum Poggio Montòpoli. Nunmehr am Kamm entlang auf und ab. Der Pfad wird später zum Forstweg und schließlich mündet der Weg Nr. 54 in unsere Route.

Weg Nr. 54: Auf der Straße immer neben dem Bach 1,5 km flussaufwärts bis zur einer Brücke. Diese (WW Nr. 54) nach rechts überqueren und am gepflasterten Forstweg 2,3 km bis zum Gehöft Casalino. Die bewaldeten Felsen von La Verna sind nun schon greifbar nahe. Nach dem Haus sofort links für ca. 2 km steil aufwärts bis zu einem Forstweg, wo sich die Wege Nr. 53 und Nr. 54 vereinen. Hier links und eben weiter.

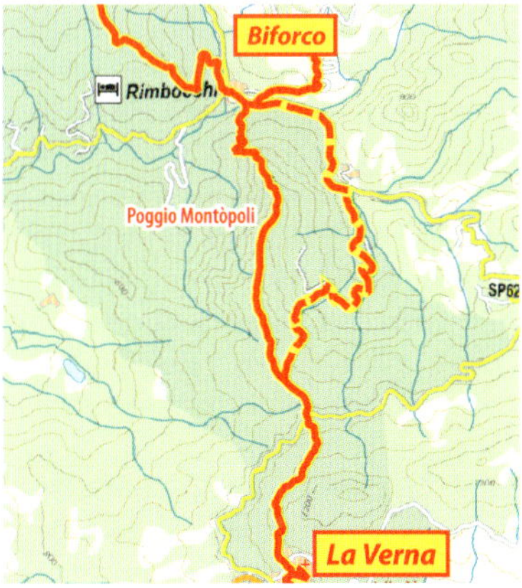

Der Weg Nr. 53 führt bald zu einer Asphaltstraße, diese queren und gerade-

Wallfahrtsstätte La Verna – Basilika und Kapelle Santa Maria degli Angeli

aus am Steig nun wieder aufwärts in einen Wald. Der Waldpfad ist teilweise nicht besonders ausgeprägt, daher auf die weiß-roten Markierungen achten. Bei einer Dreierkreuzung (WW Nr. 53 La Verna) rechts abwärts und wieder in einem besonderen Wald aufwärts. Wer diesen mystischen Wald durchschreitet, erahnt, wie es gewesen sein muss, als sich Franziskus mit seinen Minderbrüdern hier aufgehalten hat. Bald ist linker Hand die Felswand erreicht, über der die Klosteranlage thront. Wir gehen an ihr vorbei zu einem Tor mit Gatter, bei diesem links über die Mauer und die letzten 200 m auf gepflastertem Weg, vorbei an der Cappella degli Uccelli (Vogelkapelle), steil aufwärts und durch das Tor in die Klosteranlage. Um zur Rezeption (Anmeldung für das Quartier) zu gelangen, geht man am besten zum Museum, an diesem vorbei durch Gänge und Innenhöfe des Konventes bis zum vorderen Eingangsbereich und durch die Bar oder den Buchladen zur Rezeption.

LA VERNA – Sacro Monte und Santuario Francescano: „Non est in toto sanctior orbe mons“ – es gibt auf der ganzen Welt keinen heiligeren Berg – so steht es auf dem Eingangstor zum Heiligtum von La Verna. Graf Orlando di Chiusi schenkte 1213 diesen Berg dem hl. Franziskus. Hier lebte er mit seinen Minderbrüdern in schlichter und asketischer Einsamkeit in Felshöhlen und einfachen Hütten um die Kapelle **Santa Maria degli Angeli**: 1216/18 erbaut, beachtliche Kunstwerke, u. a. Terrakottabilder der Renaissance-Künstlerfamilie della Robbia (15. Jh.); **Basilika** am Hauptplatz (160 Jahre lang bis 1509 gebaut), am **Prozessionsweg** zur Stigmata-Kapelle Franziskuszyklus von M. Baccio, 20. Jh. (jeden Tag um 15.00 Uhr Prozession); **Cappella Loddi** (16. Jh.), **Bett des Franziskus** (Steingrotte), **Cappella della Croce** (Fastenzelle des Franziskus), **Stigmata-Kapelle** (rechts vom Altar durch die Tür zur **Zelle des Bruder Leo**),

Die Franziskusgrotte von La Verna und die heiligen Franziskus und Bonaventura im Bild „Madonna del Cintola“ von Andrea della Robbia (1486) in der Kapelle S. Maria degli Angeli

Felsenkapellen Hll. Bonaventura und Antonius (war 1231 auf La Verna), am Hauptplatz die **Magdalenenkapelle** (Gebetsplatz des Franziskus) und der Zugang über Treppen hinunter zum **Sasso Spicco** (überhängender Fels, unter dem Franziskus gerne betete); kurze Wanderung zum **Felsen von Bruder Wolf** und zur **Kapelle am Monte Penna** oberhalb des Klosters.

In La Verna verfasste Franziskus handschriftlich den Segen für Bruder Leo: „Der Herr segne und behüte dich. Er zeige dir sein Angesicht und erbarme sich deiner. Er wende dir sein Antlitz zu und schenke dir Frieden. Der Herr segne dich, Bruder Leo.“

Im September 1224 empfing Franziskus hier die Wundmale des Herrn, Ende des Monats verließ er, bereits schwer erkrankt, in einem bewegenden Abschied von seinen engsten Gefährten für immer diesen heiligen Ort.

- *Im Kloster Zimmer oder Pilgerherberge mit Halbpension, Tel. 0575/5341, santuarioverna@gmail.com, www.santuariolaverna.org (Tipp: von der Pilgerherberge abends direkter Zugang zum Klosterhof)*

Anmerkung: Wer nicht den restlichen Halbtag in La Verna verbringen möchte, geht nach der Besichtigung der Klosteranlage wie in der 36. Etappe beschrieben hinunter in den Ort Chiusi della Verna (1,5 km), dort am Weg Nr. 50 bis zur Asphaltstraße und auf dieser in 10 km nach Caprese Michelangelo (insgesamt ca. 4 Stunden). Die in der 36. Etappe beschriebene Strecke über das Eremo della Casella wird in diesem Falle ausgelassen. Damit ist eine Etappe gewonnen.

36. ETAPPE

19 km, 5 Std. ↗ 490 m ↘ 990 m

La Verna – Caprese Michelangelo

7. Etappe am Franziskusweg/Cammino di Assisi/Toskana

La Verna 1120 m		Chiusi della Verna 960 m		Eremo Casella 1240 m		Fragaiolo 700 m		Lama 520 m		Cap. Michelangelo 620 m
0 km	↘ 160 hm	1,5 km	↗ 390 hm ↘ 110 hm	9,5 km	↘ 540 hm	15 km	↘ 180 hm	17,5 km	↗ 100 hm	19 km

Mit La Verna verlassen wir den Nationalpark Casentinesi. In La Verna beginnt auch der mit gelben Tau-Zeichen markierte Franziskusweg „Di quì passò Francesco“ von Angela Seracchioli, dem wir immer wieder begegnen werden. Dieser älteste Pilgerweg auf den Spuren des Franz von Assisi führt in 21 Etappen von La Verna über Assisi bis nach Poggio Bustone im Rietital. Der Führer von Angela – mit vielen Zitaten aus den franziskanischen Schriften – ist in deutscher Übersetzung im Tyrolia-Verlag erschienen und bietet sich für Pilger an, die den Weg nutzen wollen, um sich vor Ort, mit entsprechender Muße, in die Spiritualität des Franziskus zu vertiefen. Während Angelas Weg zunächst von La Verna ostwärts nach Pieve Santo Stefano führt, gehen wir Richtung Süden über die idyllische Einsiedelei Casella nach Caprese, dem Geburtsort von Michelangelo Buonarroti.

Von La Verna über Chiusi della Verna (1,5 km) zum Eremo della Casella (8 km)

Vom Hintereingang des Klosters wieder hinunter zum Tor, durch das wir gestern heraufgekommen sind. Nicht durch dieses hindurch, sondern am gepflasterten Weg kurz weiter abwärts und gleich danach links (Schild Nr. 50 Chiusi della Verna). Nun auf einem kleineren Pflastersteig in 1 km nach **Chiusi della Verna** (2100 EW). Rechts wird ein Spielplatz sichtbar, zu diesem hinunter und auf der Straße abwärts ins Dorf. Bei der Kreuzung rechts und nach der Linkskurve geradeaus durch den Ort.

- *Pilgerherberge Casa di Preghiera S. Chiara, Via del Vecchio Molino 2, Tel. 0575/599102*
- *Pastor Angelicus, Via San Francesco 20, Tel. 0575/599025 oder 0575/534249*
- *mehrere Alberghi, z. B. Letizia, Bellavista; Campingplatz; Geschäft*

Auf der Straße bis zum „Camparibrunnen“, am Gefallenendenkmal vorbei und sofort in der Rechtskurve (Schild Nr. 50) links über Treppen hinab. Nun 700 m weiter, zuerst geradeaus, bald auf einem Feldweg und später auf einem Karrenweg. Auf der Asphaltstraße links, über die Brücke der Rassina und danach am Ende der Leitplanken (Schild Nr. 50) wieder rechts.

Anmerkung: Wer direkt vom Santuario della Verna nach Caprese Michelangelo gehen will, folgt von hier bis zum Etappenziel 10 km der Straße.

Wir gehen auf dem Pfad Nr. 50 kurz abwärts, dann längere Zeit steil bergauf und queren dabei einen Forstweg. Vom Ende des Steilstückes nun durch Heidesträucher auf kupiertem Gelände bis zu einem bewaldeten Hügel und an diesem dem Waldesrand rechts entlang bis zum **Poggio Assunzione** (1037 m). Nach 500 m zum Aussichtspunkt Fontaquili mit wunderschönem Rückblick auf La Verna. Von hier in 700 m eben bis zu einem Karrenweg und diesem kurz folgen bis zum **Poggio del Abete** (1136 m). 20 m später den Karrenweg nach links verlassen, bald danach auf einem anderen Forstweg links weiter. Bei der nächsten T-Kreuzung (Schild Nr. 50 Eremo Casella) rechts weiter, nicht ohne vorher 10 m auf den Hügel gestiegen zu sein, der einen schönen Blick auf die Orte Fragaiolo, Lama und Caprese bietet. Bei der nächsten Weggabelung bei einem Holzkreuz rechts und allmählich wieder aufwärts zum Monte Foreste mit dem in einem wunderschönen Hain gelegenen **Eremo della Casella**.

Eremo della Casella: 1522 im Gedenken an den hl. Franziskus erbaut; unbewohnt; Kapelle und Eremitage geöffnet; Franziskus kam Ende September 1224 am Weg nach Assisi zum letzten Mal hier vorbei und verabschiedete sich betend mit einem letzten Blick auf sein geliebtes La Verna.

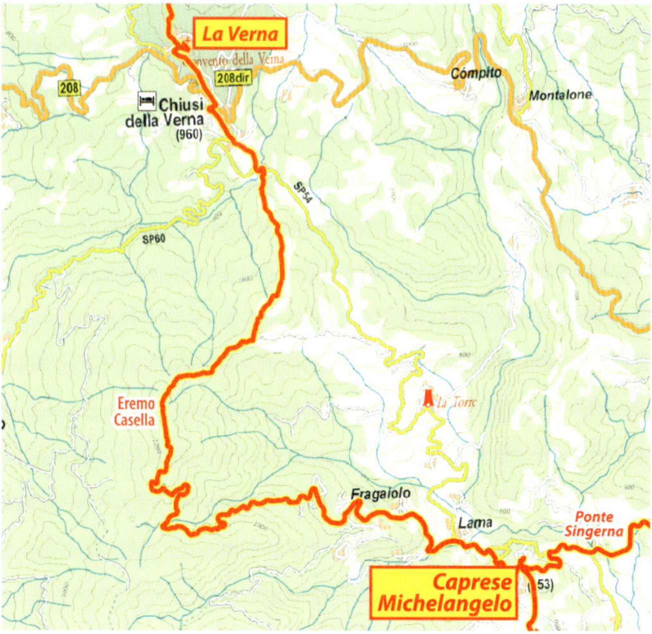

Caprese Michelangelo – links das Geburtshaus des großen Künstlers

Vom Eremo Casella über Lama (8 km) nach Caprese Michelangelo (1,5 km)

Nunmehr länger bergab bis ins Tal, zuerst auf der Forststraße weiter und nach 900 m bei einer Weggabelung (Schild Nr. c04 oder 20a) links. Gleich danach kommt ein Brunnen und nach ca. 3 km gehen wir durch einen großen Kastanienwald, der uns sehr an die ersten Pilgertage in Südtirol erinnert. Die Forststraße wird zu Asphalt, bei der nächsten Weggabelung links hinunter an Wochenendhäusern vorbei und bei der T-Kreuzung links durch den Ort **Fragaiolo** (Bar und Alimentari). Nun 3 km hinunter zum Ort **Lama** (Alimentari), auf der Hauptstraße rechts (Bar) und nach der Brücke rechts auf einem Steig aufwärts. Bald wieder auf der Straße bis in den Ort **Caprese Michelangelo**. Hier nun entweder links aufwärts in 100 m zum Albergo La Buca oder rechts hinauf in 1,1 km zur Pilgerherberge (am Weg dorthin vorbei an einem Alimentari und am Campingplatz, danach abwärts vorbei am Albergo Cristallo und am Albergo Il Centro; nach einer Linkskurve liegt das Ostello di Zenzano).

Caprese: Geburtsort von Michelangelo Buonarroti – Chiesa di San Giovanni Battista (13. Jh., Taufkapelle von Michelangelo), Castello Caprese mit dem Geburtshaus (14. Jh.) und dem Museum Michelangelo.

- *Pilgerherberge Ostello di Zenzano, Frau Adria, Tel. 345/0514679*
- *Albergo La Buca di Michelangelo, Via Roma 51, Tel. 0575/793921*
- *Alberghi Cristallo und Il Centro*
- *Campingplatz*

37. ETAPPE

26 km, 6½ Std. ↗ 310 m ↘ 600 m

Caprese Michelangelo – Sansepolcro

8. Etappe am Franziskusweg/Cammino di Assisi/Toskana

Cap. Michel-angelo 620 m		Ponte Singerna 490 m		Monte Fungaia 660 m		Brücke Stausee Montedoglio 400 m		Palazzone 350 m		Sansepolcro 330 m
0 km	↘ 130 hm	2 km	↗ 240 hm ↘ 70 hm	8 km	↘ 260 hm	12 km	↗ 50 hm ↘ 100 hm	15 km	↗ 20 hm ↘ 40 hm	25 km

Und wieder gibt es einen landschaftlichen Paradigmenwechsel. Vorbei sind die großen Wälder und die hohen Anstiege, wir pilgern ab jetzt vorwiegend über freie Flächen, aber zu Beginn des Tages noch über die „Berge“ wie den Monte Fungaia. Beim Stausee Montedoglio betreten wir erstmals das Tibertal, also den Fluss Tiber/Tevere, dem wir in Rom auf den letzten Schritten zum Petersdom nochmals begegnen werden. Vom Fuße der Staumauer heißt es nochmals für 10 km „die Zähne zusammenbeißen“, um nach dieser Flachstrecke mit dem Lichtblick Sansepolcro belohnt zu werden.
Achtung: Die Strecke bietet unterwegs keine Einkehrmöglichkeiten, nicht einmal einen Brunnen, wo wir unsere Wasservorräte auffüllen könnten. Nehmen Sie also ausreichend Trinkwasser mit!

Von Caprese Michelangelo zum Stausee Montedoglio (13 km)

Wo wir gestern in den Ort gekommen sind, knüpfen wir heute an und gehen die Hauptstraße nun wieder abwärts weiter. Nach 1 km nicht links auf den Steig (Schild Pieve S. Stefano), sondern auf der Straße bleibend in 700 m bis zum Ort **Ponte Singerna**. Über die Brücke und nach 1,3 km in einer Linkskurve von der Straße ab (Schild Casina Baroti) und geradeaus auf einem kleinen Sträßchen weiter bis zur nächsten Weggabelung. Dort links, bis zum Gehöft **Pigolotti** und an diesem in einer Linkskurve vorbei. Von hier 800 m auf einem Feldweg bis zu einer Viererkreuzung und dem Weg Nr. 2 nach rechts folgend. Nach 10 m bei der Weggabelung geradeaus und nun ca. 2 km am Bergrücken leicht ansteigend bis zum **Poggio Rosso** mit Aussichtsturm für die Feuerwehr.
Gleich danach im Linksbogen weiter und nach 300 m zu einer T-Kreuzung. Rechts haltend und nunmehr einem Zaun folgend am Monte Fungaia entlang. Bald abwärts, zuletzt auf einem Karrenweg, bis dieser auf eine neuerliche Schotterstraße trifft. Auf dieser links weiter, an den Häusern und den Ruinen von **Rocca Cignata** vorbei und ca. 2 km lang (Wegmarkierung Nr. 14) bis zur Asphaltstraße beim **Stausee Montedoglio**. Rechts auf der Straße hinunter zur Brücke, über diese hinüber und 1,5 km am Asphalt zu einem Rastplatz mit einem schönen Blick auf den Stausee.

Vom Stausee Montedoglio nach Sansepolcro (12 km)

Weiter auf der Straße – bald sehen wir linker Hand den Staudamm – und nach 1 km 👁 links (Schild Palazzone) auf einer Schotterstraße abwärts bis ins Tal. Hier rechts auf breiter Schotterstraße bis zu zwei Gebäuden von **Palazzone** und bei diesen (Schild Percorso lungo fiume Tevere) links weiter. Wir begegnen den ersten Tabakfeldern und haben nun mit einer 8 km langen nervigen Flachstrecke bis Sansepolcro die größte Herausforderung des Tages zu meistern.

Bei der nächsten Kreuzung rechts und später in einem Linksbogen zu einem Kanal. Diesem entlang und nach ca. 2 km über eine kleine Brücke. Weiter geradeaus, bis der Asphalt beginnt. Hier nicht rechts über die Brücke (Winkelmarkierung CAI), sondern 400 m geradeaus und in einer Rechtskurve wieder auf einer schwarz-grauen Schotterstraße geradeaus weiter. An einem Schotterwerk vorbei und mit geschlossenem Mund auf staubigem Weg bis zur Hauptstraße (gegenüber Firmengebäude Biagioli). Bald ist es geschafft! Links weiter bis zum Ortsschild Sansepolcro, dort wieder links einer vielbefahrenen Straße entlang und auf der linken Seite über die Tiberbrücke. Danach erreichen wir bei einer Tankstelle die erste Bar des Tages! Von der Bar bis vor die Autobahnunterführung, hier (Schild Sansepolcro) auf einem Feldweg rechts entlang und bei der nächsten Unterführung links hindurch. Bald eine Hauptstraße queren (nicht nach rechts

Blick auf den Stausee Montedoglio in der Nähe von Sansepolcro

dem Schild Sansepolcro folgen) und geradeaus an den ersten Häusern von **Sansepolcro** vorbei bis zur Bahn. An dieser rechts entlang, bei der nächsten T-Kreuzung links über die Gleise und neuerlich über eine Hauptstraße in die Via San Gregorio zu einem Platz. Am Ende rechts in die Via Santa Croce und 50 m bis zur Servitenkirche. Rechts der Kirche ist der Eingang zum Gästehaus (Foresteria – die obere Klingel benützen).

Sansepolcro: 16.000 EW; die Gründung und der Name der Stadt (Heiliges Grab) gehen auf die Pilger Arcano und Egidio zurück, die sich im 10. Jh. nach einer Pilgerfahrt ins Heilige Land hier niederließen und zu Ehren des Heiligen Grabes von Jerusalem ein Kloster gründeten. – Chiesa di San Francesco: in der Krypta Grabstätte des sel. Ranieri d'Arezzo (gest. 1340, mit Bruder Masseus befreundet);

Franziskus in Sansepolcro

Am Weg von La Verna nach Assisi kommt Franziskus am Rücken eines Esels nach Sansepolcro, um im Aussätzigenhospital zu nächtigen. Die Einwohner erfahren vom Kommen des Heiligen, und während er innig betet, schneiden sie kleine Stücke von seinem Habit ab. Eine Geschichte, aufgeschrieben vom Franziskusbiografen Celanus, die uns zeigt, wie verehrt der hl. Franziskus bereits zu Lebzeiten war, und die uns sehr an die Geschichte in Bologna erinnert.

Chiesa di S. Maria delle Grazie e Oratorio; Kathedrale, 14. Jh., romanisches Kreuz „Volto Santo“; Chiesa di San Rocco, Nachbau des Hl. Grabes 1554; Chiesa di San Lorenzo: Werke von R. Fiorentino; Chiesa di S. Antonio Abate, dem Mönchsvater Antonius geweiht; Chiesa di S. Chiara: Kulturveranstaltungen; Museo Civico, u. a. mit dem Auferstehungsbild des berühmten Sohnes der Stadt, Piero della Francesca, geb. 1420; Sansepolcro ist außerdem für geklöppelten Spitzen bekannt.

- *Foresteria dei Servi di Maria, im Convento dei Servi di Maria, Via Dotti 2, Fr. Margherita; Tel. 0575/742347 oder 339/6246194*
- *Alberghi, z. B. Fiorentino, Tel. 0575/740350, info@albergo-fiorentino.com, www.albergofiorentino.com*
- *Tourismusinformation gegenüber der Kathedrale, Tel. 0575/740536, info@valtiberinaintoscana.it*

Kreuzgang des Eremo Montecasale

Sansepolcro – Città di Castello

9. Etappe am Franziskusweg/Cammino di Assisi/Toskana und Umbrien

Sansepolcro 330 m		Afratal 400 m		Eremo Montecasale 680 m		Abbadiaccia 820 m		Celalba 350 m		Selci-Lama 340 m		Titta 320 m		Città di Castello 290 m
0 km	↗ 180 hm ↘ 110 hm	3 km	↗ 280 hm	6 km	↗ 240 hm ↘ 100 hm	11 km	↗ 20 hm ↘ 490 hm	17 km	→	20 km	→	25 km	→	29 km

Die heutige Etappe führt uns zur Einsiedelei Montecasale, einem stillen, franziskanischen Kraftplatz. Die Begegnung mit den drei Kapuzinerbrüdern, die noch in Montecasale wohnen, ist ein besonderes Erlebnis. Bald danach überschreiten wir die Regionsgrenze zwischen der Toskana und der Region Umbrien und steigen wieder hinunter in das Tibertal. Der Weg ist teilweise beschildert und markiert, aber nach Selci-Lama weichen wir von der ausgeschilderten Route ab.

Von Sansepolcro nach Montecasale (6 km)

Vom Gästehaus an der Chiesa dei Servi di Maria vorbei geradeaus leicht aufwärts zur Piazza Beata und zum Dom. Nach dem Municipio rechts in die Via del Ponte, vorbei an den Klöpplerinnen und bei der nächsten T-Kreuzung links aufwärts, eine erste Straße querend bis zur Hauptstraße. Dieser rechts entlang bis zur Via dei Molini. Hier links aufwärts (Schild Montecasale) bis zur Kreuzung mit der Via Galilei. Hier nicht rechts den grünen Pfeilen nach, sondern weiter geradeaus aufwärts (Schild Montecasale) bis zu einer kleinen Kirche am Ende der Via dei Molini. Kurz rechts und sofort wieder links auf einem Schotterweg weiter. Bei einer Weggabelung (Schild Strada privata) rechts aufwärts bis zu einem Haus und dort bei einem Strommasten aus Beton (Tau-Zeichen) rechts auf einem Feldweg weiter. Der Weg wird zum Steig und führt bald abwärts. Am Ende eines Olivenhains links dem Zaun entlang zu einer Schotterwegkreuzung. Hier rechts hinunter bis zu einer Asphaltstraße am Talboden der Afra und auf dieser links bis über eine Brücke, an einem Friedhof vorbei und danach rechts (Schild Eremo Montecasale) auf einem Schotterweg aufwärts. Vorbei an einem Gehöft mit einer Terrakottadarstellung des hl. Martin und einer aufgelassenen Kirche.

Der Feldweg wird zum Steig und auf diesem zuletzt steil aufwärts. Kurz vor dem Kloster machen wir einen Abstecher zum **Sasso Spicco** (WW, Franziskus sang hier mit einer Nachtigall) oder gehen gleich weiter zum **Eremo Montecasale**.

Zuerst rechts durch ein Tor in den Klosterhof (hier auch WC und Wasser) mit dem „sitzenden Franziskus" (1982) und dem Kohlgarten (Kohllegende des Franziskus). Wieder zurück und rechts über die Treppen hinauf zur Klosterkirche und den weiteren heiligen Stätten.

„Sitzender Franziskus“ (1982) in Montecasale

Eremo Montecasale: An der Stelle einer Burgruine erbauten die Mönche von Camaldoli eine Einsiedelei, die sie 1213 Franziskus übergaben. 1531 zogen Kapuziner ein, welche das Kloster heute noch bewohnen. Inschrift am Eingang zur Kirche (übersetzt): „Hier wohnten drei Heilige: Franziskus, Antonius und Bonaventura. Hier lebten drei schreckliche Räuber wie Heilige. Hier starben nicht wenige ehrwürdige Brüder im Herrn. Darum: Glücklich, wer hier in deinem Hause wohnt, Herr!“); in der Kirche Madonna mit Kind, 13. Jh., dahinter der Chor, die Zellen der Minderbrüder, das Oratorium des Franziskus (diese Pietà soll den kleinen Michelangelo zu seiner Pietà im Petersdom angeregt haben); Treppe zu einem flachen Stein (Schlafplatz von Franziskus), winziger romantischer Kreuzgang.

Die drei Räuber

Bruder Angelo stand dem Kloster als Guardian vor, als sich die Geschichte mit den drei Räubern ereignete. Diese wurden beim Kloster vorstellig und wollten Brot, doch die Brüder verjagten sie. Als Franziskus ins Kloster kam und davon hörte, wies er seine Mitbrüder zurecht und trug ihnen auf, die Räuber mit Brot und Wein im Wald aufzusuchen, sie aber auch zu bitten, niemanden mehr zu überfallen oder zu verletzen. Beeindruckt von der Barmherzigkeit des Franziskus bekehrten sie sich und traten dem Orden bei.

Von Montecasale über Celalba (11 km) nach Selci-Lama (3 km)

Von der Klosterkirche kurz links aufwärts zur überlebensgroßen Franziskusstatue, dahinter bei der Weggabelung rechts weiter. Immer aufwärts, bei der nächsten Kreuzung aus drei Karrenwegen rechts und bald danach auf einem lehmigen Forstweg weiter. Nach 1,8 km ab Montecasale bei einer Weggabelung links (Wegweiser Cammino) und nicht geradeaus. Später an einer Hausruine vorbei, danach bei einer Weggabelung rechts aufwärts bis zu einem Zaun, der gleichzeitig den Übergang des Bergkammes markiert. Hier überschreiten wir die Grenze zwischen den Regionen Toskana und Umbrien.

Auf der anderen Seite des Kammes wieder abwärts mit Blick auf das gegenüberliegende Feld von Abbadiaccia, unser nächstes Ziel. Vorerst aber vorbei an einem neu renovierten Gebäude und nach der Bachquerung bei einer Weggabelung geradeaus weiter. Nun wieder leicht ansteigend bis zu den Ruinen von **Abbadiaccia**. Nach 2 km bei einer Linkskurve der Forststraße nun rechts bei drei großen Steinen auf einem Steig abwärts. Bald ist links eine Asphaltstraße sichtbar, zu der wir nicht hinübergehen, sondern am Steig in einem Rechtsbogen weiter. Bald danach bei einem Baum mit Markierung nicht geradeaus, sondern links und sogleich über ein Feld. Der

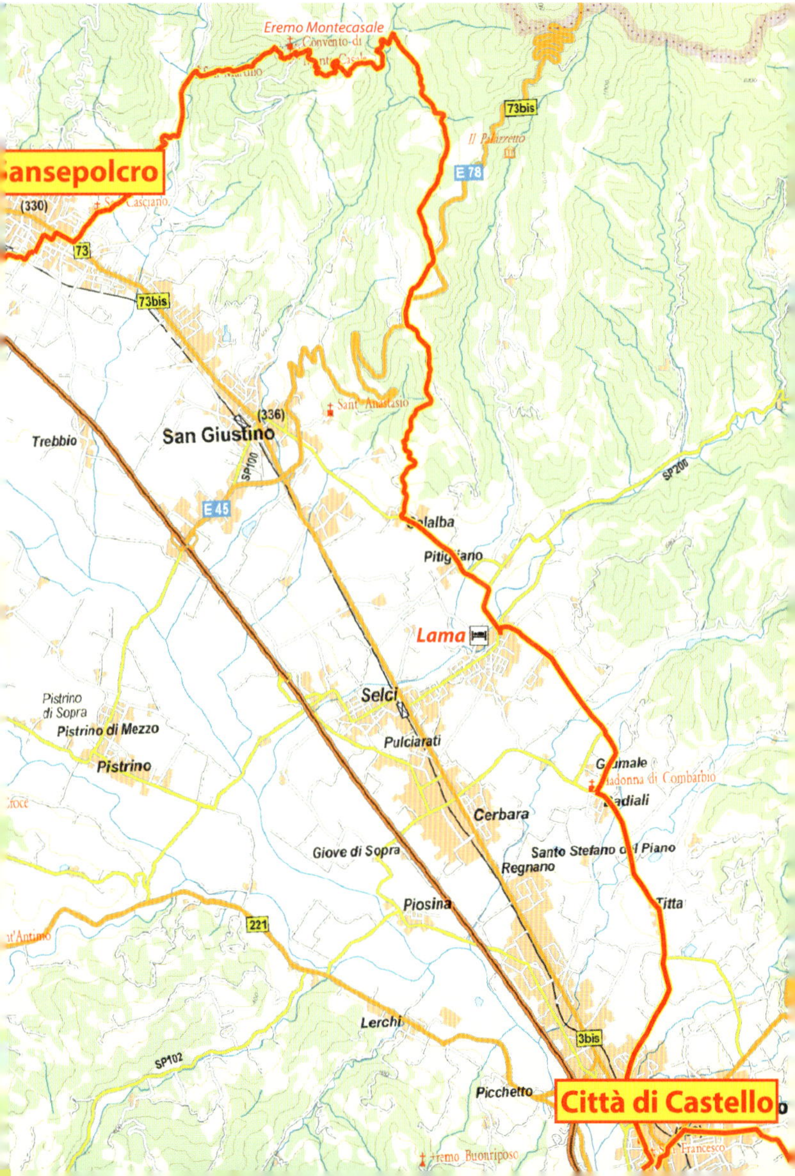

Am Franziskusweg beim Agriturcultura Somaia

Steig mündet in einen Karrenweg und auf diesem geradeaus weiter abwärts. Bei der Dreier-Asphaltkreuzung ebenfalls geradeaus (Schild Nr. 101) bis zu einem Straßenwärterhaus mit einer Gedenktafel an Garibaldi**.** Danach dem Schotterweg parallel zur Straße (Schild Celalba) folgend abwärts.

Nach ca. 1 km bei einer Kreuzung (Schild Somaia, Celalba) rechts weiter abwärts, später auf einem schwarz-grauen Forstweg bis zum Agriturismo Somaia. Bei diesem an einer T-Kreuzung rechts abwärts, bald auf eine Asphaltstraße und bis in den Ort **Celalba**. Durch den Ort hinunter und auf der Hauptstraße links in 50 m zur ersten Bar des Tages samt Alimentari. Nun auf der Straße 2 km bis zum Ort Pitigliano. Danach an der T-Kreuzung (Schild Lama) rechts in 1 km nach **Selci-Lama** (Alberghi, Agriturismo Barbarossa, Alimentari, Bars).

Von Selci-Lama nach Città di Castello (9 km)

Anmerkung: Man kann ab Selci-Lama den Bus für die letzten 9 km durch das flache Tibertal nach Città di Castello nehmen. Der Bus bleibt in Città di Castello direkt vor der Altstadt stehen.

Die unermüdlichen Pilger gehen bald nach dem Ortsbeginn von Selci-Lama vor dem rechts sichtbaren Kirchturm links in der Via Centrale (T-Cammino-Pfeile) weiter. (Anmerkung: Da man den Ort an der Peripherie quert, muss, wer eine Bar oder ein Alimentari benötigt, hier rechts in 200 m zum Hauptplatz gehen.) Nach 20 m in der Via Centrale rechts in der Via Volta weiter, bald eine andere Straße queren und ab hier in 2 km geradeaus bis zu einer Straßen-T-Kreuzung. Hier geradeaus auf einem Schotterweg weiter und in 400 m

bei der nächsten T-Kreuzung 👁 ***nicht links*** (WW Userna), sondern wir verlassen hier den Cammino und gehen nach rechts. An einem Gehöft vorbei bis zu einer Asphaltstraße, der wir links in den Ort **Titta** (Bar) folgen. Durch den Ort und weiter in 1,5 km bis zum Ortsschild **Città di Castello**. Gleich nach dem Schild bei einem Kreisverkehr geradeaus zu mehreren Häusern, danach eine Straße queren und geradeaus in die Via Pieve delle Rose. Bald durch eine Unterführung und am Ende der Via delle Rose zu einer Hauptstraße. Diese queren und in 50 m bis zu einer Stopptafel. Ab hier links (T-Cammino-Pfeile) und nun immer geradeaus auf der Viale Angelo Zampini. Von der Via XI Settembre entweder bald rechts ab in die Via San Girolamo Nr. 4–6 zur Pilgerherberge oder geradeaus weiter in die Altstadt bis zu einem links von uns liegenden Park samt Franziskuskirche. Bei der Kirche rechts in der Via del Popolo weiter und geradeaus, bis wir am **Domplatz** stehen.
An der Piazza Matteotti beginnt die Flanierstraße Corso Vittorio Emanuele, welche an der Porta Santa Maria (13. Jh.) endet.

Città di Castello: 41.000 EW; diese hübsche Kleinstadt birgt in ihrer Pinakothek Meisterwerke berühmter Maler wie Raffael und della Robbia, aber der Name des Künstlers, der untrennbar mit Città di Castello verbunden ist, ist Alberto Burri (1915–1995). Der Sohn dieser Stadt erregte mit seinen Materialbildern, besonders den *Sacchi* – Collagen aus Leinen – in den 50er-Jahren die Gemüter ganz Italiens. Heute sind sie allesamt Klassiker der Moderne, 300 Werke sind als Dauerleihgabe der Stadt überlassen, weil Burri sich weigerte, sie zu verkaufen. Wir finden sie im Palazzo Albizzini und etwas außerhalb in einer zum Museum umfunktionierten Tabakhalle und sollten uns die Zeit nehmen, die Sacchi, die riesigen schwarzen oder weißen aufgesprengten Tonreliefs und alle anderen Werke grenzenloser Kreativität auf uns einwirken zu lassen. – Chiesa di San Francesco: 13. Jh., Umbau 18. Jh.; Kathedrale Santi Florido e Manzio: Renaissancebau, im Dommuseum die „Rippe des Drachen" (siehe 39. Etappe): Dominikanerkirche: 15. Jh., Grabstätte der sel. Margherita (gest. 1320, selbst behindert kümmerte sie sich um Arme und Kranke, Patronin der Ausgestoßenen), daneben das Dominikanerkloster; Chiesa S. Maria Maggiore (14./15. Jh.), Madonna delle Grazie: 14. Jh., Umbau 18. Jh., Fresko „Il transito della Vergine" von Ottaviano Nelli, 1436.

- *Residenza Antica Canonica, Sonderpreis für Pilger, Via San Florido 23, Tel. 075/8523298 oder 347/1564910, info@umbria-holidays.net, www.umbriaholidays.net, vom Dom weiter auf der Via della Pendinella und rechts in die Via San Florido*
- *Mehrere Alberghi, u. a. Hotel Umbria, Via Sant'Antonio 6, hinter der Piazza Matteotti, Tel. 075/8554925 oder 333/7578947, www.hotelumbria.net*
- *Tourismusinformation, Piazza Matteotti, Logge Gildoni, Tel. 075/8554922, info@iat.citta-di-castello.pg.it*

31 km, 8 Std. ↗ 910 m ↘ 640 m

Città di Castello – Pietralunga

10. Etappe am Franziskusweg/Cammino di Assisi / Umbrien

Ort	Höhe	km	Auf-/Abstieg bis zum nächsten Ort
Città di Castello	290 m	0 km	↗ 170 hm ↘ 140 hm
Molino del Sasso	330 m	7 km	↗ 370 hm ↘ 50 hm
Candeggio	650 m	16 km	↗ 30 hm ↘ 120 hm
Pieve de' Saddi	560 m	21 km	↗ 100 hm ↘ 220 hm
Il Pioppo	440 m	25 km	↗ 170 hm ↘ 30 hm
Caigiangi	580 m	28 km	↗ 70 hm ↘ 80 hm
Pietralunga	560 m	31 km	

Von Città di Castello bis Assisi gibt es drei separate Markierungen, obwohl die Wege beinahe ident sind: die bisherigen des Franziskusweges/Cammino di Assisi, die gelben Tau-Zeichen von Angela Seracchioli (Franziskusweg/Di quì passò Francesco, Tyrolia-Verlag) und größere Wegschilder sowie gelb-blaue Markierungen der Via Francigena di San Francesco/Via di Roma (siehe 4. Abschnitt), dessen Beschilderungen hier beginnen und in Rom enden. Die Strecke von Città di Castello nach Gubbio umfasst insgesamt 58 km, alle Führer beschreiben sie in zwei Etappen zu 31 und 27 Kilometern. Wem das zu lange ist, der kann am ersten Tag bis zum Agriturismo „Il Pioppo" gehen (27 km), am zweiten Tag über Pietralunga bis nach Raggio (24 km) und von dort die verbleibenden 7 km bis Gubbio mit dem Bus zurücklegen.

Von Città di Castello über Molino del Sasso (7 km) nach Pieve de' Saddi (14 km)

Von der Piazza Matteotti folgen wir der Via Mazzini zur Piazza Andrea Costa und gehen weiter geradeaus vor die Altstadt zur Piazza Garibaldi (Busbahnhof). Vor bis zur Hauptstraße, kurz links bis zur Ampel und in einem Rechtsbogen (erster WW Francigena) dem Viale Raffaele de Cesare 400 m entlang, dann rechts in die Via delle Terme. Ab hier beginnen die ausgiebigen Wegmarkierungen.

Immer leicht aufwärts, am Friedhof vorbei und danach rechts auf den Schotterweg und auf diesem bis zu einer Asphaltstraße (Strommasten). Auf dieser rechts aufwärts und nach 200 m bei der Weggabelung rechts haltend geradeaus weiter. Nach ca. 1 km vor einem Gehöft rechts im spitzen Winkel auf einen Ackerweg und an dessen Ende bei einer T-Kreuzung (Anmerkung: 100 m links sind hier Wegbeschilderungen sichtbar, die aber nur in unsere Richtung weisen) wieder rechts. Nun macht der Weg eine ca. 1 km große 180°-Linksschleife, am Ende kurz aufwärts und bei einer Weggabelung links auf einem Ackerweg weiter. Bald wieder abwärts, bei einem Hof auf eine bessere Schotterstraße und hinunter bis zur Asphaltstraße.

Hier links weiter und bald danach teilen sich bei mehreren Wegweisern, z. B. 109b, die Routenmarkierungen, um sich nach 8,5 km in Candeggio wieder zu treffen. Der Cammino di Assisi biegt hier rechts auf eine kleine, abwärtsführende Asphaltstraße ab, während die anderen auf der Straße geradeaus weiterleiten. Wir folgen ***nicht*** dem Cammino di Assisi, sondern gehen auf der Hauptstraße geradeaus weiter und nach 200 m zur Bar von **Molino del Sasso** (letzte Bar für 23 km bis Pietralunga). Ab nun 1,7 km auf der Straße weiter, dann rechts auf einen Schotterweg. Vor uns sehen wir auf einer Anhöhe die Ruinen von Sporgnano. Nachdem der Schotterweg ansteigt, bleiben wir bei einer Weggabelung links und folgen diesem Weg 2,5 km aufwärts. Zunächst in Serpentinen bzw. danach länger geradeaus immer hinauf bis zu einer Asphaltstraße. Dieser nun nach rechts 3,5 km folgen, zuerst bald einmal bei einem Weiler links (Schild Pieve de' Saddi) und schließlich auf die Anhöhe von **Candeggio** (649 m). Ab hier in 1 km zu einer Viererkreuzung und nun rechts auf unserer Straße bleibend (Schild Pieve de' Saddi) in 5 km, zuerst auf und ab und ab der Hälfte dieser Distanz endgültig abwärts nach **Pieve de' Saddi**.

Pieve de' Saddi: Bereits im 4. Jh. stand an dieser Stelle eine frühchristliche Kirche und auch der hl. Bischof Floridus (6. Jh.), Patron

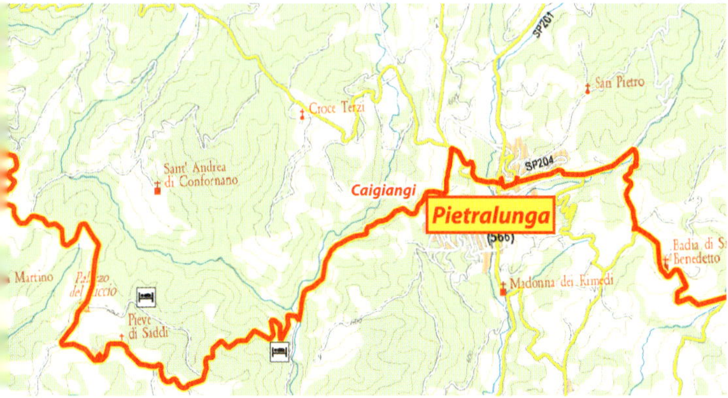

Das einsam gelegene Ensemble von Pieve de' Saddi

von Città di Castello, lebte zeitweilig hier. Einst wurde in der Kirche die „Rippe" eines Drachens aufbewahrt, den der hl. Crescentianus (3. Jh.) getötet haben sollte. Der Dinosaurierknochen findet sich heute im Dommuseum von Città di Castello. Die Kirche ist romanisch, Relief des Drachenkampfes, Krypta mit Grabstätte des hl. Crescentianus; Turm 9. Jh.

- *Pilgerherberge Ostello Parrocchiale, geöffnet vom 1. 5. bis zum 30. 9., Tel. 349/8119975, Tel. Alexja 380/5148148, Tel. Federico 329/5620677*

Von Pieve de' Saddi über „Il Pioppo" (4 km) nach Pietralunga (6 km)

Von Pieve de' Saddi 4 km weiter auf der kleinen Asphaltstraße bis zum Agriturismo „Il Pioppo".

- *Agriturismo „Il Pioppo", Tel. 075/8555258, Tel. 368/7366512, info@ilpioppocasevacanze.com, www.ilpioppocasevacanze.com*

Vom Agriturismo 300 m weiter abwärts bis zu einer Kreuzung, hier links und in 3 km, gegen Ende steil ansteigend, bis zu einer Anhöhe mit den Häusern von **Caigiangi**, wo bereits gegenüber Pietralunga sichtbar wird.

Bei der nächsten Fünferkreuzung rechts in spitzem Winkel auf einem kleinen Sträßchen kurz aufwärts, dann hinunter bis zum ersten Haus. Hier links auf einem Steig weiter abwärts bis ins Tal. Nach der Querung über Treppen hinauf zur Straße, kurz links und sofort wieder rechts auf einem steilen Sträßchen in den Ort **Pietralunga** und in diesem den WW Francigena folgend im Zickzack, zuletzt über weitere Treppen, bis zur Kirche und dem Hauptplatz hinauf. Auf der Hauptstraße 100 m links zum Hotel Tinca.

Auf den letzten Schritten nach Caigiangi wird Pietralunga sichtbar.

Pietralunga: 2300 EW; der mittelalterlich geprägte Ortskern ist bekannt für seinen Mitte Oktober stattfindenden Trüffel- und Kartoffelmarkt; Chiesa Santa Maria: 8. Jh., römisches Portal mit Inschrift.

- *Hotel Tinca, Tel. 075/9460057, info@hotel-tinca.com, www.hotel-tinca.com*
- *eventuell einfache Unterkunft beim Pfarrer Don Salvatore, Tel. 075/9460055 oder 340/0675739 (vorher anrufen)*
- *La Locanda del Borgo, Tel. 075/9460798*

Pietralunga – mittelalterliches Flair mit der Chiesa Santa Maria (8. Jh.)

40. ETAPPE

27 km, 7 Std. ↗ 680 m ↘ 750 m

Pietralunga – Gubbio

11. Etappe am Franziskusweg/Cammino di Assisi/Umbrien

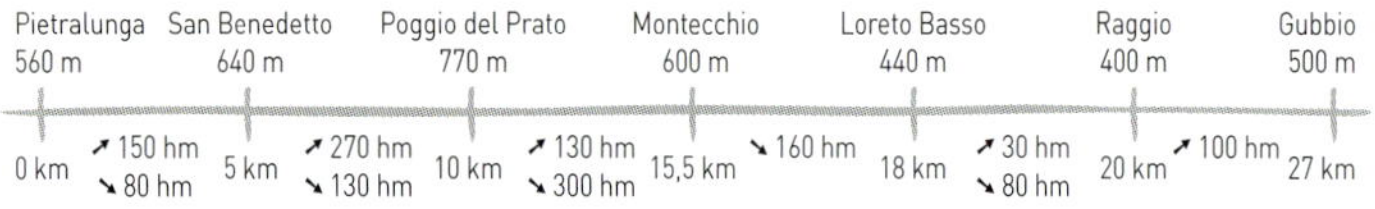

Ähnlich wie gestern pilgern wir auf der heutigen Etappe vorwiegend auf Schotter- und Asphaltsträßchen dahin. Wer hier im Herbst unterwegs ist, wird von der Farbenpracht der Buchenwälder beeindruckt sein und nicht selten einem Cacciatore (Jäger) begegnen. Dass wir auf 20 km bis Raggio keine Einkehrmöglichkeit vorfinden, gebietet uns nicht nur genügend Wasser mitzunehmen, sondern vermittelt uns auch die Abgeschiedenheit dieser Region. Von Raggio bis nach Gubbio folgt die obligate „Durststrecke" durch eine Ebene, um schließlich vor einer der schönsten Städte Italiens den Pilgerhut zu ziehen.

Von Pietralunga nach Raggio (20 km)

Vom Hauptplatz die Via Roma ca. 1 km weiter durch das Dorf hinunter bis zur Ortstafel. Bei der Kreuzung links und nach 700 m rechts auf einem Schotterweg zuerst kurz abwärts, dann länger steil hinauf

Ehemalige Abtei San Benedetto

mit einem schönen Rückblick auf Pietralunga. Vorbei an einem Gehöft und nach einer Linkskehre bis auf eine Anhöhe (hier nach links zum Agriturismo San Benedetto). Von der Höhe 50 m nach rechts hinunter auf die Asphaltstraße und dieser links folgend bis zur ehemaligen **Benediktinerabtei San Benedetto**.
Von hier in 1,7 km auf der Straße abwärts bis zum Bach und nach der Brücke sofort links auf einem Schotterweg weiter. Nun geht es 3,5 km durch einen Eichenwald hinauf, unter anderem vorbei an einem aufgelassenen Gehöft mit Pferdeweide und einiges später vor einem Haus bei einer Weggabelung rechts aufwärts bis zu einer Viererkreuzung bei einem Wasserbassin. Hier rechts und nach 800 m bei einer Linkskehre 👁 geradeaus den Markierungen folgend bis knapp unter den **Poggio del Prato**. Gleich danach auf dem Waldweg abwärts, dann eben dahin und bei einer Weide im Linksknick steil zu einem unten sichtbaren Gehöft hinab. Auf der Schotterstraße rechts, an diesem Hof vorbei und nun 1,3 km abwärts bis zum nächsten Bauernhof (Wasserhahn). Weiter bis in die Talsohle, dann wieder ansteigend. Bald beginnt der Asphalt, und nachdem sich die Straße zu senken beginnt, kommen wir alsbald zum Kirchlein **Ma-**

Umbrien – fruchtbares Land in der Ebene des Assino am Weg nach Gubbio

donna di Montecchi samt einem unbewohnten Bauernhaus. Nun in 1,5 km bis **Loreto**, wo unser Weg vor einem Gebäude nicht geradeaus weiter, sondern steil nach rechts abwärts führt. Nach weiteren 1,5 km durch die kleine Ortschaft Loreto hinunter zum großen Talbecken von Gubbio. Bei der T-Kreuzung links und danach in einem Rechtsbogen leicht ansteigend weiter und in 1,5 km durch die Häuser von **Monteleto** bis nach **Raggio**. Hier kommen wir direkt an die Hauptstraße, rechts ist eine Bar mit der Bushaltestelle nach Gubbio.

Von Raggio nach Gubbio (7 km)

Wir queren die Hauptstraße, gehen geradeaus 10 m abwärts, dann rechts und gleich danach bei einem großen Steinhaus links vorbei. Nun auf einer Schotterstraße Richtung Gubbio. Sobald der Asphalt beginnt, bei der Weggabelung rechts und nun ständig geradeaus 5 km bis zu einer Autobahnüberführung mit schönem Blick auf Gubbio. Über die Brücke und weiter der Straße und der Beschilderung folgend hinein nach **Gubbio** bis zum römischen Amphitheater (1. Jh., besterhaltenes in Umbrien). Hier links und bei der nächsten Straße rechts der Stadtmauer entlang, wo wir alsbald links durch ein Stadttor direkt zur Franziskuskirche gelangen. Vor uns breiten sich die Piazza Quaranta Martiri und die mittelalterliche Stadt aus. Vom Hauptplatz 50 m Richtung Altstadt befindet sich die Tourismusinformation.

GUBBIO: 33.000 EW, am Fuße des Monte Ingino (827 m) gelegen. – **Chiesa di San Francesco**: Die Kirche wurde neben dem Haus des Spadalungo errichtet, der seinen inzwischen mittellosen Freund Franziskus nach dem Bruch mit seinem Vater bei sich aufnahm; ein-

Die Stadt Gubbio an den Hängen des Monte Ingino

fache Hallenkirche, erbaut ab 1256, 1984 beim Erdbeben stark beschädigt, neu renoviert, in der linken Chorkapelle Szenen aus dem Leben Mariens von O. Nelli 1410, neben der Kirche Franziskusstatue mit Wolf. – Kirchlein **San Francesco della Pace** in der Via Savelli, Ort der Franziskuspredigt und des Friedensschlusses mit dem Wolf, meist geschlossen. – Gotischer **Dom**, daneben der **Palazzo Ducale**, 15. Jh., schöner Renaissance-Innenhof. – **Basilika Sant'Ubaldo**, oberhalb der Stadt mit Seilbahn erreichbar, Grabstätte des Stadtheiligen Ubaldo, Kreuzgang im ehemaligen Kloster. – **Palazzo dei Consoli**: Rathaus mit wunderschöner **Piazza della Signora**,14. Jh., mit dem **Museo Civico** (u. a. Tavole Eugubine, sieben in etruskisch und lateinisch verfasste Bronzetafeln). – **Chiesa Santa Maria Nuova**: schönes Fresko von Ottaviano Nelli (1413). – **Chiesa S. Maria della Vittoria** (auch della Vittorina genannt) am Stadtrand (siehe 41. Etappe), 9. Jh., heutiger Bau 13. Jh., schöne Fresken, 1213 an Franziskus übergeben, erster Kon-

Gubbio – Chiesa di San Francesco, 1984 beim Erdbeben zerstört und anschließend wieder aufgebaut

vent der Minderbrüder, Ort des ersten Zusammentreffens von Franziskus mit dem Wolf, über der Straße eine Franziskusstatue mit Wolf, im Park Bronzerelief von Vignoli 1988.
Jährlich am 15. Mai findet das Fest **Corsa dei Ceri** statt: Je zehn Männer laufen mit drei riesigen, 400 kg schweren „Kerzen" (Holzgestelle mit 6 m hohen Heiligenfiguren auf der Spitze) von der Piazza della Signora 300 m hinauf zur Basilika Sant'Ubaldo, in welcher dann die Ceri das ganze Jahr aufbewahrt werden; am 1. Sonntag des Mai werden die Kerzen feierlich zum Palazzo dei Consoli hinuntergebracht.

- *Mehrere Alberghi, z. B. Grotta dell'Angelo, Via Gioia 47 (rechts vom Tourismusinfo weiter), Tel. 075/9271747, infogrottadellangelo.it, www.grottadellangelo.it*
- *einfache Herberge im Oratorium der Pfarrei Madonna del Prato, Via Perugina 94, Einfahrt neben der Tankstelle und das ockerfarbene Haus dahinter, Pfarrer Don Marco, Tel. 340/9671501, madonnadelprato@gmail.com (vorher anrufen)*
- *Tourismusinformation, Via della Repubblica 15, Tel. 075/9220693, info@iat.gubbio.pg.it*

Franziskus und der Wolf

Einst versetzte ein furchterregender Wolf die Einwohner von Gubbio in Angst und Schrecken. Franziskus hatte Mitleid mit den Menschen, suchte nach dem Untier, und als dieses mit aufgerissenem Maule auf ihn zulief, machte der Heilige das Kreuzzeichen und sprach: „Komm her, Bruder Wolf! Im Namen Christi befehle ich dir, dass du weder mir noch anderen Gewalt antust." Zahm wie ein Lamm legte sich der Wolf Franziskus zu Füßen, der ihm versprach, zwischen ihm und den Menschen von Gubbio Frieden zu stiften. Der Wolf legte als Zeichen der Zustimmung seine Pfote in die Hände von Franziskus. Und als Franziskus mit dem Wolf an seiner Seite am Marktplatz erschien, lief aufgeregt das ganze Volk zusammen. Franziskus sprach zu ihnen: „Hört, Brüder, Bruder Wolf hat mir versprochen, euch in Zukunft keinen Schaden mehr zuzufügen, wenn ihr ihm versprecht, ihm jeden Tag das zum Leben Nötige zu geben." Das Volk stimmte zu und der Wolf gab als Zeichen des Versprechens Franziskus seine Pfote. Da brach Jubel aus. Fortan gaben ihm die Leute zu fressen und der Wolf lebte noch einige Zeit zahm in Gubbio.

32,5 km, 8 Std. ↗ 510 m ↘ 710 m

Gubbio – Valfabbrica

12. Etappe am Franziskusweg/Cammino di Assisi/Umbrien

Gubbio 500 m		Ponte d'Assi 410 m		Agriturismo Val-dichiascio, 640 m		Eremo San Pietro, 450 m		Stauseestraße, 350 m		Ex-Monastero S. Maria in Vado, 270 m		Valfabbrica 290 m
0 km	↘ 90 hm	5 km	↗ 270 hm ↘ 40 hm	11 km	↗ 60 hm ↘ 240 hm	16 km	↗ 80 hm ↘ 180 hm	20 km	↗ 50 hm ↘ 130 hm	29 km	↗ 50 hm ↘ 30 hm	33 km

Für diese Etappe bis Valfabbrica gibt es drei Möglichkeiten:
a) 33 km an einem Tag bewältigen.
b) Diese in zwei Abschnitte aufteilen: am ersten Tag bis zum Agriturismo Valdichiascio (11 km, jedenfalls vorher anrufen) und am zweiten weiter nach Valfabbrica (22 km).
c) Mit dem Bus vom Hauptplatz bei der Franziskuskirche (die Bushaltestelle nennt sich Branca) 10 km bis nach Mengara fahren und von hier zu Fuß in 23 km nach Valfabbrica.

Von Gubbio über Ponte d'Assi (5 km) zum Agriturismo Valdichiascio (6 km)

Wir starten auf dem Hauptplatz (Piazza Quaranta Martiri mit der Franziskuskirche):
Wer die **Variante c)** gewählt hat, fährt von hier mit dem Bus nach Mengara, geht dort direkt von der Bushaltestelle (Schild Agriturismo Valdichiascio) auf dem kleinen Nebensträßchen noch 200 m weiter und trifft bereits wieder auf den beschilderten Pilgerweg.
Für die **Variante a und b)** gehen wir von der Piazza in einem Linksbogen, die Franziskuskirche rechts liegen lassend, am Parkplatz entlang. Danach links in der Via Mazzatinti kurz aufwärts und rechts in der Via Reposati bis an deren Ende. Dort rechts hinunter durch das Stadttor und nun links (WW Francigena) der Straße entlang, nach 300 m rechts in die Via Alessandro Manzoni und schon sind wir bei einer T-Kreuzung vor einem Park. Hier gleich links steht die Franziskusstatue mit dem Wolf und über der Straße im Park sehen wir die Chiesa di S. Maria della Vittoria. Wir gehen im Park weiter leicht abwärts, sogleich bei einem großen Bronzerelief mit dem hl. Franziskus vorbei, am Ende des Parks kurz rechts und die nächste Straße links nun 3,8 km lang immer pfeilgeradeaus.
Bald einmal vorbei am unscheinbaren Ospedale di San Lazzaro (Unterkunft für Pestkranke, denen sich hier auch Franziskus widmete), die Straße wird zum kleinen Schotterweg und mündet schließlich in **Ponte d'Assi** in eine Hauptstraße.
Dieser links auf der rechten Straßenseite 900 m folgen, anschließend rechts weiter und in einem großen Linksbogen wieder hinaus zur Hauptstraße. Rechts weiter über die Brücke und danach beim

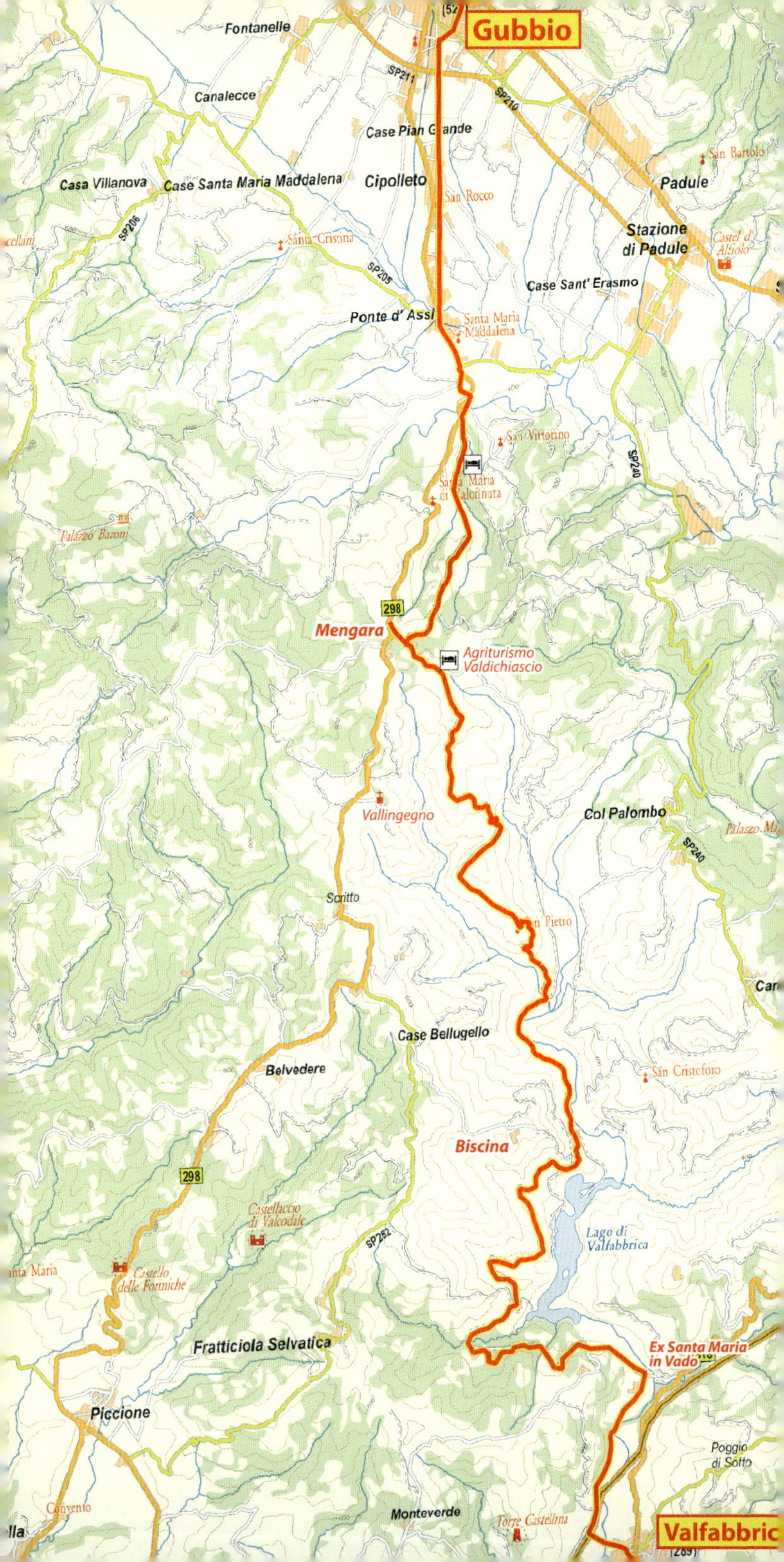

Gubbio
Fontanelle
Canalecce
Case Pian Grande
Casa Villanova
Case Santa Maria Maddalena
Cipolleto
San Rocco
Padule
San Bartolo
Stazione di Padule
Castel d' Alfiolo
Santa Cristina
Case Sant' Erasmo
Ponte d' Assi
Santa Maria Maddalena
San Vittorino
Palazzo Baroni
Mengara
Agriturismo Valdichiascio
Vallingegno
Col Palombo
Scritto
Case Bellugello
San Cristoforo
Belvedere
Biscina
Lago di Valfabbrica
Castellaccio di Valcodale
Castello delle Formiche
Fratticiola Selvatica
Ex Santa Maria in Vado
Piccione
Poggio di Sotto
Convento
Monteverde
Torre Castellina
Valfabbric
SP211
SP210
SP206
SP205
SP240
SP252
298

Ospedale di San Lazzaro, einst Pflegeort für Pestkranke

ersten Sträßchen links hinein, aber nach 20 m wieder rechts aufwärts weiter.

Nach 4 km auf dieser Straße kommen wir auf der Höhe von St. Maria di Colonnate zum Agriturismo „Ponte di Riocchio" (Tel. 075/ 9222611). Weiter auf dieser Straße aufwärts in 2 km bis zu einer T-Kreuzung. *Hier stoßen die Pilger, welche nach Mengara gefahren und von dort 200 m hierhergegangen sind (Variante c), wieder auf den Pilgerweg.*

Wir gehen links 700 m am Asphaltsträßchen weiter und dann rechts in 100 m auf einer Schotterstraße zum Agriturismo Valdichiascio (Tel. 075/ 920251, www.valdichiascio.net).

Vom Agriturismo Valdichiascio zum Eremo San Pietro (5 km)

Vom Agriturismo 3 km weiter, bald mit einem schönen Blick nach rechts hinüber auf den Glockenturm der **Abtei Vallingegno** – *Franziskus fand hier nach dem Bruch mit seinem Vater einige Tage Zuflucht, wurde aber unfreundlich aufgenommen. Deshalb zog er weiter zu seinem Freund Spadalungo in Gubbio. Später, als Franziskus schon berühmt war, hielt er sich trotzdem immer wieder hier auf. Heute in Privatbesitz und nicht zugänglich.*

Weiter am Schotterweg hinunter zum **Kirchlein von Ripe** mit einem schönen Fresko. Kurz aufwärts und

Verstecktes Kirchlein von Ripe am Franziskusweg

in 2 km weiter, inzwischen mit einem Blick voraus auf den Turm von Biscina, zur **Einsiedelei San Pietro in Vigneto**. Das Eremo ist von einem Mönch bewohnt, aber leider nicht zu besichtigen. Neben der Einsiedelei ein kleiner Rastplatz mit Wasserhahn.

Vom Eremo San Pietro bis zum Beginn der Stauseestraße (4 km)

Danach wieder abwärts und nach 800 m **_Achtung!_** Hier trennen sich bei mehreren Markierungen und Wegweisern der Franziskusweg/Cammino di Assisi von der Via Francigena und dem gelben Tau-Weg von Seracchioli: Nach rechts geht es hier auf einem Karrenweg auf der Via Francigena und dem Tau-Weg folgend weiter nach Biscina hinauf.

Wir gehen jedoch dem Franziskusweg/Cammino di Assisi folgend am Karrenweg **geradeaus** weiter Richtung Valfabbrica.

Nach 150 m bei einer Dreierkreuzung geradeaus, dann über eine freie Fläche und schließlich kurz wieder aufwärts. Auf der Anhöhe bei einer schönen Zypresse geradeaus hinunter bis zu einer Schotterstraße und hier rechts über den Bach. Dieser Straße folgen wir nun längere Zeit bis zu einer Gabelung, wo wir rechts aufwärts (Schild Cammino) weitergehen und zur Asphaltstraße kommen. Hier sehen wir bereits weit vor uns die Staumauer des – ausgetrockneten – „Stausees" des Chiascioflusses.

Auf der Straße bis zum Ex-Monastero Santa Maria in Vado (9 km)

Auf der Asphaltstraße 20 m abwärts und am Ende der Leitplanke zwei Varianten:

Variante a) auf der Asphaltstraße 9 km weiter, zuletzt vorbei an der Staumauer und danach hinunter zur Abzweigung nach Valfabbrica.

Variante b) links weiter auf dem Cammino di Assisi: Dieser Weg ist 2 km kürzer, jedoch nicht gewartet, bei Regen und Nässe nicht zu empfehlen und gegen Ende durch einen kleinen Erdrutsch beeinträchtigt. An sich gesperrt, ist er aber – auf eigene Gefahr – grundsätzlich begehbar. Man folgt in diesem Falle den Wegweisern und den grünen Pfeilen des Cammino und kommt nach insgesamt 4,3 km wieder zur Asphaltstraße hinauf. Hier dann links wie bei Variante a weiter.

Variante a) Wir gehen auf dieser Asphaltstraße in vielen Kurven talauswärts, treffen nach längerer Strecke wieder mit der Via Francigena und dem gelben Tau-Weg von Angela Seracchioli zusammen und kommen zu einer zweiten großen Brücke.

Anmerkung: *Hier gibt es eine Abzweigung, wo die Via Francigena rechts hinauf zum Kirchlein von Coccorano führt. Wer will, geht diesen Umweg (2 km und 160 Hm), stets den blau-gelben Schildern der Via Francigena folgend, hinauf zum romanischen Kirchlein von Coccorano und kommt danach wieder hinunter auf unsere Straße.* **Coccorano** *war die Stammburg des Adelsgeschlechtes der Offreduccio, aus der Klara stammte. Die Familie flüchtete während des*

Diese Barke soll bereits Franziskus über den Fluss Chiascio gesetzt haben.

Bürgerkriegs in Assisi hierher und Franziskus machte hier, wenn er wieder einmal unterwegs war, gerne Station.

Wir bleiben aber auf der Straße, gehen über eine dritte große Brücke, danach am Staudamm vorbei abwärts und in der Talsohle vor einer Brücke rechts auf eine Schotterstraße. Hier sofort wieder links und in 50 m vorbei an einem Bauernhof zum Fluss Chiascio. Hier findet sich hinter dem Gebäude unter einem Vordach die alte Barke, mit der die Reisenden und Pilger (auch Franziskus?) über den Fluss gesetzt wurden. Den „Bauernhof" genauer betrachtend fällt uns auf, dass es sich um ein stattliches Gebäude handelt. In der Tat, es ist kein anderes als das ehemalige **Benediktinerkloster Santa Maria in Vado**, das jahrhundertelang an dieser Stelle die Überfahrt am Fluss betreute.

Von Santa Maria in Vado nach Valfabbrica (4 km)

Zurück und weiter am Schotterweg bald zu einem Kirchlein, das Franziskus und Klara geweiht ist und zwei kleine, wunderschöne Medaillons der beiden Heiligen in der Fassade birgt. Nach einem Gehöft im Auf und Ab bis zu einer T-Kreuzung mit einer Asphaltstraße. Hier links, sogleich in einer Rechtskurve weiter und bei der nächsten Dreierkreuzung links (nicht geradeaus dem WW Francigena folgen), bald durch die Straßenunterführung hindurch und hinauf in den Ort **Valfabbrica** (3600 EW).

- *Ostello Francescano, Tel. 075/901195 oder 340/1607456, Frau Anna Rita, info@ostellofrancescano.com, www.ostellofrancescano.com*
- *mehrere Alberghi, z. B. Villa Verde*

42. ETAPPE

13 km, 3½ Std. ↗ 490 m ↘ 420 m

Valfabbrica – Assisi

13. Etappe am Franziskusweg/Cammino di Assisi / Umbrien

Valfabbrica 290 m		Friedhof S. Nicolò 560 m		Assisi-Tesciotal 250 m		Assisi/San Francesco 360 m
0 km	↗ 330 hm ↘ 60 hm	5 km	↗ 50 hm ↘ 360 hm	11 km	↗ 110 hm	13 km

Ein großes Pilgerziel der Christenheit vor Augen, ist diese Etappe sozusagen das Präludium für die Ankunft in Assisi. Die meisten von uns waren natürlich schon dort und kennen den Blick von der Ebene hinauf auf die Stadt, wo das gewaltige Gebäudeensemble des Franziskanerkonventes gleich einem Schiffsbug das Gesamtbild prägt. Heute aber nehmen wir einen Zugang zu dieser Stadt, den niemand kennt, der nicht diesen Pilgerweg gegangen ist. Vorbei an einer lieblichen Landschaft voller Olivenhaine taucht plötzlich aus dem Nichts die Silhouette der Franziskuskirche und der Burg von Assisi vor uns auf. Und mit jedem Schritt weiter schärft sich das Bild, die Dimensionen wachsen, Assisi wartet!

Von Valfabbrica nach Assisi (13 km)

In Valfabbrica bei der großen Kreuzung die Via Castellana abwärts, dann wieder hinauf und die Hauptstraße queren. Geradeaus weiter auf der kleinen Straße und nach 2 km vor einem braunbeigen Gehöft rechts abbiegen.

Variante: Wenn es nass ist, wird dieser Weg sehr lehmig und rutschig. Dann geht man besser auf der Straße 4 km weiter. Zuerst in Serpentinen aufwärts bis zur ersten Anhöhe mit einem Weiler, dann kurz abwärts und bei der T-Kreuzung (Schild Assisi) rechts aufwärts zur zweiten Anhöhe im Weiler San Nicolò. In einer Linkskurve durch den Ort und nun nicht mehr weit abwärts zum Friedhof von San Nicolò, wo die Wege wieder zusammentreffen.

Die Originalroute geht aber, so es trocken ist, bei diesem Gehöft rechts auf der Schotterstraße 900 m weiter, vor einem Gatter links auf einem lehmigen Steig teils steil aufwärts in 2 km bis zu einer Wiese mit einem Haus. Danach auf einer anderen Schotterstraße links abwärts und schließlich wieder ansteigend zu einer T-Kreuzung bei einer Asphaltstraße (links oberhalb ist ein Friedhof von San Nicolò).

Nun rechts in 1,4 km bis vor ein großes Gehöft mit dem ersten Blick auf die Burg und die Franziskuskirche von Assisi. Hier links auf einer Schotterstraße zuerst abwärts, nach 500 m bei einer T-Kreuzung rechts und weiter bis in ein kleines Tal hinab. Wieder aufwärts, die Schotterstraße wird zur Asphaltstraße und wir haben schon einen grandiosen Blick auf Assisi. Wieder abwärts bis zu einer T-Kreuzung mit Padre-Pio-Denkmal und dort links weiter. Nach 150 m nicht dem WW Francigena folgen, sondern rechts über eine alte Steinbogenbrücke (Galli-Brücke über den Fluss Tescio des 12. Jh., die schon von Kaiser Barbarossa benützt wurde). Danach zwei Möglichkeiten:

a) Durch den **Bosco di San Francesco** direkt zur Franziskuskirche: Dieser Pfad ist – derzeit, beachten Sie unbedingt die Hinweise am Beginn des Weges, damit Sie nicht vor dem verschlossenen Tor umkehren müssen! – begehbar von Dienstag bis Sonntag, und zwar von April bis September von 10.00 bis 16.30 Uhr und von Oktober bis März von 10.00 bis 15.30 Uhr. Nach der Brücke sofort rechts bei einer Säule mit Text (auch in Englisch) auf einem Pfad weiter. Wir gehen nun durch den Wald, immer wieder an Infotafeln vorbei, durch ein Mauertor und bald bis zu einer Asphaltstraße. Vor dieser jedoch weiter links am Pfad aufwärts und bald zur Mauer vor der Franzis-

Assisi mit der dominierenden Klosteranlage Sacro Convento und der Basilika San Francesco

kuskirche. Hier befinden sich Skulpturen sowie die Friedensglocke „Regina Pacis“ der vier Weltreligionen, welche von Bayern (Innernzell, Landau) initiiert wurde. Durch das Tor direkt auf den Platz vor der oberen Franziskuskirche in **Assisi**.

b) Wenn wir außerhalb der Öffnungszeiten des Tores die Brücke queren, gehen wir am Steig geradeaus weiter aufwärts bis zur Asphaltstraße. Dieser rechts ansteigend bis zur Porta San Giacomo folgen und nach dem Tor sofort wieder rechts abwärts direkt zur vor uns sichtbaren oberen Franziskuskirche in **Assisi**.

Von der oberen Kirche über Treppen zum Eingang der unteren Franziskuskirche. Hier beim Einfahrtstor des Klosters rechts zum Portierhäuschen, um die Pilgerurkunde für den Franziskusweg/Cammino di Assisi abzuholen. Anmerkung: Wenn wir uns für den Cammino di Assisi bereits vor der Pilgerreise angemeldet haben, liegt die Pilgerurkunde („Assisiana“) bereits namentlich ausgedruckt hier auf, ansonsten erhalten wir eben das „Testimonium viae Francisci“.

Wer möchte, nimmt mit Bruder Thomas Freidel Kontakt auf, der gerne als Ansprechpartner für Pilger zur Verfügung steht und eine Führung durch die Basilika anbietet (natürlich auf Deutsch): Tel. 392/2831099 oder 075/8190029, info@franziskaner-minoriten.de, www.franziskaner-minoriten.de, unter Angebote, Pilgerseelsorge Assisi.

Friedensglocke der vier Weltreligionen „Regina Pacis“ im Klosterpark

Assisi – die Stadt des hl. Franziskus und der hl. Klara

Franziskus und Klara

Von P. Felix Gradl OFM

Damals „wurde der Welt eine Sonne geboren“, schreibt Dante in seiner „Göttlichen Komödie“ und meint damit die Geburt des Franz von Assisi. Es war eine dunkle, verworrene Zeit. Die sozialen Gegensätze waren groß: Auf der einen Seite stand die Mehrzahl der Kleinen („minores“), auf der anderen Seite der Adel und der höhere Klerus („maiores“), ständige Fehden und kriegerische Auseinandersetzungen zwischen den Städten lähmten einen geregelten Lebensablauf und schließlich gab es auf höchster Ebene das Tauziehen um die Macht zwischen Papst und Kaiser (Innozenz III. und Friedrich II.).

Da trat einer auf – aus wohlhabender Familie (sein Vater war Tuchhändler) –, der völlig ausscherte, der auf alles verzichtete: Auf dem Marktplatz von Assisi gab der junge Mann in Anwesenheit des Bischofs seinem Vater die Kleider zurück, die er am Leibe trug. Er hatte den armen Jesus vor sich und genau so wie dieser wollte auch er leben. Franziskus hat sich mit seiner „Braut Armut“ verlobt und hat ihr hundertprozentig die Treue gehalten.

Das Beispiel des Franziskus blieb nicht ohne Folgen. Junge Männer aus angesehenen Familien schlossen sich ihm an, zuerst aus Assisi und der Umgebung, bald aus ganz Italien und auch aus dem Ausland.

Sich abzusondern und bewusst arm zu leben, haben zu seiner Zeit auch andere versucht, in redlicher Absicht, doch die meisten scheiterten, weil sie ob ihrer harschen Kritik oder z. T. militanten Geistigkeit mit der Obrigkeit, speziell mit der offiziellen Kirche in Konflikt geraten waren. Franziskus wusste um diese Problematik und scheute sich nicht, mit seinen ersten Brüdern nach Rom zu pilgern – zum mächtigen Innozenz III. Und der Papst gestattete ihnen, ein solches Leben zu führen und zu predigen. Sie nannten sich die „Minderen“ („minores“), wovon auch die Ordensbezeichnung abgeleitet ist: OFM ist „Ordo Fratrum Minorum“ (Orden der Minderen Brüder).

Ein paar Jahre später verließ auch eine junge Frau ihre noble Familie und ging bei Nacht und Nebel zu den Brüdern – mit der festen Absicht, auch ein Leben in Armut zu führen: Es war Klara von Assisi. Zum Zeichen des Bruches mit der „Welt“ hat ihr Franziskus selber die Haare abgeschnitten. Noch in derselben Nacht brachte man sie in ein nahes Benediktinerinnenkloster, um jeder bösen Nachrede zu entgehen.

Die Predigt des Franziskus bestand zuallererst in seiner Person. Keine Hasstiraden gegen Reiche und Kirche, kein Aufruf zu Gewalt –

ganz im Gegenteil. Gemäß seinem Vorbild (Jesus) zählte nur absolute Gewaltlosigkeit. Nicht einmal einen Wanderstab sollten die Brüder mitnehmen, denn er könnte gegebenenfalls missbraucht werden. In der kriegslüsternen Atmosphäre des Kreuzzuges ging Franziskus – schutzlos wie er war – zum Sultan (bei Damiette in Ägypten), um ihm von seinem armen Christus zu erzählen. Auch wenn Franziskus realpolitisch nichts erreicht hatte, so bleibt die Szene eindrucksvoll und berührend. Auch der Sultan war sehr betroffen, wie islamische Quellen berichten.

Obwohl für Franziskus „die Welt das Kloster" war, zog es ihn immer wieder in die Einsamkeit zurück. In der Abgeschiedenheit des Berges La Verna empfing er die Wundmale, ein sichtbar gewordenes Symbol für seine innige Liebe zu seinem Herrn Jesus. Wenngleich Franziskus als „Bruder Immerfroh" bezeichnet wird, darf man nicht vergessen, dass er ob seiner schwachen Gesundheit, speziell seiner Augenleiden, aber auch innerer Anfechtungen wegen vieles zu erleiden hatte.

„Gepriesen seist du, mein Herr, durch deine Geschöpfe ..." ist wohl der bekannteste Text des Poverello. Im Sonnengesang wird seine Liebe zur Schöpfung Sprache. Diese entspringt keinesfalls einer romantischen Schwärmerei oder einem hintergründigen Alleinsein mit der Natur, vielmehr nimmt er in allen Geschöpfen die Liebe seines ihn unendlich liebenden Gottes wahr. Von daher wird ihm die belebte wie die unbelebte Natur zu Schwester und Bruder. Das geht so weit, dass er auch den Tod seinen „Bruder" nennt, der ihn am Abend des 3. Oktober an seinem Lieblingsort Portiuncula liebevoll umfängt.

Die Lebensdaten des Franz von Assisi

1181/82 in Assisi geboren (auf den Namen Giovanni getauft)
1209 Bestätigung der ersten Regel
1212 Klara kommt zu Franziskus
1214 Pilgerreise nach Santiago de Compostela
1219 Franziskus beim Sultan (Ägypten)
1223 Bestätigung der endgültigen Regel
1224 Franziskus auf La Verna (Wundmale)
1226 Sterben des hl. Franziskus am Abend des 3. Oktober

Die heilige Klara

Blutjung, verträumt und schwärmerisch verspielt, Händchen haltend zwischen wogenden Getreidehalmen und rotem Mohn – Franziskus und Klara in Zeffirellis liebevoll gemachtem Film „Brother Sun, Sister Moon“ aus dem Jahre 1972.

Die Realität mag wohl etwas anders ausgesehen haben. Nun, sie hat tatsächlich geschwärmt, die etwa 12 Jahre jüngere Tochter aus der adeligen Familie Offreduccio di Favarone. Der Vater tritt in den Hintergrund, ihre gebildete Mutter, eine Dame von Welt, konnte sich kostspielige Reisen erlauben, etwa eine Wallfahrt ins Heilige Land. Eine angemessene Erziehung der Kinder war nur selbstverständlich. Klara hat im Sohn des Bernardone ihren „Schwarm“ gefunden, eine seelische Verwandtschaft hat sie miteinander verbunden: ein Leben zu führen wie er, ganz und gar in der radikalen Armut und Liebe zu ihrem armen Christus. Sie hat alles auf eine Karte gesetzt, als sie am Abend des Palmsonntags 1212 von zu Hause ausbrach und sich zu Franziskus begab, um dort den Schritt ihrer „Bekehrung“ zu realisieren. Gleichgesinnte (darunter ihre Schwestern und ihre Mutter) haben sich ihr angeschlossen – in San Damiano haben sie eine Bleibe gefunden. Klara musste ihr Leben lang um das „Privileg der Armut“ kämpfen. Man traute Frauen nicht zu, ohne fixe Mittel ganz und gar auf eigenen Beinen zu stehen. Doch in diesem Punkt gab es für Klara keinen Kompromiss. Erst zwei Tage vor ihrem Tod (1253) überbrachte ihr der Papst persönlich (Innozenz IV.) die approbierte von ihr verfasste Regel. Obwohl sie selber fast zwanzig Jahre kränklich, zum Teil bettlägrig war, galt ihre liebevolle Sorge den Schwestern und den Armen und ihrer Stadt Assisi, die sie durch ihr Gebet zwei Mal vor der Plünderung feindlicher Söldnerheere bewahren konnte.

Die Räume von San Damiano atmen bis heute ihren Geist und versetzen den Pilger in eine andere Welt.

Gedenktage der Franziskaner und der Klarissen in Assisi:

- Karfreitag: Prozession von San Rufino nach San Francesco und zurück
- Wochenende nach dem 1. Mai – Calendimaggio: Fest mit Darstellung mittelalterlicher Bräuche in historischen Kostümen
- 24. Mai: Jahrestag der Weihe der Basilika San Francesco
- 22. Juni – Festa del Voto: Prozession von San Rufino über Santa Chiara nach San Damiano

Basilika Santa Chiara, Originalkreuz von San Damiano, das zu Franziskus sprach

- 31. Juli bis 2. August: Fest des Portiuncula-Ablasses
- 11. August: Gedenktag/Fest der hl. Klara
- 12. August: Fest des hl. Rufinus
- Erstes Septemberwochenende: Cavalcata di Satriano (Ritt von Satriano) in Gedenken an die letzte Heimkehr des Franziskus nach Assisi
- 17. September: Fest der Wundmale des hl. Franziskus
- 3./4. Oktober: Gedenk- und Festtag des hl. Franziskus

Der Sonnengesang

Weltberühmt ist der Sonnengesang des Franz von Assisi. Bernardino Grecco OFM sagt über ihn: „Der Sonnengesang ist eine Einladung, die engen Räume zu verlassen und ins Freie, Weite zu gehen, in den großen Tempel dieser Welt unter dem Himmelsgewölbe, um auf dem bunten Boden der Wälder und Wiesen mit ihren Blumen und Bäumen Gott zu singen und zu loben; Demut zu üben angesichts der überwältigenden Kraft der Sonne und der unaussprechlichen Schönheit des Mondes und der Sterne, der Nützlichkeit und Reinheit des Wassers, der leuchtenden und wärmenden Kraft des Feuers, der reinigenden Frische des Windes."

Der Sonnengesang des Franziskus

Du höchster, allmächtiger, guter Herr,
Dein sind das Lob und der Ruhm und die Ehre und aller Segen.
Dir allein, Du Höchster, gebühren sie,
und kein Mensch ist würdig, Deinen Namen zu nennen.

Gelobt seist Du, mein Herr, mit all Deinen Geschöpfen,
Schwester Sonne besonders, die den Tag macht und durch die Du uns
erleuchtest. Schön ist sie und strahlend mit großem Glanz,
ein Bild von Dir, Du Höchster.

Gelobt seist Du, mein Herr, durch Bruder Mond und die Sterne;
am Himmel hast Du sie gebildet, klar und kostbar und schön.

Gelobt seist Du, mein Herr, durch Bruder Wind,
durch Luft und Wolken, durch den heiteren Himmel
und jegliches Wetter,
durch das Du Deinen Geschöpfen den Unterhalt gibst.

Gelobt seist Du, mein Herr, durch Schwester Wasser,
die sehr nützlich und demütig ist und kostbar und rein.

Gelobt seist Du, mein Herr, durch unseren Bruder, das Feuer,
durch das Du uns erleuchtest die Nacht.
Schön ist es und fröhlich und kraftvoll und stark.

Gelobt seist Du, mein Herr, durch unsere Schwester Mutter Erde,
die uns trägt und ernährt und vielfältige Früchte hervorbringt
und bunte Blumen und Kräuter.

Gelobt seist Du, mein Herr, durch jene, die verzeihen
um Deiner Liebe willen und Krankheit leiden und Not.
Selig, die ausharren in Frieden,
denn vor Dir, Du Höchster, werden sie einst gekrönt.

Gelobt seist Du, mein Herr, durch unseren Bruder, den leiblichen Tod,
dem kein lebender Mensch entrinnen kann.
Weh denen, die sterben in schwerer Sünde;
selig jene, die erfunden sind in Deinem heiligen Willen,
denn der zweite Tod wird ihnen nichts Böses tun.

Lobet und preiset meinen Herrn und dankt und dient ihm
mit großer Demut.

Obere Franziskuskirche

ASSISI: 30.000 EW, 5 Millionen Besucher pro Jahr, am Fuße des Monte Subasio (1230 m) gelegen. Alle Sehenswürdigkeiten und Geschichten dieser „unbeschreiblichen" Stadt genauer zu erzählen, würde den Rahmen dieses Buches sprengen. Daher für nähere Details bitte einen kleinen Führer anschaffen. Zudem haben Pilger das Glück, von Bruder Thomas in der Basilika San Francesco eine Führung zu erhalten.

***Innerhalb der Mauern Assisis*: Basilika San Francesco**: Grabeskirche des hl. Franziskus und einiger seiner ersten Mitbrüder, Unterkirche mit Krypta (Grabmal) und Reliquienkapelle, von der Unterkirche gelangt man über eine Treppe in den Kreuzgang und das Museum, Oberkirche mit den berühmten Fresken über das Leben des

Vogelpredigt, Fresko aus dem Bilderzyklus von Giotto und seinen Schülern in der oberen Franziskuskirche

Kreuzgang im Kloster San Damiano

Franziskus von Giotto. – **Sacro Convento**: anschließend an die Basilika das Mutterkloster der Franziskaner (nicht zu besichtigen). – **Chiesa di San Pietro**: Benediktinerkloster und Kirche existierten bereits zu Francescos Zeiten, romanisch. – **Bischofspalast**: Hier gab Franziskus seinem Vater die Kleider zurück, führte viele Gespräche mit dem Bischof und verbrachte schwerkrank die letzten Monate seines Lebens; daneben **Chiesa di Santa Maria Maggiore**: Taufkirche von Franziskus. – **Basilika Santa Chiara**: Früher stand hier die kleine Kirche San Giorgio, in der Franziskus von seinem Tode 1226 bis zur Überführung 1230 in die Basilika San Francesco bestattet war; Grablegekirche der hl. Klara; in der Seitenkapelle das Originalkreuz aus der Kirche San Damiano, das zu Franziskus sprach; Reliquien von Franziskus und Klara. – **Kathedrale San Rufino**: romanisch, benannt nach der Grabstätte des ersten, frühchristlichen Bischofs der Stadt; Franziskus predigte öfters in der Kirche und am Vorplatz. – **Piazza del Comune** mit dem **Minervatempel** (1. Jh., heute Santa Maria sopra Minerva); **Oratorio dei Pellegrini** (15. Jh., schöne Fresken); **Chiesa di Santo Stefano**: der Legende nach begann die Glocke der Kirche beim Tode Franziskus' von selbst zu läuten; Treffpunkt der deutschsprachigen Pilger; **Rocca:** große und kleine Burg, hoch über der Stadt gelegen.

Umgebung von Assisi: **Kloster San Damiano**, von der Porta Nuova ca. 1 km entfernt: ursprünglich eine kleine Kirche, in welcher das Kreuz zu Franziskus sprach: „Franziskus, siehst du nicht, dass mein Haus zerfällt? Komm, stell es wieder für mich her"; Kirche von Franziskus persönlich restauriert; hier komponierte der schwer kranke Franziskus den Sonnengesang; die hl. Klara lebte hier mit ihren Mitschwestern bis zu ihrem Tode 1253. – **Portiunkulakapelle mit der Basilika Santa Maria degli Angeli**, 5 km außerhalb von Assisi in der Talebene gelegen (Pendelbus alle 30 min vom Parkplatz vor der

Portiunkulakapelle in S. Maria degli Angeli

Porta San Pietro): Zentrum von Franziskus und seiner Minderbrüder; hier trafen sich bei den Mattenkapiteln mehrere tausend Minderbrüder; Klara wurden in Portiunkula nach ihrer Flucht aus Assisi in die Gemeinschaft aufgenommen und anschließend zur Kirche von San Paolo delle Abbadesse gebracht; Sterbeort des Franziskus Abend des 3. Oktober 1226; im 16./17. Jh. wurde über der Portiunculakapelle die riesige Basilika erbaut. – **Chiesa di Santa Maria di Rivotorto**: erste Niederlassung des Franziskus mit seinen Brüdern mit den Hütten, in denen sie lebten; hier diktierte Franziskus die erste Ordensregel. – **Einsiedelei der Carceri**: siehe Seite 227. – Einen Umweg wert sind ein Bummel bei Dunkelheit durch die beleuchtete Via del Comune Vecchio (oberhalb von San Rufino) samt Umgebung, ein Abendessen im Ristorante „La Stalla“ (Stall) am Campingplatz Fontemaggio oder die Majolikabilder mit der Darstellung von Berufen bei Margarita Alibi in der Via Metastasio 10.

- *Ostello della Pace, Via di Valecchie 4, Tel. 075/816767*
- *Gästehaus des Klosters der deutschen Schwestern von Santa Croce, Via Santa Croce 4, Tel. 075/812515, santacroceassisi@alice.it, www.santacroceassisi.com*
- *Kloster Suore Francescane Angeline, Via Metastasio 18, Tel. 075/8155116, im Kloster die Kirche San Giacomo (11. Jh.)*
- *Casa „Maria Immacolata“ (Suore Francescane Missionarie di Assisi), Via San Francesco 13b (neben dem Oratorio dei Pellegrini), Tel. 075/812267, casamaria.assisi@yahoo.it*
- *Hotel S. Giacomo, via S. Giacomo 6, Tel. 075/816778, info@hotelsangiacomoassisi.it, www.hotelsangiacomoassisi.it*
- *Hotel Ancajani, Via degli Ancaiani 16, Tel. 075/815128, info@albergoassisi.it, www.albergoassisi.it*
- *Camping und Albergo Fontemaggio, Via Eremo delle Carceri 24 (von der Porta Cappuccini noch ca. 800 m auf der Straße Richtung Carceri), Tel. 075/812317*
- *weitere Quartiere gibt es natürlich auch in Santa Maria degli Angeli, dem neueren Stadtteil in der Ebene von Assisi*
- *Tourismusinformation, Piazza del Comune, Tel. 075/8138680, info@iat.assisi.pg.it*

IV. ABSCHNITT

DER ROMWEG
VIA DI ROMA

Assisi – Rom
250 km, 12 Etappen

Der Romweg / Via di Roma

Der Romweg führt uns in 12 Etappen von Assisi über Spoleto und Rieti nach Rom. Streckenweise folgen wir den blau-gelben Tafeln der Via Francigena di San Francesco/Via di Roma, bis Spoleto teils auch dem gelben Tau des „Franziskusweges“ von Angela Seracchioli.

Bis Spoleto folgen wir der Valle Umbra, wobei wir es vermeiden, nur am Talboden flach entlangzupilgern, danach geht es über eine Hügelkette ins Valnerina. Neuerlich verlassen wir das Tal, um auf die Anhöhe der Conca Reatina, eines riesigen Beckens rund um Rieti, zu gelangen. Ab Rieti pilgern wir durch die Sabinischen Hügel bis Rom und sind dort wieder am Tiberfluss angelangt, den wir in Città di Castello verlassen haben.

Auf dem Romweg in der Nähe von Rieti

43. ETAPPE

23 km, 6 Std. ↗ 590 m ↘ 730 m

Assisi – Foligno

1. Etappe am Romweg/Via di Roma/Umbrien

Assisi/San Francesco		Carceri		Poggio Caselle		Spello		Foligno
360 m		820 m		690 m		280 m		230 m
0 km	↗ 480 hm ↘ 30 hm	5 km	↗ 130 hm ↘ 240 hm	14 km	↘ 410 hm	17 km	↘ 50 hm	23 km

Stolz erhebt sich über Assisi der Monte Subasio, und um zu den Carceri zu gelangen, müssen wir ihn ein Stück weit ersteigen. Noch überwältigt von den Eindrücken in der Stadt des Franziskus gibt es heute Natur pur. Teilweise wählen wir den Wegverlauf der beschilderten Via Francigena di San Francesco/Via di Roma, weichen aber mehrmals von deren Route ab. Es gilt also die Wegbeschreibung zu beachten und nicht nur die Hinweisschilder!

Von Assisi zum Eremo delle Carceri (5 km)

Von der unteren Franziskuskirche 2 km durch die Stadt: Zuerst aufwärts und durch die Via San Francesco bis zu einem Torbogen; dann die Via Arnaldo Fortini und die Via Portica weiter bis zur Piazza Comunale. Am Ende des Platzes die Via S. Rufino links aufwärts bis zum gleichnamigen Dom. Bei der Piazza S. Rufino sofort links die Via Porta Perlici hinauf und vor dem Stadttor rechts auf der romantischen Via del Comune Vecchio weiter. Bei der Piazza Matteotti eine Straße queren und auf der Via Eremo delle Carceri weiter aufwärts bis zur Porta Cappuccini. Nach dem Tor sofort links auf einer Zypressenallee auf Schotter weiter hinan. Nach 700 m bei einer Dreier-Weggabelung am mittleren Pfad in ca. 1 km teilweise steil ansteigend bis zum Aussichtspunkt **Montarone** (797 m). Hier rechts und eben verlaufend in 700 m bis zur Asphaltstraße nach Carceri. Auf dieser rechtshaltend in 300 m abwärts bis zu einer Straßengabelung. Rechts geht es in 50 m bis zum bereits sichtbaren Eingangstor der Einsiedelei, links gehen wir nach der Besichtigung der Carceri weiter.

Eremo delle Carceri („Kerker“ steht für die kleinen Zellen der Mönche): benediktinische Einsiedelei des 10. Jh., von Franziskus und den Minderbrüdern gerne besucht, heutiger Bau unter Bernhard von Siena, 15. Jh., Innenhof mit neuer Kapelle, im Gebäudekomplex Kapelle des hl. Bernhard, 15. Jh., Franziskuskapelle (auch Marienkapelle) mit Fresken Madonna mit Kind 1506, Kreuzigung 14. Jh.; Zelle des Franziskus, Magdalenenkapelle mit dem Grabmal des sel. Barnabas Manassei da Terni, gest. 1474; Steinbrücke mit der Steineiche (Franziskus gab hier den Vögeln den täglichen Segen); Besinnungsweg im

Eremo delle Caceri – ein von Franziskus und seinen Minderbrüdern gern besuchter Ort der Kontemplation

Klosterwald mit Bronzefiguren (u. a. liegender Franziskus), Grotten der Brüder Leo und Bernard Quintavalle, Waldkapelle.

Vom Eremo delle Carceri nach Spello (12 km)

Also 50 m zurück und in einer 180-Grad-Kurve oberhalb der Einsiedelei vorbei. Nach 800 m bleiben wir auf der Straße und folgen ***nicht*** der Via Francigena (Schild) einem Steig rechts abwärts. Auch die gelben Tau ignorierend gehen wir 3 km am Asphaltsträßchen weiter, bis dieses eine Rechtsserpentine macht. Hier am Punkt Sasso Aguzza läuft unser Weg wieder mit dem WW Francigena zusammen; eine Informationstafel weist darauf hin, dass wir uns von Februar bis Juni nicht näher als 200 m den hier in Felsen nistenden Wanderfalken nähern sollen. Daran halten wir uns, indem wir nicht von den vorgegebenen Steigen abweichen. Nun also in der Serpentine geradeaus auf einem Steig in 300 m bis zu einer kleinen Anhöhe (rechts Aussichtskuppe), dann geradeaus am CAI 56 (nicht links CAI 54) 300 m steil abwärts. Dann wieder links ansteigen und nach 900 m bei einer Weggabelung wieder links. Der Steig mündet in eine Forststraße, hier links aufwärts und bald bei einer Weggabelung rechts auf einem Karrenweg weiter.

Nach ca. 2 km bei einer T-Kreuzung mit einer anderen Forststraße geradeaus in 20 m auf eine Lichtung (eine Viererkreuzung links von uns nicht beachten). Hier befindet sich am Poggio Caselle ein schöner Rastplatz. Weiter nun auf einer Forststraße geradeaus und in 3 km bergab bis Spello. Zuerst queren wir nach einiger Zeit eine Schotterstraße, dann gehen wir auf einem Steig geradeaus eine Abkürzung hinunter, um wieder auf diese Straße zu kommen, der wir rechts durch Olivenhaine bis Spello folgen. Hier haben wir einen schönen Blick auf Spello.

In **Spello** bei der T-Kreuzung links, durch das Posterula-Stadttor und vorbei an der Chiesa S. Martino (12./13. Jh.). Gleich danach ist rechts die Kirche und das Klarissenkloster Vallegloria. Durch einen Haustorbogen hindurch und stetig dem Gässchen abwärts folgen bis zu seinem Ende. Bei der T-Kreuzung links hinunter ins Zentrum, vorbei an der Piazza und zur Chiesa di S. Andrea. Geradeaus weiter zur Chiesa Santa Maria Maggiore und dann das Gässchen Sant'Angelo hinunter bis zur römischen Porta Consolare (1. Jh.).

Spello: 8700 EW, Fronleichnamsprozession mit einem Blumenmeer auf den Straßen. – Monastero delle Clarisse Vallegloria: Das „alte“ Klarissenkloster, die erste Gründung nach San Damiano, lag außer-

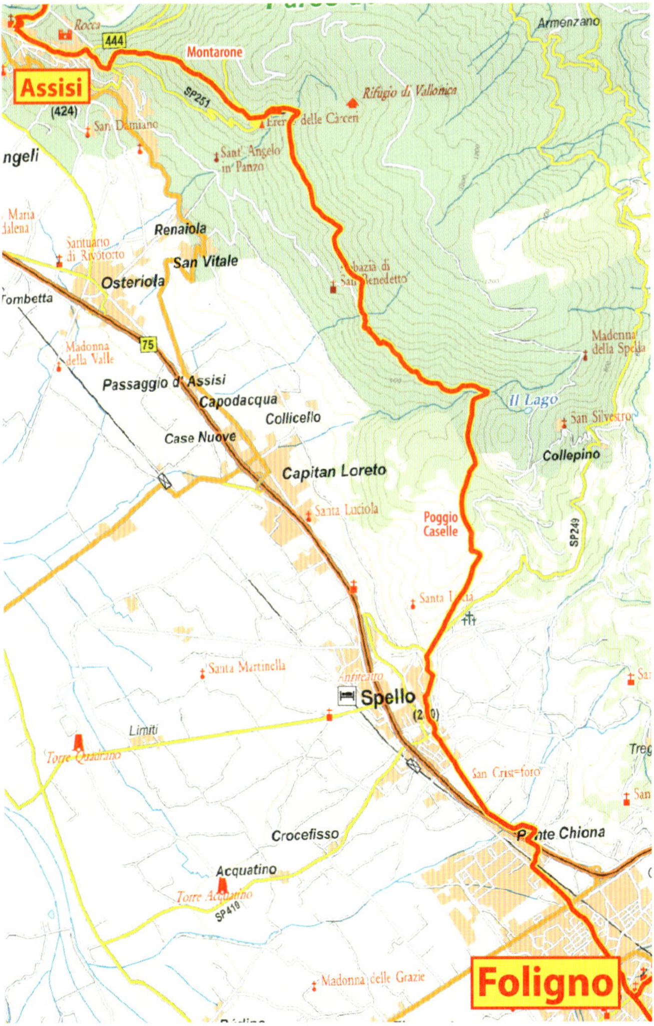

Spello – Campanile-Skyline

halb der Stadtmauern. Da es mit der Zeit für die Schwestern zu unsicher gelegen war, übersiedelten sie in ein neues Gebäude innerhalb der Stadtmauern. Das „neue" Kloster Anfang 14. Jh., Kirche mit romanischer Fassade. – Chiesa di S. Andrea: Kreuz mit kniendem Franziskus, Giotto-Schule; im linken Seitenschiff Grabstätte des hl. Andreas Caccioli (gest. 1254, Minderbruder und geistlicher Beistand der Klarissen von Valleglorìa). – Chiesa Santa Maria Maggiore: Cappella Baglioni mit Fresken des Pinturicchio von 1501.

- *Frauenkloster Santa Maria Maddalena, Via Cavour 1, Tel. 0742/301285 oder 0742/302259*
- *Alberghi, z. B. Il Cacciatore, Via Giulia 42, Tel. 0742/301603*

Von Spello nach Foligno (6 km)

Vor der Porta Consolare links durch ein anderes Stadttor, sofort rechts und wieder links, bald wieder durch einen Torbogen und ab hier immer geradeaus (***nicht*** dem WW Francigena folgen) und weiter auf der Via Centrale Umbria in ca. 2 km bis zum nächsten Ort. Nach einer Links-rechts-Kurve steht das Ortsschild Foligno und ab hier wieder dem WW Francigena nach rechts folgen, durch eine Unterführung und danach wieder links die Via Spineto kurz entlang. Diese geht in einem Rechtsbogen von der Schnellstraße weg, wir queren die Bahn und gehen in 100 m zur Hauptstraße. Hier links und dieser immer geradeaus folgend länger bis in die Stadt **Foligno.** Dort über eine Brücke und ins Zentrum, vorbei an der Chiesa di S. Giacomo (13.–18. Jh.), bei der Straßengabelung rechts die Via Venti Settembre bis zur Piazza Repubblica, links davon der Dom. Zum Ostello in 400 m von der Piazza geradeaus den Largo Carducci weiter, dann links in die Via Garibaldi. Beim Garibaldidenkmal vorbei weiter geradeaus und nach 100 m links in die Via Pierantoni zum Ostello.

Foligno – das romanische Kleinod Chiesa Maria Infraportas

FOLIGNO (58.000 EW): In Foligno lebten zwei Angelas – die selige Angela (eine franziskanische Mystikerin, gest. 1309) und Angelina von Montegiove (1377–1435), eine Witwe, die hier die Gemeinschaft der Tertiarinnen des hl. Franziskus gegründet hat. Auch Klara kam hierher, um in der Stadt ein Kloster zu gründen, aber dieses Gebäude existiert nicht mehr. – **Kathedrale San Feliciano**: ursprünglich romanisch, innen Barock; Franziskus verkaufte vor der Kirche die Stoffe seines Vaters und sein Pferd, um mit dem Geld die Kirche San Damiano zu sanieren (Inschrift an der zur Piazza Repubblica gewandten Außenseite des Doms). – **Chiesa Maria Infraportas**: romanisches Kleinod. – **Beginenkloster delle Contesse** (**auch Sant'Anna**, heute Casa Beata Angelina): Gründung der Angelina von Montegiove (gest. 1535), von 1565 bis 1797 wurde hier das berühmte Gemälde „Madonna von Foligno" von Raffael verehrt, heute vatikanische Museen. – **Chiesa di San Francesco**: Neubau 17. Jh., Grablege beider Angelas. – **Fest Giostra della Quintana** am 2. Samstag im September: Umzug mit hunderten Menschen in historischen Kostümen.

- *Ostello per la Gioventù, Via Pierantoni 23, Tel. 0742/342566; Tipp: In der daneben liegenden Osteria kann man vermittelt durch das Ostello günstig essen.*
- *Casa Beata Angelina, Via Nicolò Alunno 29, Tel. 0742/342688, info@casabeataangelina.it, nicht verwechseln mit der Casa Beata Angela in der Via Benedetto Cairoli!*
- *Tourismusinformation, Porto Romana, Corso Cavour 126, Tel. 0472/354459, info@iat.foligno.pg.it*

20 km, 5 Std. ↗ 290 m ↘ 280 m

Foligno – Settecamini

2. Etappe am Romweg/Via di Roma / Umbrien

Foligno	S. Eraclio	Matigge	Trevi	Bovara/San Pietro	Pissignano	Settecamini
230 m	230 m	260 m	410 m	270 m	320 m	240 m
0 km	4 km	8 km	10 km	13 km	17 km	20 km

0–4 km	4–8 km	8–10 km	10–13 km	13–17 km	17–20 km
→	↗ 30 hm	↗ 150 hm	↗ 20 hm ↘ 160 hm	↗ 80 hm ↘ 30 hm	↘ 90 hm

Bis S. Eraclio gehen wir auf frequentierten Straßen immer geradeaus, dann aber verläuft die Etappe auf der Route von Angela Seracchioli (gelbes Tau), die abseits des Verkehrs ruhig dahinführt. Noch deutlicher als Spello ragt der Ort Trevi mit seinen Türmen, Kuppeln und Häusern aus der Ebene der Valle Umbra in den Himmel und gegen Ende des Tages ruhen wir uns noch einmal an den Quellen des Flüsschens Clitunno aus. Es ist ein verträumter und magischer Ort, an dem die Quellen aus dem Boden sprudelnd einen kleinen See bilden, umsäumt von Platanen, Pappeln und Zypressen. Schon in der Antike war das ein heiliger Ort, hier war dem gleichnamigen Flussgott ein Heiligtum geweiht.

Von Foligno über S. Eraclio (4 km) nach Trevi (6 km)

Nach San Eraclio geht es von Foligno ab der Piazza Repubblica 4 km immer geradeaus. Zuerst den Largo Carducci, dann den Corso Cavour entlang bis an das Ende der Altstadt. Hier auf dem Viale Roma weiter geradeaus und nach ca. 1 km kurz hinauf zu einem Kreisverkehr. Diesen queren (links in einem Park eine schöne Villa), bis zum nächsten Kreisverkehr und bald nachher bei einer Straßengabelung links weiter. Durch das Stadttor von **S. Eraclio** in die kleine Altstadt und beim hinteren Tor wieder hinaus zur Chiesa S. Eraclio (gegenüber der Kirche stehen ein Brunnen und ein Denkmal an den hier ermordeten hl. Heraclius).

Von der Kirche weiter und nach 500 m links in eine kleine Straße (Tau-Zeichen). Nach der Unterführung zu einem Kreisverkehr und gegenüber auf der Schotterstraße weiter. Nach 200 m bei einer Weggabelung rechts, bei der nächsten T-Kreuzung links und danach gleich wieder rechts. Nach 700 m auf einem Feldweg bei einem Ze-

Brunnen in S. Eraclio

Olivenhaine prägen das Landschaftsbild Umbriens.

mentwerk auf der Asphaltstraße ganz kurz rechts und gleich wieder die erste linke Schotterstraße weiter. Nach 300 m bei einer Linkskurve der Schotterstraße geradeaus und weiter bis zu einem großen Feld. Hier rechts, bei den Häusern links, danach rechts und sogleich bei einer Viererkreuzung wieder links. Bald sind wir auf einem Asphaltsträßchen, welchem wir links aufwärts folgen. Bei den Häusern von **Matigge** zu Beginn der Siedlung bei der Weggabelung rechts, durch die Häuserzeilen hindurch und am Ende bei der T-Kreuzung nach links. Die Straße macht sogleich eine Rechtskurve und wir gehen sofort wieder rechts auf einer Schotterstraße weg.

Ab hier geht es ca. 4 km lang immer geradeaus nach Trevi, das wir schon vor uns auf der Anhöhe sehen. Wir queren bis Trevi vier Straßen, nach der zweiten Querung der Via delle Ginestre entlang, nach der dritten Querung auf der Via Collecchio, dann bei einer Fünferkreuzung wieder geradeaus. Kurz eben und alsbald aufwärts direkt nach **Trevi**. Oben sofort in einem spitzen Winkel rechts und vor den Häusern wieder rechts. Danach links über Treppen hinauf direkt zur Chiesa und dem Convento San Francesco (heute Museum). Von der Franziskuskirche durch den Ort zum Hauptplatz. Beim Turm links vorbei durch das Tor und bis zur Asphaltstraße. Hier findet sich rechts in einem Park die Villa Fabbri mit dem Tourismusinformationsbüro.

Trevi (8500 EW): In der Lünette über dem Eingangstor der Franziskanerkirche ist eine schöne Darstellung von Franziskus, Maria mit Kind und der hl. Klara. In der Kirche ist der hl. Ventura von Pissignano begraben. Eingang in die Kirche über das anliegende Museum.

- *Kloster Santa Lucia, Via del Crocifisso 1, Tel. 0742/78242*
- *Kloster Santa Chiara, Via Monasteri 4, Tel. 0742/78216*
- *Residence Sant'Emiliano, Rathausplatz, Tel. 348/2285443, info@residencesantemiliano.it*

Trevi – weithin sichtbar erhebt sich der Ort über der Valle Umbra.

Die Predigt von Franziskus in Trevi

Als Franziskus 1213 in Trevi predigte, wurde er von einem umherrennenden Esel gestört. Franziskus sprach zu ihm: „Mein Bruder Esel, gib Ruhe, störe mich nicht, wenn ich diesen guten Menschen Gottes Wort verkünde.“ Daraufhin kniete der Esel vor Franziskus nieder und hörte seiner Predigt zu.

Von Trevi über Bovara (3 km) und Pissignano (4 km) nach Settecamini (3 km)

Nun rechts die Via delle Fonti hinunter, wir queren eine andere Straße und sehen schon unter uns die Kirche. Zur nächsten Straße, hier rechts und sofort wieder links über Treppen zur **Chiesa Santa Maria delle Lacrime** (Fresken von Spagna und „Anbetung der Könige“ von Perugino, die Schlüssel gibt es neben der Kirche in der Klosterschule).

Zurück auf die Straße, von wo wir gekommen sind, und rechts auf einem Schotterweg weiter. Auf der nächsten Schotterstraße geradeaus, detto bei der nächsten Asphaltstraße und schon sind wir im Ort **Bovara** (Quartiere). Rechts die Hauptstraße abwärts und dann wieder rechts in die Via Don Sturzo. 20 m rechts davon befinden sich die 1700 Jahre alten Olivenbäume von S. Emiliano (beschildert). Nun weiter die Via Sturzo abwärts bis zur Chiesa di San Pietro von Bovara (romanisch, im 19. Jh. erneuert; in der Kapelle links ein Kreuz aus dem 12. Jh., vor dem Franziskus eine Nacht lang gebetet hat; leider meist geschlossen).

Santa Maria delle Lacrime am Ortsrand von Trevi

Von der Kirche wieder aufwärts und rechts die Via Giuseppe Verdi weiter. Bei der nächsten T-Kreuzung rechts und sogleich links den Ort **Fondaccio** hinauf. Bei einem wunderschönen Brunnen links vorbei und alsbald auf einem Steig an Häusern vorbei zur Asphaltstraße. Dieser rechts bis in den Ort **Pigge** folgen. Bei der Kirche, wo die Straße eine Rechtskurve macht, nach links auf einem Steig abwärts zu einem kleinen Sträßchen und auf diesem zu der schon sichtbaren Burganlage von Pissignano. Am Weg dorthin bei einer Weggabelung mit zwei Zypressen rechts haltend weiter bis in den Ort **Pissignano** hinein. Immer wieder hat man hier einen wunderschönen Blick in die Valle Umbra. Im Ort der Straße entlang abwärts bis zur großen Kirche, danach bei einer Rechtsserpentine links vor zwei gelben Häusern weiter und hinunter durch das Dorf bis in die Talsohle. (Wer die Kirche San Salvatore, den ehemaligen Tempel des Clitumnus, sehen möchte, geht hier 900 m nach rechts und entsprechend wieder retour.) Auf der Dorfstraße links weiter,

1700 Jahre alte Olivenbäume bei Bovara

Foligno
Colle di San Lorenzo
Uppello
Carpello
Colle di Scandolaro
Scandolaro
S. Eraclio
Cancellara
Santo Stefano dei Piccioni
Matigge
Manciano
Santa Maria in Valle
Pietrarossa
Coste
(412)
Trevi
Bovara
Cannaiola
Corciano
Pigge
San Lorenzo
Picciche
Pissignano
Fonte Clitunno
Campello Alto
Colle
Lenano
Beroide
Azzano
Settecamini
Campello sul Clitunno
Casale
Abbazia di Sasso Vivo
Madonna del Riparo
San Martino
Cappuccini
Madonna di Sant' Arcangelo
Tempio del Clitunno
Sant' Apollinare
Sant' Anna
Torre Matigge
San Paolo

Fonti del Clitunno – ein idyllischer Platz zum Verweilen

am Ortsende an einer Bar vorbei und gleich danach gegenüber der Hauptstraße zu den berühmten **Fonti del Clitunno**, den Quellen des Flüsschens Clitumnus (römisches Quellheiligtum mit einem kleinen See, an dem einst Tempel und Villen standen; schon von den Dichtern Plinius und Lord Byron besucht und gelobt).

Auf der Straße weiter und bald links die Straße querend zum Oratorio di S. Sebastiano (16. Jh., Fresken von Spagna) und weiter zur verfallenen Kirche San Cipriano. Ab nun geht es unterschiedlich zu den Quartieren von **Settecamini** (Ortsteil der Gemeinde Campello sul Clitunno):

a) zum B&B Ravale links und sogleich wieder links aufwärts in den Ortsteil Ravale (Pizzeria).
b) Zur Locanda Vincanta und zum Albergo Benedetti bleiben wir auf der Hauptstraße und gehen vor bis zur Bar und dem Ortsschild Settecamini.

- *Locanda Vincanta, Weinhandlung direkt neben der Bar, Tel. 347/5826894, info@clitunnocamere.it, www.clitunnocamere.it*
- *Albergo Benedetti, Via Giuseppe Verdi 32 (200 m weiter in den Ort), Tel. 0743/520080, info@hotelbenedetti.it, www.hotelbenedetti.it*
- *B&B Ravale, Via Virgilio 17, Tel. 334/1169851*

12 km, 3 Std. ↗ 120 m ↘ 10 m

Settecamini – Spoleto

3. Etappe am Romweg/Via di Roma / Umbrien

Settecamini 240 m	S. Giacomo 240 m	Chiesa San Sabino 270 m	Spoleto – Stadtplatz unten 350 m
0 km	4 km	9 km	12 km

→ (0–4 km) · ↗ 30 hm (4–9 km) · ↗ 90 hm (9–12 km)

Eine Flachetappe auf Radwegen, kurz und etwas für Sprinter, um im Radjargon zu sprechen. Bevor wir nach Spoleto kommen, gibt es mit San Sabino einen ruhigen Platz von großer Bedeutung zu erleben, aber der Höhepunkt der Etappe ist eindeutig sein Zielpunkt: Spoleto. Kaum eine Kleinstadt hat eine derartige Vielfalt zu bieten wie Spoleto – Gotteshäuser mit kirchengeschichtlicher Relevanz (u. a. mit den hll. Franziskus und Antonius), eine großartige Architektur mit dem Ponte delle Torri als Blickfang, Kulturfestivals in geballter Form, und die kulinarische Seite kommt auch nicht zu kurz.

Von Settecamini nach Spoleto (12 km)

Auf der Hauptstraße in Settecamini ab der Bar 1,2 km weiter, zuletzt durch eine Straßenbaustelle und gleich danach rechts (Schild Azzano) über die Bahn, unter der Autobahn hindurch und bald links auf den Radweg. Diesem Radweg folgen wir nun ca. 7 km. Zunächst nach 2,2 km links über eine Brücke. Wer in den Ort **S. Giacomo** zur gleichnamigen Kirche (Fresko von Spagna mit dem Hühnerwunder vom Jakobsweg, meist geschlossen) gehen will, geht geradeaus

Kirche von San Sabino in der Nähe von Spoleto

und dann wieder hierher zurück. Ansonsten sofort wieder rechts weiter und nach 3,3 km, sobald der Radweg mit gelben Belagsstreifen am Boden einen Rechtsknick macht, geradeaus auf einem Steig zu einem Sträßchen. Am Ortsschild Spoleto vorbei bis zum Ende bei einer Fünferkreuzung. Hier beim Verkehrsspiegel links, bei der nächsten Weggabelung wieder links, unter der Autobahn hindurch und bis zur Kirche von **San Sabino** (frühchristliche Krypta, Grabmal des hl. Märtyrers und Bischofs Sabinus, der neben Rufinus Schutzpatron von Assisi ist; Schlüssel im Haus nebenan).

Von der Kirche vor bis zur Hauptstraße und rechts weiter. Bald vorbei am Friedhof und neuerlich an der Ortstafel von Spoleto. Beim Kreisverkehr geradeaus (Schild Impianti sportivi), nach 200 m beim roten Schild „Einfahrt verboten" rechts und sofort wieder links. Vor bis zu den Sporthallen, danach bei der T-Kreuzung rechts und bis zur Stopptafel bei der Hauptstraße.
Dieser links folgen, durch die Bahnunterführung und danach rechts haltend geradeaus weiter bis zu einer T-Kreuzung. Dort rechts über eine Brücke und sogleich links dem meist ausgetrockneten Bachbett folgend direkt ins Zentrum bis zum Hotel Clarici in **Spoleto**.

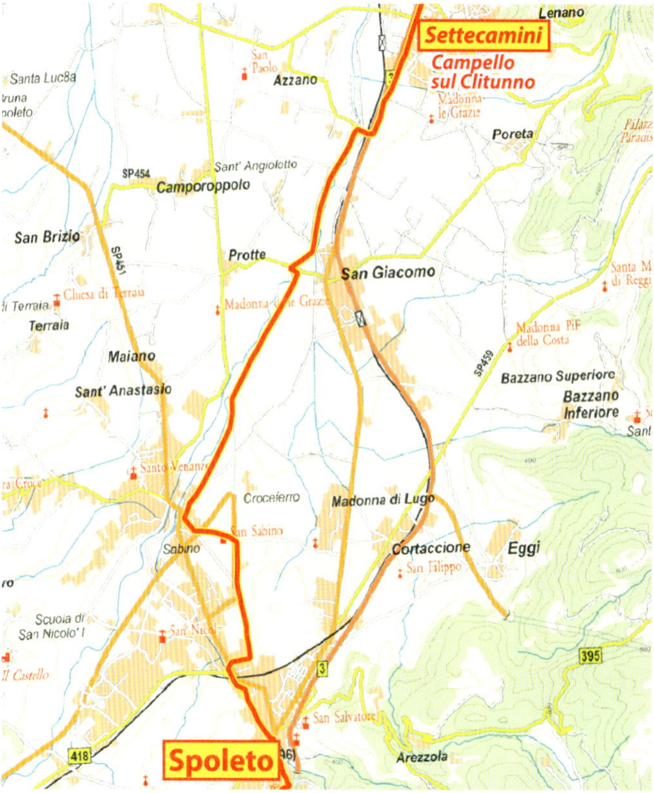

Rechts gelangt man durch zwei Tore in die Altstadt. Das Hotel Due Porte liegt direkt gegenüber der Straße. Zum Ostello Villa Redenta geht man in 600 m von hier zuerst nach links und dann bei einer Dreiergabelung die mittlere Straße weiter bis auf eine Kuppe. Danach wieder abwärts und links in die Via Villa Redenta und sofort beim ersten Haus durch den Eingang links.

Der Traum von Spoleto

1205 beschließt der 22-jährige Franziskus nach Apulien zu ziehen, um sich in Schlachten zu bewähren und möglichst als Ritter heimzukehren. Als er schläft, hört er eine Stimme, die ihn fragt, wohin sein Weg gehe. Er beschreibt seine Pläne, da spricht die Stimme zu ihm: „Wer kann dir eigentlich mehr bieten, der Herr oder der Knecht?" „Der Herr natürlich", antwortet er. „Warum lässt du dann den Herrn im Stich für den Knecht und ziehst den Untertan dem König vor?" Franziskus fragt: „Herr, was soll ich tun?" „Gehe zurück, wo du hingehörst. Dort tue, was der Herr dir offenbaren wird." Nach diesem Traum kehrt Franziskus nach Assisi zurück, um sein Leben völlig neu auszurichten.
Da bei San Sabino das Herzogtum Spoleto begann, könnte sich dieser Traum bei der Kirche von San Sabino ereignet haben.

SPOLETO – die ganze Stadt ist Bühne: 40.000 EW; im Juni/Juli findet auf den Plätzen und in den Theatern Spoletos das berühmte ***Festival dei due Mondi*** mit Opern, Schauspielen, Balletten, Konzerten und Lesungen statt. – ***Tipp für einen Spoleto-Rundgang***: zuerst zur außerhalb der Stadt gelegenen Chiesa San Pietro, danach kurz auf der nach Monteluco führenden Straße bis zur ersten Serpentine, dort geradeaus zum Ponte delle Torri, über diese Brücke hinüber und nachher links und um die Rocca herum, schließlich hinunter über Treppen zur einzigartigen Kulisse mit dem Dom. – **Dom Santa Maria Assunta:** Hier wurde Antonius von Padua am 30. Mai 1232 von Papst Gregor IX. heiliggesprochen und in der Reliquienkapelle ist der Brief von Franziskus an Bru-

Spoleto – im oberen Stadtteil liegt der Dom S. Maria Assunta

Die am Stadtrand von Spoleto gelegene romanische Kirche S. Pietro mit der berühmten Relieffassade

der Leo ausgestellt; romanischer Giebel mit Mosaik, innen barockisiert, farbiger Mosaikfußboden, links Kreuz von Sozio (1187, ähnlich dem Kreuz von S. Damiano), Apsis mit Fresken des Marienlebens von Filippo Lippi (15. Jh., Malermönch, der im Dom bestattet ist), Eroli-Kapelle mit Fresken von Pinturicchio, in der rechten Kapelle die Marienikone, welche Friedrich Barbarossa 1155 nach seiner Belagerung der Stadt überreicht hatte. – **Chiesa San Pietro**: etwas außerhalb der Stadt, Fassade mit romanischen Steinreliefs (12. Jh.). – **Sant'Eufemia**: romanisch, Emporen über den Seitenschiffen. – **Ponte delle Torri**: 80 m hoher und 230 m langer, 1350 von Gattapone erbauter Aquädukt. – **Rocca**: Meisterwerk des Gattapone.

Friedliches Landleben findet sich neben martialischen Darstellungen.

- *Ostello Villa Redenta, Tel. 0743/224936 oder 347/8924187, info@villaredenta.com, www.villaredenta.com*
- *Kloster Sant'Angelo (Istituto Bambin Gesù), Via Angelo 4, auf der Via Monterone abwärts und bei der Hausnummer 73 links abwärts durch ein Gässchen direkt zum Eingang, durch das 1. Tor hindurch und beim 2. Tor, wenn geschlossen, läuten, Tel. 0743/40232, Voranmeldung erbeten*
- *Hotel Due Porte, Tel. 0743/223666*
- *Tourismusinformation, Piazza della Libertà 7, Tel. 0743/218620 oder 0743/218621, info@iat.spoleto.pg.it*

46. ETAPPE

24 km, 7 Std. ↗ 730 m ↘ 800 m

Spoleto – Macenano

4. Etappe am Romweg/Via di Roma/Umbrien

Ort	Höhe	km	bis zum nächsten Ort
Spoleto	350 m	0 km	↗ 430 hm
Monteluco	780 m	5 km	↗ 180 hm ↘ 50 hm
Forca Porelle	910 m	7 km	↗ 90 hm ↘ 50 hm
Forcella Castelmonte	950 m	9 km	↗ 30 hm ↘ 430 hm
Pfadende/Friedhof	550 m	14 km	↘ 200 hm
Pontuglia	350 m	17 km	↘ 70 hm
Ceselli	280 m	19 km	→
Macenano	270 m	24 km	

Wir überschreiten Spoleto verlassend den Ponte dei Torri und steigen hinauf zu der in einem Steineichenwald gelegenen Einsiedelei Monteluco, um schließlich auf einsamen Pilgerpfaden durch einen wildromantischen Gebirgswald in die Valnerina, das Nera-Tal, zu gelangen. Accidenti – Donnerwetter – was für eine Etappe! Und Achtung, denn in Monteluco bietet sich die letzte Einkehrmöglichkeit, dann sind wir für die restlichen 20 km auf unsere eigenen Vorräte angewiesen.

Von Spoleto auf den Monteluco (5 km)

Vom unteren Stadtplatz links die Via dell'Anfiteatro aufwärts. Sobald diese eine Rechtskurve beschreibt, geradeaus weiter und teils über Stiegen hinauf bis zum Dom. Von dort über die große Panoramatreppe ansteigend zur nächsten Straße. Wer das Diözesanmuseum inklusive der Basilica di Sant'Eufemia ansehen möchte, geht hier 20 m rechts. Wir halten uns links, bald über eine Treppe hinauf und

Ein Wahrzeichen Spoletos ist der Aquädukt Ponte delle Torri.

Monteluco – Eingang zur franziskanischen Einsiedelei

weiter geradeaus. Links kommen wir bei einem Tor zum Eingang (Kassa) der Burganlage, an dem wir aber rechts auf der Via del Ponte vorbeigehen. Bald bietet sich uns ein herrlicher Blick auf die Chiesa di San Pietro. Nach einer Linkskurve liegt der **Ponte delle Torri** monumental vor uns. Wir gehen über diesen hinüber und haben einen schönen Rückblick auf die Festung. Nach der Brücke kurz rechts und dann links auf einen Steig, immer den Markierungen des Weges CAI-Nr. 1 bzw. dem WW Francigena folgend, stets durch den Wald, immer wieder an Gebäuden vorbei und gegen Ende die Straße querend, in ca. 3,5 km hinauf nach **Monteluco**. Dort kommen wir direkt beim Albergo Ferretti an und gehen rechts zur Einsiedelei. Tipp: Trinkwasser für den Rest der Etappe besorgen!

Monteluco ist von einem Steineichenwald umgeben, der bereits im 3. Jh. v. Chr. in der Lex Spoletina Erwähnung findet. Waldfrevler hatten dem Jupiter einen Ochsen zu opfern und eine Geldstrafe zu zahlen, heißt es dort. Die Einsiedelei Monteluco wurde im 6. Jh. von syrischen Mönchen gegründet, das Kreuz von San Damiano dürfte hier gemalt worden sein; Franziskus erhielt dieses Eremo von den Benediktinern – „Nie habe ich Schöneres gesehen als mein Tal von Spoleto!“. Der heutige Bau stammt aus der Zeit von Bernhard von Siena (14. Jh.), Grab des sel. Leopoldo da Gaiche (gest. 1815, Franziskaner, „Apostel Umbriens“), im Klosterwald Grotte des hl. Antonius.

- *Albergo Ferretti, Tel. 0743/49849*
- *Albergo Paradiso, Tel. 0743/223082*
- *Hotel Michelangelo, Tel. 0743/40289*

Von Monteluco nach Ceselli (14 km)

Vom Eremo kurz hinunter zum großen Park. Direkt vor dem Hotel Michelangelo rechts auf der Schotterstraße weiter, die bald zum Steig wird. Nach 600 m bei einer Weggabelung links, nach 700 m bei der Lichtung Il Camino auf der T-Kreuzung wieder links weiter. Nach 70 m bei einer Dreierkreuzung geradeaus auf einem Pfad aufwärts bis zu einem Asphaltsträßchen. Diesem rechts folgen bis zu den Häusern von **Le Porelle**. Nach den Gebäuden an der linken Seite von drei Wassertrögen vorbei geradeaus auf einem Steig weiter. Bei der nächsten Pfadgabelung links und nach einiger Zeit auf die Lichtung der **Forca delle Porelle** (910 m). Wir queren ein Asphaltsträßchen und gehen geradeaus am Steig wieder abwärts, dann länger eben am Hang entlang, bei der nächsten Weggabelung rechts flach weiter und schließlich aufwärts bis zur Lichtung bei der **Forcella di Castelmonte** (950 m).

Gleich danach kurz hinunter zu einer Schotterstraße. Diese queren und geradeaus auf einem Steig leicht rechts haltend weiter abwärts. Auf diesem steinigen Pfad in 1 km bis zu einer aufgelassenen Einsiedelei (geschlossen). Gleich danach auf einem Karrenweg links bis zu den verwachsenen Dorfruinen von **Sensati**. Hier links abwärts, nach 500 m auf einer Lichtung rechts weiter und in 2,5 km auf einem Pfad dem steilen Hang entlang. Unterwegs bietet sich ein

Der Pilgerpfad entlang des Monte Pàtrico eröffnet atemberaubende Tiefblicke wie auf Pontuglia.

schöner Blick hinunter auf den Ort Pontuglia. Am Ende des Steiges kommen wir bei einem kleinen Friedhof auf ein Asphaltsträßchen, dem wir links abwärts in 2 km bis in einen kleinen Weiler folgen. Danach weiter in 1,6 km hinunter bis ins Tal, über eine kleine Brücke und danach rechts am kleinen Ort **Pontuglia** vorbei. Auf der Straße nun in 1,7 km bis zu den ersten Häusern des Ortes Ceselli. Hier ist links das Ristorante „Il Ruscello" (nur Sonntag mittags bzw. Fr., Sa., So. abends geöffnet, aber man kann ja trotzdem sein Glück versuchen, ob man wenigstens etwas zum Trinken bekommt). 300 m weiter sind wir auf der Hauptstraße in **Ceselli**, dessen alter Ortskern am Hang liegt. Hier sind wir nun in der **Valnerina**, dessen Fluss **Nera** durch Terni und in den Tiber fließt. ***Anmerkung***: Ab hier Busverbindung nach Sambucheto, Macenano und Ferentillo.

Von Ceselli nach Sambucheto bzw. Macenano (4,5–5 km)

Wir queren die Hauptstraße und gehen auf einem kleinen Sträßchen weiter. Nachdem dieses ca. 100 m angestiegen ist, verlassen wir es nach rechts auf einem Schotterweg. Nun immer der linken Tal- und Flussseite entlang. Nach ca. 3 km bei einer Weggabelung rechts und nach 500 m bei den Häusern von **Terria** Achtung 👁: Beim Asphaltsträßchen rechts (vor uns unterhalb mehrere Fischzuchtbecken) über die Betonbrücke auf die Hauptstraße und dieser links 1 km bis **Sambucheto** folgen oder nochmals 500 m nach **Macenano**.

- *In Sambucheto: Albergo „Ninfa del Nera", Tel. 0744/780172*
- *In Macenano: Albergo „Ai 3 Archi", Tel. 0744/780004 oder 0744/780140, ai3archi@libero.it*

47. ETAPPE

24 km, 6 Std. ↗ 180 m ↘ 80 m

Macenano – Piediluco

5. Etappe am Romweg/Via di Roma / Umbrien

Macenano 270 m		Ferentillo 260 m		Arrone 290 m		Marmore 360 m		Piediluco 380 m
0 km	→	5 km	↗ 60 hm ↘ 30 hm	10 km	↗ 120 hm ↘ 50 hm	17,5 km	→	24 km

Steile Wände um Ferentillo – auch ein Pilgerziel, aber eines der Kletterer. Stein auf Stein – verwinkelte Gassen und Häuserensembles auf Felsen. Nie haben wir Ähnliches auf der Pilgerroute gesehen. Benvenuto nella Valnerina! – Auch heute folgen wir der durchgehend markierten Route der Via Francigena di San Francesco/Via di Roma.

Von Macenano über Ferentillo (5 km) nach Arrone (5 km)

Wer im Albergo „Ninfa del Nera" genächtigt hat, geht auf der Hauptstraße 500 m weiter bis zum Albergo „Ai 3 Archi". Von hier links hinunter zum Fluss Nera und über die Brücke zum Ortsteil Colleponte. Danach rechts und nach 100 m auf dem ansteigenden Sträßchen rechts über eine kleine Brücke und nun knapp 5 km auf der linken Tal- und Flussseite auswärts. Zunächst bei der nächsten Dreiergabelung rechts abwärts und weiter bis Ferentillo. Dieser Ort besteht aus zwei Teilen rechts und links des Nera. Wir bleiben auf der linken Flussseite, gehen also geradeaus und dann links in den Ortsteil **Ferentillo-Precetto**, direkt vorbei am B&B „Il Borgo" zu einem kleinen Platz mit Bar.

- *B&B Il Borgo, Tel. 0744/780186*
- *In Ferentillo: „I Terzieri", Tel. 0744/780551*

Am Platz rechts und über eine Brücke, danach wieder rechts in die Via delle Macchie. Nach 4 km talaus sind wir wieder auf Asphalt und 1 km weiter im Ort **Arrone**.

Ferentillo – wie Adlerhorste kleben die Orte im Valnerina an den Abhängen

Arrone – auf einem Felsen erbaut umringen alte Steinhäuser den Torre.

Links hinauf in das Zentrum, dort rechts am kleinen Platz steht die Chiesa di S. Maria Assunta (16. Jh., schöne Fresken) und von hier hinauf durch die engen Gässchen zum höchsten Punkt des Ortes mit der Chiesa di S. Giovanni (15. Jh., schöne Fresken) und der Torre. Wieder retour zur unteren Kirche, an dieser links vorbei und bald über Treppen hinunter zum Sportplatz im Talboden. In einem Linksbogen am Fuße der Felsen, auf dem der Ort thront, entlang und vorbei am Hintereingang der *Casa Vacanza Fiocchi (Zimmer, Restaurant, Tel. 0744/389961 oder 339/3987032)* bis zu einer Straßenunterführung.

Von Arrone über Marmore (7,5 km) nach Piediluco (6,5 km)

Durch die Unterführung, danach rechts und nach 20 m wieder rechts. Nach ca. 1 km am Fuße des Ortes **Castel di Lago** bei der T-Kreuzung rechts aufwärts und nach 20 m wieder rechts. Nach einiger Zeit vor einer Brücke links weiter. Nun 1,9 km dem Fluss entlang und bei einer blauen Brücke links weiter. Diesem Asphaltsträßchen 1,2 km folgen, bei der T-Kreuzung mit dem Schild Strada S. Maria del Caso rechts und nach 600 m bei einem Kreuz geradeaus weiter. Nach 700 m von der Schotterstraße links ab – hier verlassen wir die Valnerina, um auf das Plateau des Reatino hinaufzusteigen – und nun auf einem alten, historischen Weg aufwärts. Nach einer kleinen Brücke in Serpentinen steil ca. 1 km hinauf bis zur Hochfläche des **Marmore-Wasserfalls**.

Cascata delle Marmore: 165 m hoher Wasserfall, der bereits 290 v. Chr. von den Römern künstlich angelegt wurde. Die Staugewässer des Flusses Velino auf der Hochebene von Rieti bildeten einen riesigen See, der durch den Anstich der Römer in den darunter fließenden Nera entwässert wurde. Reste römischer Anlagen, z. B. Wasserbassin; 1929 Bau eines neuen Staudamms, heute wird der Wasserfall zu bestimmten Zeiten als imposantes Spektakel „eingeschaltet“; schöne Rastplätze im Wald und auf Wiesen; Quartiere, Campingplatz.

Am eingezäunten Ausgrabungs- und Besichtigungsareal vorbei, bei der nächsten Dreierkreuzung links und bei der Viererkreuzung links auf der Hauptstraße durch den Ort **Marmore**. Beim Ortsendeschild rechts und am Sportplatz vorbei bis zum Stausee **Lago di Piediluco**. Am Ufer 2 km entlang und dann links kurz auf einem Schotterweg hinauf zu Straße. Auf dieser weiter bis zu einer großen Dreierkreuzung. Ab hier für 1 km zwei Möglichkeiten: a) über die Kreuzung und geradeaus auf einem Wiesenweg wieder zum Stausee, 800 m am Ufer entlang und am Ende links auf einem verwachsenen Pfad durch Dickicht in 150 m, schließlich durch provisorische Gatter, wieder zur Straße oder b) links der Straße entlang. Auf der Hauptstraße dahin und alsbald sehen wir nach einer Linkskurve vis-à-vis der klei-

Piediluco – steil führt die Treppenfront hinauf zur Franziskuskirche (1338)

nen Bucht den Ort **Piediluco** (550 EW; Chiesa di San Francesco, 8. Jh., 1338 umgebaut, Fresko Heiligengruppe, u. a. mit hl. Jakob, von 1596 und Fresko Madonna mit Kind von Marcantonio Aquili von 1514). Weiter am Ufer entlang und am Ende der Bucht bei einer Kreuzung rechts über die Brücke in den Ort bis zur Franziskuskirche.

- *Albergo Eco, im Zentrum, Tel. 0744/368124 oder 340/5166469*

Fresko von Marcantonio Aquili (1514) in der Franziskuskirche

- *Albergo La Locanda dei Frati, oberhalb der Franziskuskirche, Tel. 0744/369169*
- *Hotel Miralago, am Ortsende, Tel. 0744/360022, info@miralagohotel.net, www.miralagohotel.net*

Weitere drei Quartiere 500 m bzw. 1 km außerhalb (siehe 48. Etappe):

- *Appartements Albornoz, Tel. 0744/368550 oder 340/3588956, www.residencealbornoz.com*
- *Osteria La Vecchia, Tel. 0744/369111*
- *Campingplatz*

48. ETAPPE

17 km, 5 Std. ↗ 610 m ↘ 260 m

Piediluco – Poggio Bustone

6. Etappe am Romweg/Via di Roma/Umbrien/Latium

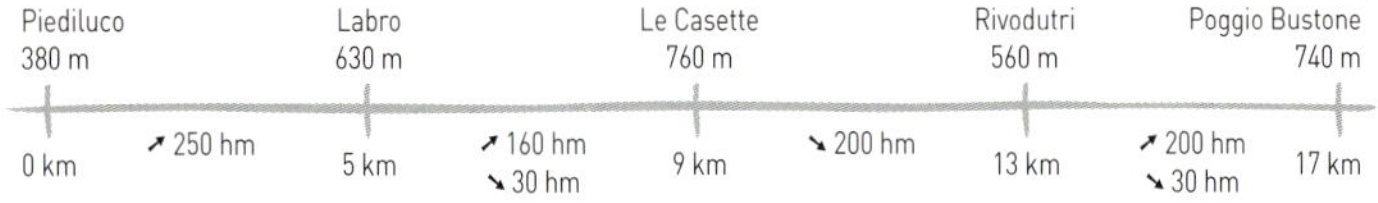

Bald hinter Piediluco betreten wir die Region Latium mit ihrer Weltstadt Rom und gleichzeitig die Provinz Rieti mit ihrer gleichnamigen Hauptstadt, die den geographischen Mittelpunkt Italiens markiert. Die bedeutendsten Sehenswürdigkeiten rund um Rieti sind die vier franziskanischen Einsiedeleien Greccio, Fonte Colombo, La Foresta und Poggio Bustone. Die Einsiedeleien dienten den Minderbrüdern als Rückzugsorte und haben alle ein ähnliches Profil: „Sie liegen an Bergen und in Wäldern von bezaubernder Schönheit, mitten in der Natur und nicht mehr als drei Kilometer von der nächsten Siedlung entfernt. Und sie verbinden das Leben in der Stille mit der Offenheit zur Welt. Sie eröffnen weite Ausblicke in die umliegende Gegend, auf die Straßen und Felder, auf Häuser und Dörfer. Die Brüder sollen in der stillen Sammlung die Lebenswelt der Menschen im Auge behalten, mit denen sie arbeiten und deren Freude und Leid sie teilen" (Niklaus Kuster). Und wenn wir am Ende der heutigen Etappe am Ortsbeginn von Poggio Bustone neben der Franziskusstatue stehen, dann wissen wir: Nichts könnte diese Stimmung besser ausdrücken als der mit ausgebreiteten Armen in das weite Rietital hinausblickende Franziskus – in aller Stille mit der Offenheit zur Welt.

Von Piediluco über Labro (5 km) nach Le Casette (4 km)

Am Ortsende nach der Tankstelle rechts, bald am Campingplatz vorbei und geradeaus an den links von uns liegenden Appartements Albornoz vorbei bis zur Hauptstraße. Auf dieser rechts und in 300 m nach der Osteria La Vecchia (Zimmer) links abbiegen. Bei der nächsten Schotterweggabelung rechts und nach 1,2 km bei einer Dreier-Asphaltkreuzung rechts. Wir überschreiten die Regionengrenze zwischen Umbrien und Latium und sehen vor uns den Ort Labro am Felsen thronen. Danach bei einer kleinen Brücke links und nun auf einem Karrenweg hinauf bis zu einem Asphaltsträßchen. Hier links bis zum alten Dorfbrunnen von **Labro**, danach steil aufwärts und vor dem Stadttor mit schönem Blick zurück auf Piediluco rechts vorbei weiter hinan. Oben auf der ebenen Hauptstraße angekommen, gehen wir auf einen Kurzbesuch nach links in den mittelalterlichen Ort. Danach wieder retour und geradeaus bis zur Dreierkreuzung. Dort kurz links (Schild Leonessa) und nun für 1 km hinauf zum Weiler

Colle Rucciolo entweder auf der Straße oder sogleich wieder rechts (WW Francigena) auf einem Karrenweg. Von Colle Rucciolo auf der Straße 400 m weiter aufwärts bis zum oberen Ortsschild und gleich danach links auf eine Schotterstraße. Nach 250 m bei einer Dreierkreuzung geradeaus, beim nächsten Asphaltsträßchen rechts, bald danach bei einer T-Kreuzung wieder rechts hinüber zu einigen Häusern. Bei der nächsten T-Kreuzung rechts und am Friedhof vorbei hinein in den Weiler **Le Casette**. Wir gelangen auf die Hauptstraße (Pizzeria, Bar L'Arte Di Apicius) und gehen auf dieser geradeaus bis zu einem Bildstock mit einem gemalten Kreuz, wo wir die Hauptstraße geradeaus wieder verlassen.

Von Le Casette über Rivodutri (4 km) nach Poggio Bustone (4 km)

Bei der nächsten größeren Straße rechts und bald zu einer großen Dreierkreuzung mit einem Lager der Straßenverwaltungsbehörde A.N.A.S. ***Hier verlassen wir die Via Francigena*** (nicht links hinter der Blechhütte aufwärts) und gehen rechts (Schild Rivodutri) auf der Straße 4 km hinunter bis zum Beginn des Ortes **Rivodutri**. Dort links kurz die Via Emidia Bagnoti hinauf und wieder hinab bis zur Kreuzung in der Ortsmitte. Hier links auf der Straße in 3 km bis zur Abzweigung nach Poggio Bustone. Zunächst bis zum Ortsende von Rivodutri, dann über eine Brücke und länger bis zur Kreuzung mit der Straße, die nach Poggio Bustone führt. Hier links aufwärts bis zum Beginn von **Poggio Bustone** bei einer Kreuzung mit einem großen, braunen Informationsschild (Sehenswürdigkeiten).

Nicht geradeaus in den Ort, sondern die Serpentine links weiter, bei der nächsten Serpentine rechts und bald vorbei am mit ausgebreiteten Händen in das Rietital blickenden Franziskus. Am Anfang des oberen Ortsteiles ist links das Ristorante Locanda Francescana**,** dessen Besitzer auch das Ostello betreibt. Daher am besten gleich im Restaurant bei Feliciano bezüglich eines Quartiers nachfragen. Sollte er nicht hier sein, dann einfach 100 m weiter bis zur nächsten Bar. Von hier sehen wir rechts direkt hinunter zum Ostello (Haus beschildert). 50 m weiter bei der Linksserpentine geradeaus in den alten Ortskern von Poggio Bustone und zu Beginn rechts abwärts in

Poggio Bustone – „Guten Tag, gute Leute" begrüßte einst Franziskus die Einwohner dieses fantastisch gelegenen Ortes.

100 m zum Ostello. Befreit vom Gepäck besichtigen wir nun Poggio Bustone und die franziskanischen Stätten.
Durch enge Gässchen immer aufwärts bis zum oberen Stadttor mit einer Kirche. Von hier die Via S. Giacomo weiter aufwärts bis zum Convento und der Chiesa S. Giacomo.

POGGIO BUSTONE: 2200 EW, **Einsiedelei** der Benediktiner, die Franziskus von den Einwohnern Poggio Bustones erhielt; Kirche S. Giacomo: 14. Jh., Chor 17. Jh.; Kreuzgang: Fresko der Madonna (15. Jh.); vom Kreuzgang hinunter in das Oratorium des Franziskus, daneben eine neue Kapelle; Kloster: 13. bis 17. Jh. – Zum Franziskusdenkmal und zur Felsengrotte **Sacro Speco** gehen wir bei der Kirche zuerst die Treppen hinauf zu einem kleinen Asphaltsträßchen.

„Buon giorno, buona gente!"

„Guten Tag, gute Leute!" – so begrüßte einst Franziskus die Einwohner von Poggio Bustone. Diese Einsiedelei ist neben La Foresta, Fontecolombo und Greccio eines der vier berühmten franziskanischen Klöster rund um Rieti. Bereits zu Beginn der Bruderschaft 1209 war Franziskus in Poggio Bustone und zog sich hier zurück, um sich in einer mystischen Erfahrung über die Zukunft des jungen Ordens klar zu werden. Dann rief er seine acht Mitbrüder zu sich und gab ihnen den Auftrag zur Missionierung: „Liebe Brüder, geht je zwei und zwei in verschiedene Weltgegenden, verkündet den Menschen den Frieden und ruft sie auf zur Buße."

Kirche und Kloster San Giacomo oberhalb von Poggio Bustone

Sogleich die erste Treppe nach links zum Franziskusdenkmal, wieder retour und 100 m weiter wieder links in 200 Höhenmetern und ½ Stunde hinauf zur Felsengrotte **Sacro Speco**, Gebetsplatz des Franziskus, Grotte mit einer kleinen Kapelle.

- *Ostello, Tel. 0746/689301, 0746/688688 oder 347/4150455*
- *Kloster S. Giacomo, Tel. 0746/688916, poggiobustone@santuarivallesanta.it*

Sacro Speco – ein beliebter Gebetsplatz des Franziskus

19 km, 5 Std. ↗ 260 m ↘ 590 m

Poggio Bustone – Rieti

7. Etappe am Romweg/Via di Roma/Latium

Poggio Bustone 740 m		San Liberato 560 m		Cantalice 660 m		Chiesa San Felice 580 m		La Foresta 520 m		Rieti 410 m
0 km	↗ 30 hm ↘ 210 hm	4 km	↗ 130 hm ↘ 30 hm	7 km	↗ 40 hm ↘ 120 hm	11 km	↗ 60 hm ↘ 120 hm	13 km	↘ 110 hm	19 km

Conca Reatina, das Becken von Rieti, heißt die vom Velino durchflossene Hochfläche, die wir heute durchwandern. Wir genießen die von Bergen umrahmte Landschaft, die vom östlich gelegenen 2216 m hohen Monte Terminillo überragt wird. Das bekannte Massiv des Gran Sasso mit nahezu 3000 Metern liegt auch gerade einmal 70 km Luftlinie entfernt. Wir folgen anfänglich der Beschilderung der Via Francigena di San Francesco/Via di Roma, dann den Holzschildern des Cammino di Francesco.

Von Poggio Bustone nach Cantalice (7 km)

Vom Ostello kurz retour aufwärts und rechts die Via San Franceso hinunter, sich dabei immer links halten bis zum Asphaltsträßchen. Dort weiter links bis auf eine Kuppe, vorbei an einem Brunnen und auf einem gepflasterten Weg in einer Rechts-links-Serpentine abwärts. Wir queren in einem großen Rechtsbogen ein Tal und gehen nach 250 m bei der Weggabelung links (Schild La Foresta) weiter. Nach 2,5 km bei einem Forstweg links weiter und bald rechts am Steig abwärts weiter. Gleich wieder auf den Forstweg und auf diesem geradeaus hinunter. Beim Asphaltsträßchen geradeaus hinüber zu einem Haus und in 1,5 km bis in den nächsten Weiler **San Liberato**. Sobald die Straße in einer Rechtskehre abwärtsführt, gehen wir geradeaus zwischen zwei Häusern hindurch aufwärts. Ab nun weisen uns Holztafeln den Weg. Bei der nächsten Weggabelung rechts auf einem Steig weiter und in 1,5 km am Hang entlang zu den

Cantalice – Haus auf Haus samt Chiesa S. Felice und Burg wächst der Ort dem Himmel entgegen.

ersten Häusern von **Cantalice** (2800 EW; befestigter Ort auf einem spitzen Hügel; Chiesa di San Felice, 17. Jh., Geburtsort des Kapuzinerheiligen Felice da Cantalice). Auf der kleinen Straße hinunter ins Tal, geradeaus und nach 100 m 👁 links (Schild Centro storico) über Treppen die Via Valentini hinauf bis zum oberen Stadtzentrum.

Von Cantalice zur Einsiedelei La Foresta (6 km)

Von Cantalice der Beschilderung folgend auf der Via del Castello bis vor zur Hauptstraße. Dort rechts, vorbei an der Chiesa SS. Maria

Santuario La Foresta – zweite der vier franziskanischen Einsiedeleien rund um Rieti

delle Pace, nach 50 m bei der Kreuzung geradeaus und nach 100 m links weiter. Nach 1,5 km bei einer Weggabelung (Schild Via Pascoli) rechts abwärts und nach weiteren 1,5 km zum **Santuario di San Felice all'Acqua** (12. Jh.). Vor der Kirche links vorbei weiter abwärts und nach 300 m bei der nächsten Weggabelung links auf einer Schotterstraße an Leitplanken entlang. Der Weg beginnt bald wieder abwärts zu gehen, wird zum Karrenweg, der uns länger bis in die Talsohle zu einem Asphaltsträßchen leitet. Hier links, dann rechts über die Brücke und sofort danach wieder rechts am Waldweg Via Foresta weiter. Am Ende dieses Forstweges geradeaus auf einem Pfad in den Wald hinein, und nach einiger Zeit sehen wir schon oberhalb von uns die **Einsiedelei La Foresta**, zu der wir am Ende über einen gepflasterten Weg hinaufgehen.

Eremo La Foresta: Während seiner Augenbehandlung in Rieti hielt sich Franziskus gerne hier auf. Wegen ihm kamen die Menschen in Scharen und „bedienten" sich so nebenbei im Weinberg. Der Priester beschwerte sich darüber bei Franziskus. Dieser beruhigte ihn und siehe da, die Traubenernte fiel genauso reichlich aus wie die Jahre zuvor. Das Kloster liegt von Mauern umgeben (Kreuzwegstationen aus Kermaik, 18. Jh.) in einem Halbrund. Vor dem Eingang eine Figurengruppe mit singendem Franziskus inmitten seiner Mitbrüder. Heute beherbergt das Kloster die Gemeinschaft Mondo X, die Drogenabhängige

Tau-Fenster in der Marienkapelle

betreut. – Kapelle San Fabiano: Fresken 15. Jh.; Marienkirche: Madonna mit Kind (17. Jh.); Kreuzgang: 14. Jh., mit der Wohnstätte des Franziskus; vom Kreuzgang zur Grotte des Franziskus; *Anmerkung*: Es wird unter Fachleuten diskutiert, ob sich Franziskus tatsächlich hier und nicht in der Kirche San Fabiano in Campo Moro am Stadtrand von Rieti aufgehalten hat.

Von der Einsiedelei La Foresta nach Rieti (6 km)

Ab der Einsiedelei in einem Rechtsbogen um das Freigelände herum aufwärts, auf der Hauptstraße geradeaus hinunter in 3,5 km bis zum Ortsschild Rieti und bald zu einem großen Kreisverkehr (*Anmerkung*: Rechts geht es hier in 2 km zum Ort Quattrostrade und zum Frauenkloster Madre Cabrini). Den Kreisverkehr queren und geradeaus weiter zu Wohnblöcken, beim nächsten Kreisverkehr wieder gerade und dann beim Spielplatz links weg. Beim nächsten Kreisverkehr geradeaus an einer Tankstelle vorbei immer Richtung Zentrum. Schließlich über Bahngleise, beim nächsten Kreisverkehr schon hinein in die Altstadt, weiter geradeaus und allmählich ansteigend in einem großen Linksbogen direkt zum Dom, wo uns Franziskus persönlich empfängt. Weiter geradeaus in die Via Cintia – hier im Haus Nr. 89, I. Stock, befindet sich das Tourismusbüro ATP –, bald danach zur Piazza Mazzini. Den Platz geradeaus queren, geradeaus in der nächsten Straße weiter und bald rechts in die Via Ceroni zur Piazza S. Rufo. Schon stehen wir im Mittelpunkt Italiens mit dem Denkmal Ombelico d'Italia – der Nabel Italiens.

RIETI (48.000 EW) ist der geographische Mittelpunkt Italiens und liegt, durchflossen vom Velino, am Südrand des Reatino. Während seiner Reise ins Heilige Land mit einer Augenkrankheit infiziert, unterzog sich Franziskus 1225 in Rieti einer schmerzhaften Behandlung: Die Schläfen wurden mit glühenden Eisen ausgebrannt, was ihn schwer gezeichnet hat. – **Stadtmauern**: 13. Jh.; **Kathedrale**: romanisch, 1225, Hauptaltar Franziskus geweiht, vor dem Dom Statue des Franziskus von 1927; **Bischofspalast (Palazzo Vescovile)**: hier wohnte Franziskus während seiner Augenbehandlung, Baubeginn 13. Jh., Erdgeschoss mit zweischiffigem Portikus und gotischem Gewölbe; hinter dem Bischofspalast der **Arco del Vesovado**: 13. Jh., **Chiesa di San Francesco**: romanisch-gotisch, Krypta, am Hauptaltar Darstellung der Stigmatisation des Franziskus; wunderschönes **Teatro Flavio Vespasiano**: Ende 19. Jh.; **Ponte Romano**: römische Brücke über den Velino.

- *B&B La Camelia, direkt hinter dem Dom die Treppen hinunter in die Via S. Anna 21, Tel. 331/4400198, 349/8467496 oder 0746/481978*
- *Mehrere Hotels, z. B. „Europa", Via San Rufo 49, Tel. 0746/495149, hoteleuroparieti@virgilio.it, www.hoteleuroparieti.it*
- *Kloster Madre Cabrini, Via Santa Francesca Saverio Cabrini 5, Tel. 0746/200727, villacabrini@virgilio.it; 4 km außerhalb in einem*

wunderschönen Park am Ortsende von Quattrostrade, neu renoviert, am besten mit dem Taxi hinbringen lassen.

- *Tourismusinfo APT neben der Kathedrale in der Via Cintia 89, I. Stock; hier gibt es auch Unterlagen für die Strecke von Rieti nach Rom, die teilweise für unsere nützbar sind.*

Tipp: In Rieti sollte man einen Rasttag einlegen, um vom Bahnhof mit dem Bus zu den restlichen zwei der vier franziskanischen Einsiedeleien rund um Rieti zu fahren, dem Eremo Greccio und dem Eremo Fonte Colombo.

Eremo Greccio: Einsiedelei, in der Franziskus 1223 die Geburt Christi mit Personen darstellen ließ: der Ursprung der Weihnachtskrippe.

Eremo Fonte Colombo: Franziskus diktierte hier Bruder Leo die Ordensregeln; altes Tau-Zeichen in der Magdalenenkapelle.

50. ETAPPE

22 km, 5½ Std. ↗ 340 m ↘ 260 m

Rieti – Poggio San Lorenzo

8. Etappe am Romweg/Via di Roma/Latium

Rieti 410 m		San Giovanni Reatino 420 m		Ponte Sambuco 480 m		Colonnetta 640 m		Weggabelung Torricella/ San Lorenzo 600 m		Poggio San Lorenzo 490 m
0 km	→	10 km	↗ 90 hm ↘ 20 hm	14 km	↗ 180 hm ↘ 20 hm	17 km	↗ 70 hm ↘ 110 hm	19,5 km	↘ 110 hm	22 km

Mit Rieti verlassen wir Franziskus, der uns von Camaldoli bis hierher begleitet hat. Aber wir werden ihn in Rom wieder treffen – am Denkmal mit seinen Mitbrüdern vor der Lateransbasilika oder als Papst Franziskus beim Angelusgebet oder bei der Generalaudienz. Mit dieser Etappe starten wir jedenfalls in die ultimativen 100 km unserer Pilgerreise, noch fünf Tage und unser Ziel ist erreicht. Bekanntlich führen ja alle Wege ...

Von Rieti nach San Giovanni Reatino (10 km)

Bei der Franziskusstatue vor der Kathedrale rechts in die Via Cintia bis zur Piazza Vittorio Emanuele II, danach rechts die Via Roma abwärts und vor dem Ponte Romano links durch die Via Francesco bis zur Franziskuskirche. Von der Kirche weg nach links über die Fußgängerbrücke (Fluss Velino), bald danach die Hauptstraße queren und weiter in der Via della Cavatella. Nach einer Rechtskurve links ab in die Via Fonte Cottorella, unter der Autobahn hindurch und geradeaus bis zur **Fonte Cottorella** (Park mit heißen Quellen). Von dort weiter geradeaus (Schild Via di Roma nach rechts ignorieren) und nach 200 m beim Straßenschild „50 km/h" rechts den Schotterweg hinunter. Das Tal queren bis zur Strada Statale bei einer Tankstelle, dann nach links auf einem Wanderweg 2,5 km neben der Straße. Am Ende 50 m auf der Straße und links ab (Schild Restaurant New Country) bis zum Bach. Dort an der rechten Bachseite rechts vorbei an einem Golfplatz, nach 2,5 km rechts und nach 50 m auf der Asphaltstraße links. Wir gehen auf einem eigenen Weg neben der Straße entlang, nach einem Gokartgelände mit Parkplatz wieder links bis zur Brücke, nach der Brücke rechts und dem linken Bachufer folgend an **San Giovanni Reatino** vorbei, dann rechts wieder über eine kleine Brücke. Abstecher zur Pizzeria Panagruel (Zimmer) 50 m geradeaus weiter.

Von San Giovanni Reatino über Colonnetta nach Poggio San Lorenzo (12 km)

Von der Pizzeria wieder retour und rechts weiter auf der linken Seite des Baches, nach 600 m Übergang von Schotter auf Asphalt, bei der nächsten Kreuzung links und geradeaus 3,5 km weiter. Die Stra-

Rieti
(405)
Duomo
Cappuccini
Sette
SP45
Fonte Cotorella
oggio Fidoni
SP45a
Case San Benedetto
Piani di Sant' Elia
Colle Santentimo
SP30
Casette
SP45b
Convento Fonte Colombo
Castel San Benedetto
SP31
Sant' Elia Reatino
Maglianello Basso
Maglianello Alto
San Giovanni Reatino
Collina
SP30
Seconde Ville
in Sabina
San Francesco
(756)
SPTuranese
Belmonte in Sabina
SP31
Sant' Elena
Torre
Ponte Sambuco
Casale Prata d' Ornaro
SPCasaprota
Colonnetta
Montenero in Sabina
SP46b
(450)
Ornaro
SP34b
(604)
Torricella in Sabina
Madonna dei Penitenti
Santa Maria
Poggio San Lorenzo
(494)
SP43
Casaprota
(532)
Oliveto

Poggio San Lorenzo – ein typisches Ortsensemble der Sabinischen Hügel

ße steigt an und bald rechts auf einem Feldweg (Schild Ponte Romano) weiter. Schließlich auf einem Steig zuerst rechts, dann links und über einen kleinen Steg zum **Ponte Sambuco** (römische Brücke, schöner Rastplatz). Die Brücke überqueren und 1 km aufwärts bis auf einen Hügel (rechts der Ort **Ornaro Basso** sichtbar), danach hinunter auf den Ort zu und davor links auf einer Asphaltstraße weiter bis zum Weiler **Colonnetta**.

- *Ristorante und B&B La Ginestra, 1 km außerhalb, Tel. 0347/0305380 oder 0347/3570544, www.laginestrarieti.altervista.org*

In Colonnetta in der Linkskehre rechts weg und sofort wieder links auf einer kleinen Asphaltstraße abwärts in ein Tal. Bei der Weggabelung links (Via della Cisterna), bei der nächsten Viererkreuzung geradeaus weiter an der Hausruine vorbei und 2 km auf einem Pfad durch einen mystischen Wald. Der Pfad steigt am Ende an und geht in einen Schotterweg über, dieser mündet in die Kehre einer Asphaltstraße.

a) Wer sein Quartier für heute im **Collina Sacro Cuore** angemeldet hat, geht hier links (WW Via di Roma) ca. 500 m in Richtung des Ortes **Torricella in Sabina** bis zum modernen Klostergebäude (20 km ab Rieti).

- *Frauenkloster Collina Sacro Cuore, Tel. 0765/735017 (Voranmeldung erbeten)*

b) Wer sich im **Agriturismo Santa Giusta** angekündigt hat, geht rechts auf der Straße 1,7 km abwärts Richtung **Poggio San Lorenzo** (500 EW, Geschäft, Pizzeria) und beim Schild Agriturismo Santa Giusta rechts auf einem kleinen Asphaltweg 500 m steil hinunter. In der Talsohle rechts (Schild Agriturismo) 100 m auf der Schotterstraße weiter und wieder rechts durch das Tor. Noch 100 m hinauf zum Quartier.

- *Agriturismo Santa Giusta, Tel. 0765/884166 oder 339/4984008*

20 km, 5 Std. ↗ 290 m ↘ 580 m

Poggio San Lorenzo – Kloster Farfa

9. Etappe am Romweg/Via di Roma/Latium

Wir wandern über die Sabinischen Hügel, die überflutet sind von einem Meer an Olivenbäumen, und die Region ist Hauptproduzent italienischen Olivenöls. Dabei wählen wir teilweise eine Alternativroute der Via Francigena di San Franceso/Via di Roma, die nicht gut beschildert ist. Es heißt also achtsam sein. Das Ziel der heutigen Etappe, die Abtei Farfa, zählte einst zu den mächtigsten Klöstern Italiens. Viele Rompilger, Kaiser, Bischöfe oder auch der hl. Franziskus, fanden hier ein Quartier.

Von Poggio San Lorenzo nach Osteria Nuova (9 km)

Je nachdem, wo wir genächtigt haben, gehen wir wie folgt weiter:
a) Von **Collina Sacro Cuore** kurz weiter Richtung Torricella und bei der ersten Abzweigung rechts (Schild Via Francigena) in einem spitzen Winkel auf einem Schotterweg weiter. Vorbei an der Hinterseite des Klostergeländes und in 1,5 km zum Ortsbeginn von Poggio San Lorenzo. Dort auf einer Asphaltstraße in einer Serpentine abwärts

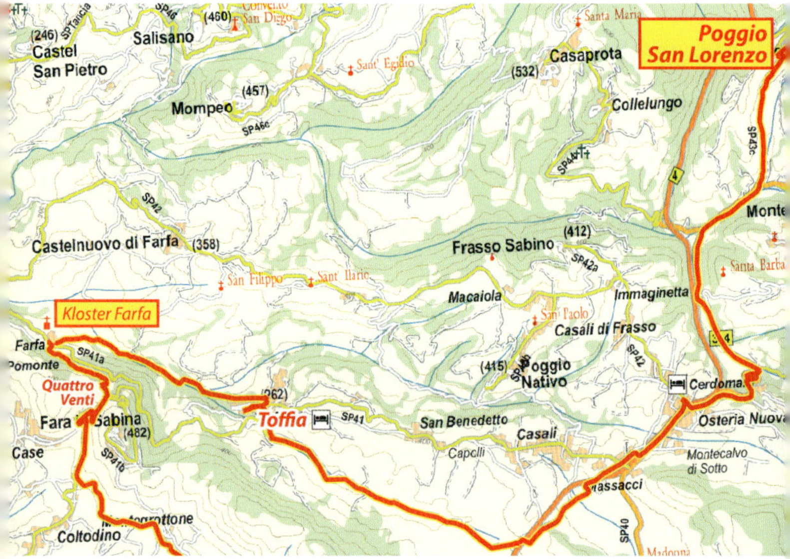

auf die Hauptstraße. Nun links in 800 m abwärts in das Ortszentrum von Poggio San Lorenzo.

b) Vom **Agriturismo Santa Giusta** wieder retour auf die Hauptstraße und rechts in 800 m hinunter in das Ortszentrum.

Vom Hauptplatz weiter durch den Ort und nach 150 m bei der Kreuzung links (Schild Francigena) auf der Straße weiter abwärts. Nach einer Serpentine 👁 weiter auf der Straße bleiben und ***nicht*** nach links dem Schild Francigena folgen. In 1,5 km hinunter zu einer Kreuzung, dort geradeaus weiter abwärts in 1 km bis zu einer großen Kreuzung (Bar Trattoria Da Alvero). Hier finden wir zwei große Schilder der Via Francigena (u. a. Grotta dei Massacci – Frasso Sabino 4 km). Also links auf der Straße weiter und in 2 km bis zu einer Brücke (Schild Francigena – Frasso Sabino 2 km). Rechts über die Brücke, in Serpentinen hinauf und nach 1,5 km tangieren wir die SS 4 (gegenüber das Hotel Salaria). 500 m parallel zur SS 4 weiter und bis zum Ortsbeginn von **Osteria Nuova**. Rechts über die Brücke und wer möchte, geht noch 200 m geradeaus bis zur **Grotta dei Massacci** (unterirdisches Monolithengrab, darüber ist ein Haus erbaut, nur am ersten Sonntag jeden Monats geöffnet).

Von Osteria Nuova über Toffia (7 km) zum Kloster Farfa (4 km)

Nach der Brücke bei der ersten Gelegenheit links und zurück Richtung SS 4, vorbei an einem Geschäftekomplex und nun der SS 4 ca. 1 km am Gehsteig folgen. Die nächste Brücke wird sichtbar und davor direkt beim Restaurant „La Siesta" rechts, an diesem vorbei und gleich danach auf der nächsten Straße links. Die nächste Kreuzung (Ortsschild Poggio Nativo) queren und geradeaus weiter, bald auf Schotterweg bis zu einem Schranken bei einem Haus. Hier 20 m links hinunter wieder zur SS 4 (Via Salaria), diese queren und gegenüber die Via Salaria Vecchia weiter. Kurz danach bei der T-Kreuzung rechts auf einem Schotterweg abwärts bis zur Senke und von dort geradeaus auf Asphaltsträßchen wieder aufwärts bis auf einen Rücken. Anschließend kurz hinunter bis zur Unterführung der SS 4. Durch diese rechts hindurch, danach links und sofort wieder rechts in der Via Piano Rio abwärts. Nach 20 m links auf der Via Fonte del Fico weiter und nun immer dem Tal folgen. Nach 3 km erreichen wir einen Brunnen, dort bei der Kreuzung geradeaus, bald wird vor uns auf einem Felsriegel thronend die Kirche von Toffia sichtbar. Nach ca. 1 km in einer Kehre einer anderen Straße rechts (Ortsschild Benvenuti a Toffia) hinauf in den Ort **Toffia** (1100 EW; Chiesa S. Maria Nuova, Anfang 16. Jh.; Chiesa Madonna di Loreto, 10. Jh.; Chiesa di San Lorenzo; Palazzi). Bei einer großen Rechtskehre links hinüber zum Platz mit einem Kiosk. Von hier bietet sich ein schöner Ausblick auf die umliegenden Hügel und voraus auf das Kloster Farfa. Wir gehen zur Besichtigung des historischen Kerns nach links durch das Tor bis zur Kirche und wieder retour.

- *B&B Monte degli Elci, Via Farense 33, Tel. 0765/326316 od. 347/4747012, b.b-montedeglielci@hotmail.it, www.montedeglielci.it*

Toffia – überragt von der weithin sichtbaren Pfarrkirche S. Maria Nuova

Beim Kiosk links steil die Via Giacomo Matteotti hinunter auf eine andere Asphaltstraße und auf dieser links abwärts 1 km bis zu einer Brücke. Nach dieser sofort bei der Weggabelung links (gelbe Markierung) und alsbald vor einem alten Fußballplatz rechts auf einem Schotterweg weiter. Bei einer Weggabelung rechts (gelber Punkt, Holzgatter), bei der nächsten Weggabelung nach einem Holzgatter wieder rechts und die folgende Gabelung links (nicht rechts hinaus in die Wiese). Bald danach an einer Wiese entlang und bei der Kreuzung in einer Kehre auf einer anderen Schotterstraße links, nach 10 m durch einen kleinen Bach und von hier aufwärts bis zum Kloster Farfa.

Kloster Farfa: Die Benediktinerabtei wurde schon im 6. Jh. gegründet und beherrschte im 11./12. Jh. ganz Mittelitalien. Heute leben hier Benediktinerinnen. Der Klosterkomplex stammt aus dem 15.–17. Jh.; Abteikirche Santa Maria: 1492, Fresken 16. Jh., schönes Chorgestühl.

- *Suore di Santa Brigida, Tel. 0765/277087, suorefarfa@brigidine.org*

Kloster Farfa – Hauptfassade der Klosterkirche

52. ETAPPE

19 km, 5 Std. ↗ 350 m ↘ 320 m

Kloster Farfa – Montelibretti

10. Etappe am Romweg/Via di Roma / Latium

Kloster Farfa 200 m		Quattro Venti 360 m		Canneto 230 m		Acquaviva 190 m		Montelibretti 230 m
0 km	↗ 160 hm	2 km	↘ 130 hm	8 km	↗ 50 hm ↘ 90 hm	13 km	↗ 140 hm ↘ 100 hm	19 km

Schon seit Ferrara pilgern wir im Herrschaftsbereich des ehemaligen Kirchenstaates. Bis vor rund 150 Jahren war der Papst nicht nur geistliches Oberhaupt der Kirche, sondern auch weltlicher Herr über diesen Staat. Entstanden durch die Pippin'sche Schenkung im Jahre 756 existierte diese Herrschaft, die die Besitzungen des Bischofs von Rom, das Patrimonium Petri, genauso wie Ländereien bis in die Poebene umfasste, bis 1870. Mit der Annexion der Region Latium als dem letzten Rest des Kirchenstaates durch das Königreich Italien endete die weltliche Herrschaft des Bischofs von Rom. Jahrzehntelang waren die Päpste daraufhin nicht gut auf Italien zu sprechen, ja drohten den Katholiken sogar mit der Exkommunikation, wenn sie sich in den Dienst dieses Staates stellten. Erst unter Mussolini wurden 1929 die Lateranverträge unterzeichnet und sozusagen Frieden geschlossen. Die vatikanische Residenz wurde zum souveränen Staat erhoben – dem Stato della Città del Vaticano (S.C.V.). Die „Grenzen" bewacht heute die Schweizergarde, es gibt neben dem Papst als Oberhaupt eine Regierung (römische Kurie), Presse (Osservatore Romano), Rundfunk und TV, Postamt etc., also alles, was zu einem selbständigen Staat gehört. International ist der Papst in vielen Staaten der Welt durch seinen Botschafter, den apostolischen Nuntius, vertreten.

Vom Kloster Farfa nach Canneto (8 km)

Von der Klosterkirche weg nach links die „Geschäftsstraße" Via di Porta Montopoli hinauf. Vor dem Tor rechts (weiß-rote Markierung) und sogleich wieder links hinauf zur Straße. Diese queren und auf einem alten Pilgerpfad (weiß-rot markiert) mehr oder weniger ansteigend durch den Wald. Nach 1,5 km rechts abbiegend steiler aufwärts bis zu einem Wiesenweg bei einem kleinen Gehöft. Hier links und eben weiter, an einer Viehtränke vorbei bis zu einem Schranken. Danach 20 m rechts auf der Asphaltstraße zur Kreuzung Quattro Venti (vier Winde). Nun weiter geradeaus (Schild Canneto 6,5 km) auf der Straße wieder abwärts, bei der ersten Serpentine entweder – für „Geländegängige" – einen Abschneider durch das Gelände zur 50 m tiefer liegenden Straße oder eben in drei Serpentinen auf der Straße weiter. Bei den folgenden zwei Kreuzungen sich immer links halten und auf der wenig befahrenen Straße in 5 km bis zum Ort **Canneto**. Dieser zieht sich länger hin, in der Mitte des Ortes rechts auf der Via Roma zur Kirche.

Canneto: Abstecher zum uralten, riesigen Olivenbaum. Wir gehen an der Kirche links vorbei und sofort danach rechts (zwischen der Kirche und der Bar – den Rucksack lassen wir hier zurück) in 800 m den Beschilderungen folgend zum „olivo piu grande d'Europa".

Von Canneto über Acquaviva (5 km) nach Montelibretti (6 km)

Wieder retour vom Olivenbaum gehen wir 100 m hinaus zur Hauptstraße und folgen dieser nun rechts 3 km abwärt. Wir gehen unter der Schnellstraße hindurch, anschließend dem Schild Nerola folgend – links ist wieder die SS 4 (Via Salaria) sichtbar – in 700 m aufwärts zu einer Straßenkreuzung. Hier queren wir die Straße und gehen (Schild Colle dell'Amore) geradeaus 600 m weiter, bis wir wieder auf die Hauptsraße gelangen. Auf dieser nun in 900 m weiter bis in den Ort **Acquaviva**, wo wir bei einem Tabacchi bzw. Obstgeschäft im spitzen Winkel wieder rechts auf einer kleineren Straße zurückgehen. Wir finden wieder die Beschilderungen der Via di Roma und

Montelibretti – stimmungsvoller Ort am Pilgerweg *(Foto: Renzo Vetturelli)*

kommen nach ca. 1,5 km zu einem Brunnen. Dort links auf der Straße weiter und nach 300 m bei einem Tor rechts dem Karrenweg folgend hinunter ins Tal. Eine kleine Asphaltstraße überqueren, wieder aufwärts zu einer anderen Asphaltstraße und nun links. Nach 1 km überqueren wir eine größere Straße. Bei der nächsten Weggabelung ***nicht*** geradeaus dem Schild Francigena nach, sondern links aufwärts, bei einem gelben Haus nach rechts weiter und hinauf in den Ort **Montelibretti**. Nun geradeaus und flach auf der Hauptstraße weiter bis zum Municipio und noch einmal 300 m bis zur Kirche.

Montelibretti: 5000 EW; historische Altstadt, Castello Barberini (privat), Chiesa di S. Nicola, schöner Ausblick. Bekannt ist der Ort nicht nur wegen des ausgezeichneten Oilvenöls, sondern auch wegen des Gefechts zwischen päpstlichen Zuaven und den Rothemden Garibaldis. 1867 griff eine Kompanie von 90 Papstsoldaten das von zahlenmäßig überlegenen Kämpfern Garibaldis besetzte Montelibretti an. Im Zuge des Gefechtes gab es viele Opfer zu beklagen, darunter auch die beiden Kommandanten der päpstlichen Kompanie. In Folge übernahm der deutsche Feldwebel Joseph Alois Bach die Führung der übrig gebliebenen 16 päpstlichen Soldaten, verschanzte sich in Montelibretti und leistete die ganze Nacht über erbitterten Widerstand. Zur Überraschung aller hatte sich der Gegner am Morgen zurückgezogen. Bach wurde umgehend zum Offizier befördert und mit dem Ritterkreuz des Silvesterordens ausgezeichnet.

- *B&B 1913: vor der Kirche rechts und danach gleich links die Valle dei Prati hinunter bis zur Nr. 60, Tel. 331/8538445 (Ilaria, spricht englisch) oder 339/5871158 (Romeo, spricht deutsch), vollera.romeo@gmail.com, www.beb1913.it*
- *Unterkunft bei Kirsten Faust – ist Deutsche, Via Risorgimento 50, Tel. 328/6941134, kirstenfaust@libero.it*
- *Pizzeria Vecchio Mulino am Fuße der Altstadt mit über 100 Pizzas im Angebot*

18 km, 4 Std. ↗ 270 m ↘ 330 m

Montelibretti – Monterotondo

11. Etappe am Romweg/Via di Roma / Latium

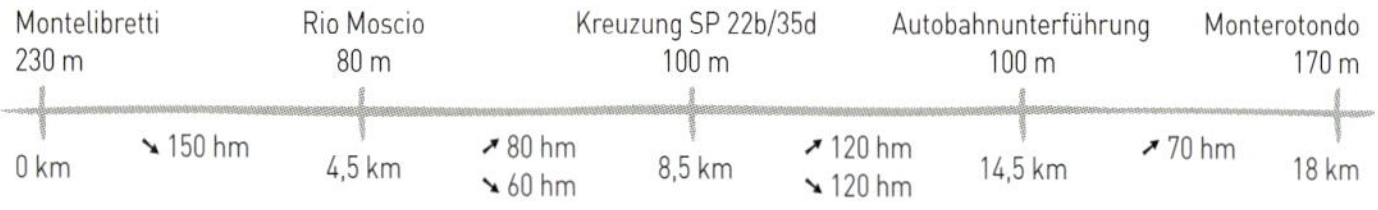

Die vorletzte Etappe! Noch einmal genießen wir die wunderbare Landschaft 30 km vor den Toren Roms. Die Sabiner Hügel und Berge waren mit ihrem Reiz seit jeher ein Anziehungspunkt für Künstler. Schon Horaz besang sie und im 19. Jh. waren es besonders die Maler, Literaten und Musiker der Romantik, die sich bevorzugt hier aufhielten.

Von Montelibretti nach Monterotondo (18 km)

Vom Municipio in einem Linksbogen die Via Roma abwärts. Nach 1 km links geradeaus in die Via Vignacce, nach 200 m in die Via Valle Spazziani. Bei der nächsten Weggabelung links und gleich danach nicht rechts, sondern geradeaus weiter. Die Straße wird zum Schot-

Der Raub der Sabinerinnen

Die Gründung Roms im Jahre 753 v. Chr., so wissen wir noch aus dem Geschichtsunterricht, geht – zumindest der Legende nach – auf Romulus und Remus zurück. Am Palatinhügel umgrenzte Romulus die erste Siedlung Roms. Dort wohnten die Latiner, vorwiegend zugezogene Männer. Auf den anderen Hügeln, am Kapitol, Quirinal und Esquilin, lebte die Volksgruppe der Sabiner unter der Herrschaft der eingewanderten Etrusker. Den Latinern mangelte es an Frauen, also griff Romulus mit seinen Latinern zur List. Sie luden die benachbarten Sabiner und Sabinerinnen zu einem Fest und raubten ihnen ihre unverheirateten Mädchen. Die Sabiner, ob des Festes kaum bewaffnet, mussten unversehener Dinge abziehen, schworen aber Rache. Inzwischen gelang es den Latinern, Sabinerinnen zu heiraten und Familien zu gründen. Das Unvermeidliche kam, die Sabiner griffen mit einem starken Heer die Latiner an, es kam zur Schlacht. Die Sabinerinnen, die um ihre Männer und Kinder bei den Latinern und ihre Väter und Brüder bei den Sabinern bangten, warfen sich zwischen die Kriegsparteien und forderten das Ende der Auseinandersetzungen. Daraufhin kam es zur Befriedung zwischen den zwei Gruppen und zur gemeinsamen Doppelherrschaft ihrer Anführer Romulus und Titus Tatius. Längst hat diese Geschichte Eingang in die Literatur, die Malerei, das Theater und den Film gefunden.

terweg und mündet wieder in eine Asphaltstraße. Hier links, bis auf einen kleinen Hügel hinauf und dort bei der Kreuzung geradeaus und nicht links. Bei der kommenden Weggabelung rechts und nach 70 m von der Schotterstraße ab nach links. Bei einem Weingarten bzw. Feld nach rechts dem Zaun entlang bis zu einer Asphaltstraße (aufgelassene Bar). Links weiter, gleich danach über die Brücke des **Rio Mosco** und nun aufwärts. Nach 1,4 km kommen wir zur SP 22b, der wir rechts folgen. Ca. 2 km bis zu einer Hauptstraße (SP 35d), diese queren und auf einer kleineren Straße geradeaus.

Nach 1 km ein Bächlein queren und danach bei der T-Kreuzung rechts. Nach 500 m endet auf einem Hügel der Asphalt. Bei der nächsten Schotterweggabelung rechts hinunter, unten angekommen rechts ab und wieder – an einer Tränke vorbei – einen Hügel hinauf. Nach ca. 4 km bei einer großen Straße mit Viererkreuzung ganz rechts weiter, nicht halbrechts abwärts. Nun auf der Hauptstraße auf den Verkehr achtend nach 500 m unter der Autobahn hindurch. Noch gut 1 km bis zum Ortsbeginn von **Monterotondo**. Wir queren die Hauptstraße und gehen geradeaus (die Schilder Francigena, die nach links zeigen, außer Acht lassend) weiter in das Städtchen. 1,5 km immer mehr oder weniger geradeaus durch die Stadt, bis links das große Stadttor sichtbar ist. Hier links durch die Porta

Schafherden auf der vorletzten Etappe nach Rom lassen noch nichts von der Weltmetropole erahnen.

Canonica und hinauf zur Piazza del Popolo zum Albergo und Restaurant Leoni. Um ins Albergo zu gelangen, geht man in das Restaurant, da der Hoteleingang in der Via V. Federici Nr. 23 etwas umständlicher auf der Hinterseite des Gebäudes zu finden ist.

Monterotondo – Dom Santa Maria Maddalena (17. Jh.)

Monterotondo: 40.000 EW; Dom Santa Maria Maddalena: 17. Jh., 1. Seitenkapelle rechts Marmorpietà, Hauptaltar mit römischem Sarkophag aus weißem Marmor; Madonna delle Grazie: 1343 urkundlich erwähnt, 3. Seitenkapelle links hl. Antonius und rechts hl. Franziskus, am Presbyterium Holzfiguren hll. Franziskus und Klara,1449 Zubau eines Klosters für Minderbrüder unter Papst Nikolaus V., 1915 Kirche und Kloster bei einem Erdbeben schwer beschädigt, Kirche 1929–1933 restauriert; in der Nähe Chiesa di San Rocco von 1516; Porta Canonica: antikes Stadttor; Palazzo Orsini.

- *Albergo dei Leoni, Piazza del Popolo 15, Tel. 0690/623591 oder 0690/627394, www.albergodeileoni.it*
- *Tourismusinformation, Piazza Roma, Tel. 0690/622552, prolocomonterotondo@libero.it*

Monterotondo – Rom

12. Etappe am Romweg/Via di Roma/Latium

Monterotondo		Vallericca		Stadtbeginn Rom		Sacro Monte		Porta Pia		Trevibrunnen		Petersplatz
170 m		60 m		60 m		20 m		20 m		20 m		20 m
0 km	↗ 50 hm ↘ 160 hm	4 km	↗ 120 hm ↘ 120 hm	11 km	↘ 40 hm	18 km	→	23 km	→	25 km	→	28 km

Über die Sabinischen Hügel und den Naturpark Marcigliana nähern wir uns Rom und es ist dabei kaum vorstellbar, dass wir auf eine Millionenstadt zusteuern. Erst allmählich zeichnet sich am Horizont die Silhouette der Vororte ab und ehe wir's versehen, sind wir schon mitten im Gewühle der Ewigen Stadt.

Von Monterotondo zum Stadtbeginn von Rom (11 km)

Vom Leoni auf der Piazza del Popolo geradeaus zum Dom, an diesem links vorbei und dahinter wieder geradeaus bis zur Piazza Roma. Hier weiter geradeaus auf der Alleestraße Bruno Buozzi, nach dem Krankenhaus rechts in die schmale Via San Matteo. Nach 500 m geradeaus in die Via Sant'Angelo, nach 200 m geradeaus und abwärts in ein Tal. Geradeaus wieder auf einen Hügel hinauf, auch hier „sempre d'ritto" und nach 300 m bei einer Straßengabelung rechts hinunter. Nach 700 m macht die kleine Straße eine Rechtskurve, hier links auf das Feld hinaus, dem Zaun eines Gehöftes folgend, danach rechts weiter am Zaun entlang. Zuerst auf einem Feldweg, dann auf Asphalt bis zu einer T-Kreuzung. Hier bei den Häusern links dem Tal **Vallericca** folgen, am Schluss wieder aufwärts, durch ein Gatter hindurch und in einer Allee von Olivenbäumen weiter. Wir befinden uns bereits im Naturpark Marcigliana, den wir nunmehr durchqueren. Nach ca. 1 km ab dem Vallericca bei der nächsten T-Kreuzung nach rechts zu einem Gatter mit Schild „Durchgehen verboten". Wir gehen aber trotzdem hier weiter und nach 1 km beim letzten Haus links den Schotterweg hinunter in das Tal. Nach der Bachquerung vorbei an einem Brunnen und sogleich wieder den Hügel hinauf. Auf der Hochfläche angekommen, wandern wir nun über Feldlandschaften und sehen bereits die Silhouette der Außenbezirke Roms vor uns. Nach 2 km überqueren wir ein Bächlein und nach 1,5 km sind wir bei einer Kreuzung schon in **Rom**.

Vom Stadtbeginn Roms bis Monte Sacro (7 km)

Ab hier wieder „sempre d'ritto", also immer geradeaus. Zuerst 2 km auf der Via di Tor San Giovanni, dann 3,7 km auf der belebten Via della Bufalotta, schließlich den Viale Adriatico weiter. Am Schluss

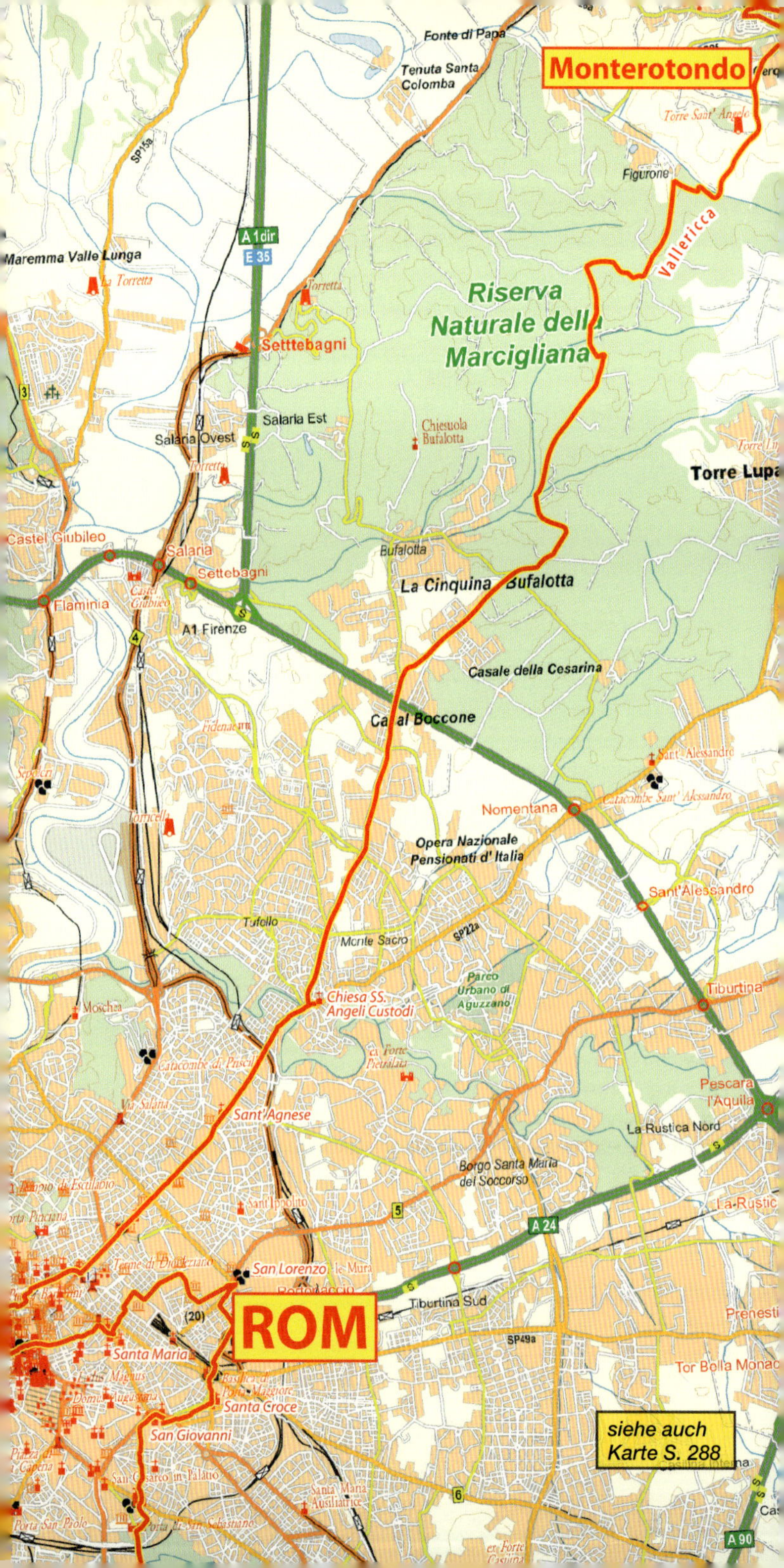
Fonte di Papa
Tenuta Santa Colomba
Monterotondo
Torre Sant' Angelo
Figurone
Vallericca
SP15a
A 1 dir
E 35
Maremma Valle Lunga
La Torretta
Torretta
Riserva Naturale della Marcigliana
Settebagni
Salaria Est
Salaria Ovest
Chiesuola Bufalotta
Torre Lupa
Castel Giubileo
Salaria
Settebagni
Flaminia
Bufalotta
La Cinquina
Bufalotta
A1 Firenze
Casale della Cesarina
Casal Boccone
Sepolcri
Sant' Alessandro
Catacombe Sant' Alessandro
Nomentana
Torricella
Opera Nazionale Pensionati d' Italia
Sant'Alessandro
Tufello
Monte Sacro
SP22a
Parco Urbano di Aguzzano
Moschea
Chiesa SS. Angeli Custodi
Tiburtina
Catacombe di Priscilla
ex Forte Pietralata
Pescara l'Aquila
Via Salaria
Sant' Agnese
La Rustica Nord
Tempio di Esculapio
Borgo Santa Maria del Soccorso
Porta Pinciana
Sant'Ippolito
A 24
La Rustica
Terme di Diocleziano
San Lorenzo
Tiburtina Sud
ROM
Prenestina
SP49a
Santa Maria
Santa Croce
Tor Bella Monaca
San Giovanni
siehe auch Karte S. 288
San Cesareo in Palatio
Santa Maria Ausiliatrice
Porta San Paolo
Porta di San Sebastiano
A 90

Chiesa dei SS. Angeli Custodi im römischen Stadtteil Monte Sacro

verläuft diese abwärts und auf der Via Gargano kommen wir zur Piazza Sempione im Stadtteil **Monte Sacro**, wo wir links schon die Chiesa dei SS. Angeli Custodi sehen (einige B&B).

Anmerkung: Wer den weiteren Fußmarsch durch die Stadt vermeiden möchte, nimmt in Monte Sacro den Linienbus Nr. 90 bis zum Hauptbahnhof (Termini) und von dort die U-Bahn (Metro Nr. A – Red Line) Richtung Battistini bis zur Station Ottaviano. Ab hier noch 500 m (beschildert) zu Fuß bis zum Petersdom.

Von Monte Sacro zum Petersdom (10 km)

Fürs Erste geht es 5 km geradeaus – zuerst vom Corso Sempione auf der Via Nomentana über den Fluss Aniene (nach der Brücke der letzte WW Francigena/Via di Roma, dem wir aber ***nicht*** nach rechts folgen), weiter geradeaus über die Bahn und dann am Haus Nr. 421 (Haus des Deutschen Ordens – Casa di Procura dell'Ordine Teutonico, mögliches Quartier) vorbei bis in insgesamt 2 km zur **Chiesa di Sant'Agnese fuori le Mura** und der anschließenden **Chiesa di S. Costanza**. (Zum Eingang zu beiden Kirchen auf der rechten Sei-

Chiesa di Sant'Agnese (7. Jh.), erbaut über den Katakomben mit dem Grab der hl. Agnes

Sehenswürdigkeiten am Weg zum Petersdom

Es ist noch ein Stück weit zum Petersdom und wir werden kaum Zeit finden, die vielen Sehenswürdigkeiten an der Strecke zu besichtigen. Dennoch, eine Kurzvisite in der Chiesa di Sant'Agnese fuori le Mura, in der Chiesa di Costanza und in Santa Maria della Vittoria sollte sich für den Pilger ausgehen.

Chiesa di Sant'Agnese fuori le Mura: ursprünglich im 4. Jh. von Kaiser Konstantin über den Katakomben und dem Grab der hl. Agnes erbaut, heutige Kirche 7. Jh., Holzdecke 17. Jh., in der Krypta Grab der hl. Agnes und darunter die Katakomben.

Chiesa di Costanza: Juwel der frühchristlichen Architektur, Rundbau, im 4. Jh. als Grabeskirche für die Tochter Kaiser Konstantins, Constantia, erbaut; Grablege in einem roten Sarkophag.

Porta Pia: Bei diesem Alterswerk des Michelangelo fand 1870 der Ansturm der königlichen Truppen auf das päpstliche Rom statt. Der Papst zog sich in den Vatikan zurück und Rom wurde Hauptstadt des Königreiches Italien.

Chiesa di Santa Maria della Vittoria: in der vierten Seitenkapelle links die Marmorgruppe „Die Verzückung der hl. Theresa" von Bernini (1645–1650), geöffnet 6.30–12/16.30–18 Uhr.

Chiesa di Santa Susanna: am Ort des Martyriums der hl. Susanna erbaut, Fassade von Maderna 1603.

Fontana di Trevi: berühmtester Brunnen Roms, Werk des Nicola Salvi 1732–1751; wer Rom wiedersehen möchte, wirft nach einem alten Brauch rückwärts mit der rechten Hand eine Münze über die linke Schulter in den Brunnen.

Engelsburg: Das Mausoleum für Kaiser Hadrian, 139 n. Chr. fertiggestellt, diente über Jahrhunderte als Festung der Päpste. Als 590 in Rom die Pest wütete und Papst Gregor der Große an der Spitze einer Bittprozession über die Tiberbrücke zum Mausoleum zog, sah er in einer Vision über der Festung den Erzengel Michael, der sein Schwert in die Scheide stieß – als Zeichen dafür, dass die Pest besiegt sei. Seitdem heißt sie Engelsburg und die Bronzestatue des Erzengels Michael krönt die Spitze des Rundgebäudes. 1277 wurde unter Nikolaus III. eine Verbindung zwischen der Engelsburg und dem vatikanischen Palast hergestellt. Die Geschichte und die Geschichten um die Engelsburg sind zahlreich – Grabmonument, Festung, Kerker, Hinrichtungsstätte, Schatzkammer. Auch Gregor VII. wurde im Jahr 1084 von Heinrich IV. in der Engelsburg belagert, von demselben, den er sieben Jahre vorher in Canossa gedemütigt hatte. Dieses einzigartige Gebäude ist in jeder Hinsicht ein Geschichtsbuch Roms und des Papsttums.

Chiesa di Santa Costanza, ein Juwel frühchristlicher Architektur

te der Via Nomentana noch an der Apsis der Agneskirche vorbei und durch den Klostereingang zu den Kirchen, geöffnet 9–12/16–18 Uhr.)

Weiter auf der Nomentana, nach 2 km vorbei an der links liegenden **Villa Torlonia** und von dort in 1 km bis zur **Porta Pia**. Geradeaus weiter auf der rechten Seite der Via Venti Settembre. Nach 1 km erreichen wir die Kirchen **Santa Maria della Vittoria** und **Santa Susanna**.

Zwischen den zwei Kirchen nach rechts zum Largo di Santa Susanna und nach 50 m links auf der Via Barberini abwärts bis zur Piazza Barberini. Weiter hinunter auf der Via del Tritone, bei der nächsten großen Kreuzung linkshaltend geradeaus in den Largo del Tritone, die Via dei Maroniti weiter, bei der T-Kreuzung links und bei der nächsten Kreuzung wieder rechts auf der Via del Lavatore bis zur **Fontana di Trevi**.

Nach dem Brunnen rechts und sofort wieder links auf die Piazza Crociferi. Die Via Crociferi weiter, bei der T-Kreuzung rechts und sogleich links auf die Piazza Colonna mit der **Säule des Mark Aurel** (2. Jh., auf der Spitze Statue des hl. Paulus). Wir queren die Piazza diagonal und kommen dahinter auf die Piazza Monte-

Porphyrsarkophag der hl. Constantia

Geschafft – das Pilgerziel ist erreicht.

citorio. Vorbei am Obelisken und am rechts gelegenen Palazzo Montecitorio, dem Sitz des italienischen Parlaments, geradeaus rechts haltend in die Via degli Uffici del Vicario und zur Piazza in Campo Marzio. Dort kurz rechts, sogleich links in die Via della Stelletta und geradeaus in die Via dei Portoghesi. Bei der Straßengabelung rechts weiter auf der Via del Orso, bei der nächsten T-Kreuzung kurz rechts und über eine Stiege hinauf. Über die Straße direkt zum Ponte Umberto I. Von hier eröffnet sich der erste Blick auf die Peterskirche (siehe Titelbild) und die Engelsburg.
Nicht über die Brücke, sondern auf der Lungotevere Tor di Nona der linken Tiberseite folgen bis zur nächsten Brücke (***Anmerkung***: ab hier links in 100 m zum deutschen Pilgerzentrum in der Via del Banco di S. Spirito Nr. 56). Wir gehen aber rechts über den Ponte Sant'Angelo, queren dabei den Tiberfluss und haben einen wunderschönen Blick auf die vor uns liegende Engelsburg.
Nach der Brücke links und direkt zur vor uns sichtbaren Peterskirche. Kurz vor dem Petersplatz befindet sich auf der Piazza Pio XII., Nr. 9, linker Hand die Opera Romana Pellegrinaggio. Hier erhalten Sie Pilgerstempel und Pilgerurkunde. Jetzt nur noch über die Straße und schon stehen wir am Peterplatz.

Quartiere in Rom

- *Confraternita di San Jacopo di Compostella – italienische Jakobsgemeinschaft, Via Galvani 51, Tel. 327/2319312, info@pellegriniaroma.it, www.pellegriniaroma.it, mit Pilgerpass zwei Nächtigungen möglich, freiwillige Spenden, geöffnet 15–22 Uhr, Voranmeldung nötig, 4 km von der Peterskirche entfernt, erreichbar mit der U-Bahn-Linie B (500 m von der Station*

Innenhof der Pilgerherberge in der Via Galvani

Pyramide zurück auf der Via Marmorata und dann links in die Via Galvani) oder mit den Buslinien 3, 23, 30, 75, 280 und 716.

- *Fawlty Towers Hostel, Via Magenta 39, beim Hauptbahnhof Termini, Tel. 06/4450374, info@fawltytowers.org, www.fawltytowers.org*
- *Ostello del Foro Italico, Via delle Olimpiadi 61, Tel. 06/3236267, mit der U-Bahn A bis Ottaviano und von dort mit Bus Nr. 32 zum Ostello.*
- *Haus des Deutschen Ordens, Via Nomentana 421(auf unserem Weg zum Petersdom), Tel. 06/86218012, sekretariat@deutscher-orden.it*
- *Suore Pallottine, Viale delle Mura Aurelie 7b (500 m vom Petersdom entfernt), Tel. 06/3936351, info@casamissionarie-pallottine.it, www.casamissionariepallottine.it*

Informationen für deutschsprachige Pilger

- Deutsches Pilgerzentrum, Via del Banco di S. Spirito 56/57, Tel. 06/6897197, pilgerzentrum@libero.it, www.pilgerzentrum.de, keine Nächtigungsmöglichkeit, Öffnungszeiten Montag bis Freitag 10–13 und 15–18 Uhr.
- Deutsche Gemeinde Santa Maria dell'Anima, Via di Santa Maria dell'Anima 64, Tel. 06/68801394, gemeinde@santa-maria-anima.it, www.santa-maria-anima.it, keine Nächtigungsmöglichkeit, deutschsprachige Gottesdienste in der gleichnamigen Kirche mit den Grabmälern des deutschen Papstes Hadrian VI. (gest. 1523) von Peruzzi und des Kardinals Andreas von Österreich (gest. 1600) Mo.– Sa. um 18.00 Uhr, So. um 10.00 Uhr.

ROM

Von Jerusalem nach Rom

von P. Felix Gradl OFM

ROM – Magie und Mythos, ein Name, der allemal Faszination ausübt. Aus der Perspektive der Religion denkt man unwillkürlich zunächst an den Papst und an das (Macht-)Zentrum der römisch-katholischen Kirche. Und in der Tat ist an der Fassade der Lateranbasilika der stolze Satz zu lesen: *Omnium urbis et orbis ecclesiarum mater et caput – Mutter und Haupt aller Kirchen der Stadt und des Erdkreises.* Das wiederum führt zurück an die Anfänge: Tatsächlich nahm die Christengemeinde in Rom, die mindestens seit den 40er Jahren des 1. Jh. Bestand hat, von Anfang an einen besonderen Platz ein. Diesen Vorrang hat sie der Verbindung mit dem Apostel Petrus zu verdanken, der der Tradition nach als ihr Gründer angesehen wird. Sicher ist, dass der Apostel in der neronischen Verfolgung (um 64) den Märtyrertod erlitten hat und am rechten Tiberufer am Vatikanischen Hügel, wo Kaiser Caligula einen Circus errichten hatte lassen, bestattet wurde (das „Petrusgrab“ im Petersdom gilt im Sinne eines „Indizienbeweises“ als gesichert).

Dazu kommt die Nachricht vom Aufenthalt des Apostels Paulus in Rom durch den Bericht in der Apostelgeschichte (28,11–31) und die Tradition seines Märtyrertodes durch das Schwert (zwischen 62 und 67) bzw. seines Grabes „außerhalb der Mauern“. 2009 hat Papst Benedikt XVI. aufgrund archäologischer Gutachten die Echtheit des Paulusgrabes feierlich bestätigt.

Die Wallfahrt zu den Apostelgräbern und deren Verehrung war immer schon besonderes Anliegen der Gläubigen. Bis zum heutigen Tag werden die Bischöfe alle fünf Jahre „ad limina“ (d. h. zu den „Schwellen“ der Apostelgräber) gerufen. Durch den Aufenthalt dieser beiden Apostel wurde der römischen Gemeinde von ihren Anfängen her auch ein hohes Maß an Glaubensauthentizität zugebilligt, wenngleich die theologischen Fragen der ersten Jahrhunderte in den Kirchen des Ostens abgehandelt wurden. Trotz vieler widriger Umstände (Verfolgungen) nahm die römische Gemeinde an Zahl und Bedeutung rasch zu. Um die Mitte des 3. Jh. „lässt sich ihre Zahl auf mindestens 30.000 Seelen schätzen“ (A. Franzen). Die freie Ausübung des Glaubens, die durch das Toleranz-Reskript von Mailand (313) ermöglicht wurde, stärkte das Selbstbewusstsein der Christen. Prachtvolle Kirchen wurden gebaut: Kaiser Konstantin schenkte dem Papst seinen Palast am Lateran (Bau der Basilika), der bis Ende des 14. Jh. die Residenz der Päpste wurde. Über dem Grab des hl. Petrus ließ er die fünfschiffige Peterskirche errichten.

Wenngleich die weltpolitische Bedeutung „Alt-Roms“ durch die konstantinische Verlegung der Residenz nach Byzanz / Konstantinopel („Neu-Rom“) im Jahre 330 vorübergehend sank, wurde Roms

Vorrang unter den kirchlichen Patriarchaten immer noch anerkannt. Das Ansehen und die Ansprüche des römischen Bischofs hingegen hatten ihren Zuwachs der Schwäche der weströmischen Kaiser zu verdanken. War die Bezeichnung „Papst“ (Vater) zunächst eine Ehrenbezeichnung von (griechischen) Äbten und Bischöfen, bleibt sie im Westen seit dem 5. Jh. dem Bischof von Rom vorbehalten und wird zur geläufigen Kurzformel des Inhabers des Petrusamtes. Ende des 5. Jh. war die „Zweigewaltentheorie“ entwickelt, der zufolge dem römischen Papst (der Kirche) die Macht in geistlichen, dem Herrscher die in weltlichen Dingen zugeschrieben wurde, ein Denkmodell, das die Entwicklung des Abendlandes beherrschen und die Kirche (das Papsttum) in den Strudel der Machtansprüche verwickeln sollte. Durch Schenkungen und Parteinahmen wurde das Papsttum mehr und mehr zu einer eigenen politischen Größe, was seit dem 8./9. Jh. durch die Entstehung des Kirchenstaates einen sichtbaren Ausdruck fand. Dessen wechselvolle Geschichte fand erst in den Lateranverträgen von 1929 zur heutigen Lösung (der Vatikanstaat als souveränes Staatsgebilde).
Der Pilger von heute wird die prachtvollen Bauten, die einzigartigen Kunstwerke mit einem kritischen Blick erleben: Er wird die Leistungen menschlicher Fähigkeiten zu Recht bewundern und bestaunen, er wird aber auch nicht vergessen, dass Prunk und Macht nie Sache des Jesus von Nazaret gewesen sind.

ROM: 2,8 Millionen EW, größte Stadt Italiens, Hauptstadt der Republik Italien und Sitz der Regierung.
VATIKANSTADT: 840 EW, seit 1929 souveräner „Staat der Vatikanstadt“, mit 0,44 km^2 der kleinste Staat der Welt.

Feiertage in Rom

Gründonnerstag:	Fußwaschung in der Basilika San Giovanni in Laterano
Karfreitag:	Passionsprozession am Kolosseum
Ostersonntag:	Heilige Messe und Segen Urbi et Orbi des Papstes am Petersplatz
29. Juni:	Peter und Paul, Patrozinium Roms
24. Dezember:	Christmesse in der Peterskirche
25. Dezember:	Weihnachtsmesse in der Peterskirche und Weihnachtsansprache des Papstes vom Balkon der Basilika
Jeden Sonntag:	12.00 Uhr Angelusgebet und Segen des Heiligen Vaters mit allen Pilgern auf dem Petersplatz

Die mächtige Fassade (1607–1614), erbaut von Maderna, prägt den Blick auf den Petersdom.

Die Peterskirche und der Petersplatz

Der Apostel Petrus erlitt um 64 unter Kaiser Nero in den kaiserlichen Gärten, kopfüber gekreuzigt, den Märtyrertod. Die erste **Peterskirche** über seinem Grab wurde von Kaiser Konstantin gestiftet und 326 von Papst Sylvester I. eingeweiht. Diese Kirche suchten die mittelalterlichen Pilger auf. Beauftragt von Papst Julius II. begann der Architekt Bramante ab 1506 mit dem Neubau der Basilika, die Michelangelo 1547 mit der berühmten, 132 m hohen Kuppel krönte. Fertiggestellt wurde die Peterskirche 1614 und in Folge schuf Gianlorenzo Bernini im Auftrag Alexanders VII. zwischen 1656 und 1667 den **Petersplatz**.

Der Platz, bestehend aus einer Ellipse und einem Trapez, ist ein Meisterwerk Berninis. Das Oval wird zu beiden Seiten von Kolonnaden umrahmt, auf denen 140 Heilige stehen. In der Mitte steht der im Jahre 37 von Kaiser Caligula von Ägypten nach Rom geschaffte 25,5 m hohe Obelisk, zwei 14 m hohe Brunnen beleben den Platz. Im Anschluss an das Oval breitet sich zur Kirche hin eine trapezartige Fläche aus, die über breite Stufen zwischen den Apostelfürsten Petrus und Paulus zur Fassade hinaufführt.

Zugang zur Peterskirche: In der rechten Kolonnade befindet sich die Sicherheitskontrolle, die wir zuerst, Knie und Schulter bedeckt, durchschreiten müssen (Zugang auch mit dem Pilgerrucksack möglich). Anschließend gelangt man auf der rechten Seite – vorbei am Eingang zum vatikanischen Büro (im Ufficio Scavi ev. Anmeldung zur Führung zum Petrusgrab) – vor zum Petersdom und zur Ge-

Die Heilige Pforte

In der Vorhalle des Petersdoms ist rechts die Heilige Pforte (Bronzetüren von 1950) sichtbar. Sie wird nur alle 25 Jahre im sogenannten Heiligen Jahr geöffnet. Bei der Öffnungszeremonie führt der Papst drei Hammerschläge gegen das zugemauerte Tor aus. Das letzte Heilige Jahr wurde unter Papst Johannes Paul II. im Jahre 2000 gefeiert. Außer der Peterskirche besitzen auch die anderen drei Patriarchalbasiliken (San Giovanni in Laterano, San Paolo fuori le Mura und Santa Maria Maggiore) eine Heilige Pforte, die ebenfalls im Heiligen Jahr von einem päpstlichen Legaten geöffnet werden.

päcksabgabe (Pilgerpass und ev. Fotoapparat mitnehmen). Nun geht es links über die Stiege hinauf vor die grandiose Fassade und durch das mittlere Portal in die Vorhalle. Nun steht dem Besuch der Peterskirche nicht mehr im Wege.

Tipp: Je nach Jahres- und Tageszeit bilden sich vor der Sicherheitskontrolle große Besucherschlangen. Das bedeutet dann nicht nur langes Anstehen, sondern auch eine volle Kirche. Daher empfiehlt sich ein Besuch ab 7.00 Uhr, wenn der Petersdom öffnet, um in Ruhe die Kirche als Gotteshaus erleben und eine heilige Messe mitfeiern zu können. Zudem hat man seinen Rucksack schon im Pilgerquartier und vorher Zeit gefunden, sich im Reiseführer zur Peterskirche genauer einzulesen.

Der Pilger in der Peterskirche: Der Pilger betritt die Kirche und ist überwältigt vom Ausmaß dieses Gotteshauses und seiner Kuppel. Umfangen vom Lichtspiel der hohen Fenster, vom Prunk der Kapellen, Altäre, Bildwerke und Papstgrabmäler, begibt er sich zuerst rechts zur Innenseite der zugemauerten Heiligen Pforte. Weiter auf der rechten Seite findet er die Kapelle mit der **Pietà Michelangelos**, die dieser im Alter von 25 Jahren schuf, um anschließend zur **Sebastianskapelle** mit dem riesigen Mosaik seines Martyriums zu gelangen. Auf der Frontplatte des Altars steht „Beatus Ioannes Paulus PP. II“ – wir stehen vor der Grabstätte von Papst Johannes Paul II. Im Zentrum der Kirche ragt der **Papstaltar** empor, ein Meisterwerk Berninis mit den gedrehten Säulen, dem Bronzebaldachin und der davor liegenden, von 95 vergoldeten Öllampen umrahmten Confessio. Dieser Altar ist von vier gewaltigen Pfeilern umgeben, die Mi-

Über dem Petrusgrab steht der Papstaltar von Bernini.

chelangelos **Kuppel** tragen. Am vorderen rechten, dem Longinuspfeiler, steht die die mittelalterliche **Bronzestatue des Apostels Petrus** von Arnolfo Cambio und die Gläubigen berühren mit der Hand den rechten Fuß, um dem Apostelfürsten ihre Verehrung zu erweisen. Gleich danach ist der Pilger am Ort seines Zieles, am

Das Petrusgrab

Das Grab gilt als authentisch. Von 1939 bis 1950 wurde bei der Erforschung der ältesten Andachtsstätte in der Petersgruft ein Grab freigelegt. Heute sieht der Pilger von der Balustrade hinab in eine Nische der Krypta, wo ein kleiner goldener Schrein steht und seit dem 19. Jh. ein Christus-Mosaik das Grab Petri versiegelt. Aufgrund der Tiefe der Nische sieht man vom Christus-Mosaik nur den unteren Teil, erst in den Vatikanischen Grotten ist das gesamte Mosaik erkennbar. Hinter dem Mosaik findet sich eine Ädikula (Häuschen), das sogenannte „Tropaeum des Gaius", gebaut im Jahre 160 n. Chr. über dem Apostelgrab, angelehnt an eine rote Mauer, an der man das griechische Graffito „Petros eni" – „Hier ist Petrus" fand. Die Gebeine des hl. Petrus ruhen in einem kristallenen Gefäß. Beim Bau der konstantinischen Basilika wurde das Grab mit Marmorwänden umgeben, die bis heute erhalten sind.
Über das Ufficio Scavi sind Führungen in die Nekropole und zum Grab des hl. Petrus möglich – Anmeldung direkt im Büro in der rechten Kolonnade, Tel. 06/69873017 oder scavi@fsp.va.

Die grandiose Kuppel Michelangelos hat einen Durchmesser von 42 m.

Papstaltar, und von der Balustrade der Confessio gleitet der Blick hinunter in die Krypta auf das **Grab des hl. Petrus**.
Der linke, hintere Kuppelpfeiler ist der hl. Veronika (Statue von Francesco Mochi von 1646) gewidmet. Im Fundament des Veronikapfeilers wurde der Grundstein zum Bau der neuen Peterskirche ge-

Il Volto Santo – das Schweißtuch der Veronika

Viele Geschichten und Mythen ranken sich um dieses Tuch mit dem Antlitz Jesu. Im 12. Jh. wird das Schweißtuch der Veronika in Rom bekannt und in der Peterskirche ausgestellt. Schnell wird es zum Ziel vieler Pilger, die diese Reliquie Jesu sehen wollen. 1849 wird es ein letztes Mal für drei Tage ausgestellt, heutzutage wird es am Passionssonntag vom Balkon des Veronikapfeilers herab den Gläubigen präsentiert. Einige Kopien wurden angefertigt, Versuche, die Herkunft des Bildes zu erforschen, angestellt, über den Verbleib gemutmaßt. Ein Bild des Volto Santo findet sich jedenfalls in der Kirche von Manopello in der Provinz Pescara und eines in der Peterskirche.

legt und zugleich ein Tresor mit dem „Schweißtuch der Veronika" integriert.

Um den **Pilgerstempel** und das **Testimonium** zu bekommen, geht der Pilger auf die Hinterseite des Andreaspfeilers am Denkmal von Papst Pius VIII. vorbei hinein zur Schatzkammer und zur Sakristei (Öffnungszeiten 9–13/16–19 Uhr, für die Pilgerurkunde nach Monsignore Bruno Vercesi fragen). Wieder zurück in der Kirche führt uns der Weg direkt durch den Andreaspfeiler hinunter in die **Vatikanischen Grotten**. Nunmehr stehen wir zum zweiten Mal vor dem Petrusgrab – durch eine Glasfront sehen wir auf die Nische mit dem zur Gänze sichtbaren Christus-Mosaik, welches das Grab Petri verschließt. Schließlich gelangen wir vorbei an zahlreichen Papstgrabmälern und den Resten der konstantinischen Basilika zum Seitenausgang des Petersdomes.
Gottesdienste: Am Eingang und in der Kirche finden sich Informationstafeln mit den Zeiten und den Örtlichkeiten der Gottesdienste.

Campo Santo Teutonico – der Deutsche Friedhof: Für jeden deutschsprachigen Pilger ein Muss! Vor der Peterskirche stehend, finden wir hinter den linken Kolonnaden das Einfahrtstor zum Vatikan. Den bunten Schweizergardisten den Wunsch des Besuches des Campo Santo vortragend, schicken uns diese wieder durch eine Sicherheitsschleuse. An den Gardisten und an der Audienzhalle vorbei gelangt man in 200 m zum linker Hand gelegenen Campo Santo Teutonico. Dieser befindet sich über dem Circus des Nero, jener Stelle, an der der Apostel Petrus ans Kreuz geschlagen wurde. Karl der Große ließ hier im Jahre 800 ein Hospiz für die deutschspra-

Der Deutsche Friedhof neben der Peterskirche

chigen Rompilger errichten, das für so manchen auch zur letzten Ruhestätte wurde. Auf diesem palmen- und zypressengesäumten Friedhof mit seinen teils verwitterten Grabplatten finden wir neben den Gräbern von unzähligen unbekannten Pilgern auch bekannte Persönlichkeiten wie den Tiroler Maler Joseph Anton Koch (gest. 1839) oder Schwester Pascalina Lehnert (gest. 1983) aus Ebersberg bei München, welche 40 Jahre im Dienst Eugenio Pacellis, des späteren Papstes Pius XII. stand.

Letzte Ruhestätte einer Pilgerin aus Graz

Öffnungszeiten: täglich von 9 bis 12 Uhr.
Friedhofskirche: Hl. Messe von Montag bis Samstag um 7.00 Uhr, am Sonntag um 9.00 Uhr; Prozession am Sonntag nach Fronleichnam nach dem Hochamt durch die – sonst unzugänglichen – Vatikanischen Gärten.

Generalaudienz beim Heiligen Vater: Die Generalaudienz findet in der Regel jeden Mittwoch um 10.30 Uhr je nach Wetterlage auf dem Petersplatz oder in der Audienzhalle statt. Zum Einlass ist eine kostenlose Eintrittskarte notwendig. Diese bestellt man ca. drei Wochen vorher mittels Formular entweder über das Deutsche Pilgerzentrum (www.pilgerzentrum.de) oder über die Internetseite des Vatikans (www.vatikan.va – dt. Version – unter Präfektur). Nach Rückmeldung holt man die Karte dort ab, wo man sie bestellt hat: im Deutschen Pilgerzentrum in der Woche der Audienz oder im vatikanischen Büro beim Bronzetor (Portone di Bronzo – rechte Kolonnade auf dem Petersplatz) am Vortag zwischen 15 und 19 Uhr oder am Audienztag selbst ab 8 Uhr ab. Karten erhält man aber auch z. B. im Quartier der Suore Pallottine.

Zum Paulusgrab: Wer nur wenig Zeit in Rom verbringen kann, sollte neben dem Grab des Apostels Petrus zumindest auch jenes des Apostels Paulus besuchen. Man nimmt die U-Bahn B (blau) Richtung Laurentia bis zur Haltestelle San Paolo und geht von dort in 200 m zur Basilika. Wer hingegen die sieben Pilgerkirchen zu Fuß besucht, findet als 55. Etappe die Beschreibung und krönt den Abschluss seiner Pilgerfahrt mit dem Besuch des Apostelgrabes in der Paulusbasilika.

55. ETAPPE

18 km, 4½ Std.

Die sieben Pilgerkirchen

Petersplatz 20 m	Santa Maria Maggiore	San Lorenzo fuori le Mura	Santa Croce Gerusalemme	San Giovanni in Laterano	San Sebastiano fuori le Mura	Pauluskirche, 20 m
0 km	4 km	7 km	9 km	10 km	14 km	18 km

Der Pilger beendet seine Pilgerfahrt in Rom traditionell mit dem Besuch der sieben Pilgerkirchen an einem Tag. Zu diesen zählen die vier Patriarchalkirchen (Basilicae maiores) San Pietro, Santa Maria Maggiore, San Giovanni in Laterano und San Paolo fuori le Mura sowie die weiteren drei Pilgerkirchen San Lorenzo fuori le Mura, Santa Croce in Gerusalemme und San Sebastiano fuori le Mura. Diese Wegbeschreibung folgt den Kirchen im Uhrzeigersinn, da diese Route etwas kürzer ist und sie am Schluss von San Sebastiano auf der alten Pilgerstraße Via delle Sette Chiese zum Höhepunkt, der Paulusbasilika, führt. Dort endet unsere Pilgerfahrt vor dem Grab des Apostelfürsten und mit dem Besuch der sieben Pilgerkirchen können wir zudem den seit dem 15. Jahrhundert gültigen vollkommenen Ablass erlangen.

Zeitempfehlung: Starten Sie so zeitig, dass Sie noch vor 12 Uhr die Scala Santa bei der Lateransbasilika erreichen, da diese im Gegensatz zur Kirche (durchgehend geöffnet) um 12 Uhr schließt. Die Gehzeit von St. Peter über S. Maria Maggiore, San Lorenzo und Santa Croce in Gerusalemme bis zur Scala Santa bei der Lateransbasilika beträgt rund 2½ h. Wenn Sie für jede der drei Kirchen ½ h Besichtigungszeit einplanen, sollten Sie also gegen 7.30 Uhr in St. Peter (das Sie schon am Vortag besichtigt haben) starten.

Von San Pietro nach Santa Maria Maggiore (4 km)

Vom Petersplatz auf der Via di Conciliazione bis zur Engelsburg, dort über die Brücke und geradeaus auf der Via del Banco di S. Spirito weiter. Bald halblinks in die Via dei Banchi Nuovi und dann auf der Via del Governo Vecchio bis zur Piazza di Pasquino. Dort geradeaus weiter in die Via di Pasquino und bis zum südlichen Ende der **Piazza Navona**. – *Der berühmte Vier-Ströme-Brunnen von Bernini samt Obelisk wird von zwei Brunnen jeweils am Ende des Platzes, der Fontana del Moro (südliche Seite) und der Fontana del Nettuno, ergänzt.*

Am Platz vorbei und bald danach rechts auf dem Corso del Rinascimento zur vor uns sichtbaren Chiesa Sant'Andrea della Valle. Dort links auf dem Corso Vittorio Emanuele II. bis zur Chiesa del Gesù, an

Basilika Santa Maria Maggiore

dieser rechts vorbei und alsbald wieder links auf der Via di San Marco direkt zum riesigen Momument von Vittorio Emanuele II. An diesem geradeaus vorbei bis zur **Trajanssäule** (*Meisterwerk der römischen Bildhauerei, 113 n. Chr., auf der Spitze die Statue des Petrus*) und dem Trajansforum. Gerade weiter zur Via Magnanapoli und über eine breite Treppe hinauf zum Largo Magnanapoli. Am Platz rechts haltend an zwei Kirchen vorbei in die Via Panisperna bis zur ersten Kuppe, wo wir bereits vor uns am Ende der langen Geraden die **Basilika Santa Maria Maggiore** ausmachen. Nun immer geradeaus im Auf und Ab, zuletzt aufwärts zur Hinterseite der Basilika und dem Obelisken. Rechts an der Kirche vorbei zum Haupteingang.

Santa Maria Maggiore: Hauptkirche unter den rund 80 römischen Marienkirchen, Ursprung 4. Jh., Neubau bereits im 5. Jh. unter Papst Sixtus III., Anbau der zwei Seitenkapellen 16./17. Jh. (rechts die Cappella Sistina mit dem Grabmal Sixtus' V. und der Krippenreliquie, links die Cappella Paolina mit dem Gnadenbild Salus Populi Romani, 9. Jh.), goldverzierte Holzdecke 15. Jh., Mosaike an der Hochwand im Hauptschiff aus dem 5. Jh., Apsismosaik von Jacopo Torriti 13. Jh., Grab des Barockkünstlers Gian Lorenzo Bernini, Reliquien der Apostel Matthäus und Matthias, unter dem Papstaltar Grab der von Bethlehem hierher überführten sterblichen Reste des hl. Hieronymus. – Öffnungszeiten: 7–20 Uhr.

Von Santa Maria Maggiore nach San Lorenzo fuori le Mura (3 km)

Aus der Kirche heraus links weiter auf der Via Gioberti zum bereits vor uns sichtbaren Bahnhof Termini (weißes Marmorgebäude mit Rundbogenfenster). Beim Bahnhofsgebäude kurz links und dann

San Lorenzo fuori le Mura

rechts durch den Bahnhof hindurch. Auf der anderen Seite rechts der Via Marsala am Bahnhofsgebäude entlang folgen und alsbald links auf der Via Castro Pretorio weiter. Am Ende der Castro Pretorio leicht rechts haltend auf dem Viale dell'Università geradeaus bis zu einer Ampel und bei dieser rechts dem Viale delle Scienze entlang. Bei einer Straßengabelung links auf der Via dei Marrucini bis zur Kreuzung mit der Via Cesare de Lollis, der wir nun links bis zur Kirche San Lorenzo „außerhalb der Mauern" folgen.

Santa Croce in Gerusalemme

San Lorenzo fuori le Mura liegt neben dem großen städtischen Friedhof Campo Verano, Grabeskirche des hl. Laurentius (Märtyrertod 258 n. Chr. auf einem glühenden Rost), erster Bau aus konstantinischer Zeit, im 6. Jh. Erweiterung durch Papst Pelagius, romanischer Glockenturm, Fresken in der Vorhalle aus dem 12./13. Jh., Kosmatenfußboden (in Marmor eingelegte farbige Steinchen) über dem Heiligengrab, Grabkapelle Pius' IX. (1846–1878), schlichter Kreuzgang, Restaurierung der Kirche nach schweren Bombenschäden von 1943. – Öffnungszeiten: 8–12 und 16–18.30 Uhr.

Von San Lorenzo nach Santa Croce in Gerusalemme (2 km)

Von der Kirche weg leicht links haltend durch einen kleinen Park am Denkmal von Papst Pius XII. vorbei und weiter auf dem Piazzale del Verano. Am Ende des Platzes links den Straßenbahnschienen folgend in die Via dei Reti bis zum Ende dieser Straße. Nun rechts auf dem Viale Scalo San Lorenzo bis vor die Bahnunterführung, auf die linke Seite queren und durch die Unterführung durch. Danach links und sogleich in einem Rechtsbogen der alten Stadtmauer entlang zur Piazzale Labicano mit der antiken Porta Maggiore (erbaut unter Kaiser Claudius 52 n. Chr.). Geradeaus durch die aurelianische Stadtmauer hindurch, danach links und nun in 200 m zur bereits sichtbaren Kirche Santa Croce in Gerusalemme.

Santa Croce in Gerusalemme: Hauptkirche der abendländischen Kreuzverehrung; ursprünglich ein Saal im ehemaligen Palast Helenas, der Mutter von Kaiser Konstantin, die zahlreiche Reliquien aus Jerusalem hierherbringen ließ; nach deren Tod Umbau des Saales in eine Kirche; romanischer Ausbau im 12. Jh. unter Papst Lucius II., 1749 Fassade und Vorhalle, rechts neben der Apsis zur Kapelle der hl. Helena, Reliquiensammlung (u. a. Splitter und Nagel vom

Franziskus und seine Minderbrüder vor der Lateranbasilika

Kreuz Christi, Finger des Apostels Thomas). – Öffnungszeiten: 7–12.45 und 15.30–19.30 Uhr.

Von Santa Croce zur Lateransbasilika (1 km)

Von der Kirche Santa Croce sehen wir durch eine Allee bereits zur Lateransbasilika. Wir gehen linker Hand parallel zur Allee auf der Via Luciano Lama durch einen Park hindurch und kommen am Ende zum **Statuenensemble des hl. Franziskus** und seiner Minderbrüder. Dann sind es nur mehr einige 100 Schritte zur „Mutter aller Kirchen". Vorerst gehen wir aber rechts von der Basilika und vom Lateranspalast über der Straße zur Kirche mit der Scala Santa, da diese um 12.00 Uhr schließt.

Scala Santa: Die Heilige Treppe in der hierfür 1570 errichteten Kirche ist eines der Hauptziele des Rompilgers. Außen angebaut geht man zuerst am Leonischen Triclinium mit einem Apsismosaik (Leo III. und Karl der Große) vorbei. Nach dem Eintritt in die Kirche stehen wir vor der Scala Santa. Von der hl. Helena aus Jerusalem nach Rom gebracht, soll es die Treppe des Palastes von Pilatus sein, über die Christus gegangen ist. Es ist der Brauch, dass der Pilger die 28 Marmorstufen kniend ersteigt. In der Kirche befindet sich zudem die ehemalige päpstliche Privatkapelle Sancta Sanctorum. – Öffnungszeiten: 6–12 und 15–17 Uhr (Oktober–März) bzw. 15.30–18 Uhr (April–September).

San Giovanni in Laterano: „Mater et caput omnium ecclesiarum urbis et orbis" – „Mutter und Haupt aller Kirchen der Stadt und des

Basilika San Giovanni in Laterano, „Mutter und Haupt aller Kirchen der Stadt und des Erdkreises“

Erdkreises“ – so steht es am Eingang geschrieben, da sie die Bischofskirche des Papstes als des Bischofs von Rom ist. Sie ist damit die älteste und ranghöchste aller sieben Pilgerkirchen und gehört territorial zur Vatikanstadt. Erbaut von Konstantin unter Papst Melchiades im 4. Jh. und dem Salvator (Erlöser) geweiht, wurden im Mittelalter Johannes der Täufer und Johannes der Evangelist Patrone der Kirche; heutiges Erscheinungsbild aus dem 16.–18. Jh.: Vorhalle von Domenico Fontana 1585, prächtige Holzdecke 16. Jh., Innenumbau von Francesco Borromini 1650, Fassade mit 15 Figuren von Alessandro Galilei 1733–1736), rechts vom Eingang die Heilige Pforte, fünfschiffiges Langhaus, Fresko auf der ersten rechten Säule mit der Darstellung „Bonifaz VIII. verkündet 1300 das erste Heilige Jahr“, Zimborium mit der Reliquie der Häupter der Apostelfürsten Petrus und Paulus, in der Confessio vor dem Papstaltar werden als alter Brauch Münzen auf die Grabplatte von Papst Martin V. (1417–1431) geworfen, im Chor großes Mosaik mit der Darstellung Christi mit Engeln und darunter mehrere Heilige, u. a. Franziskus und Antonius; Grabstätte vieler Päpste, u. a. im rechten Querschiff Innozenz III., sterbliche Überreste von Papst Leo XIII. 1891 aus Perugia hierher überführt; Kreuzgang: 13. Jh., Meisterwerk der Kosmaten-Mosaikkunst, Eintritt 5 Euro. – Öffnungszeiten der Basilika: 7–18.30 Uhr.

Lateranspalast: rechts an die Basilika anschließendes Gebäude, im 16. Jh. unter Papst Sixtus V. neu gebaut, fast 1000 Jahre bis 1309 Residenz der Päpste, Ort von fünf Konzilien, 1209 erhielt hier der hl. Franziskus von Papst Innozenz III. die Bestätigung seiner ersten Ordensregeln und die Erlaubnis zur Laienpredigt.

Um den Lateranspalast herum zur Hinterseite der Basilika mit dem höchsten und ältesten **Obelisken** Roms, dem „Lateranense“, und zum **Baptisterium**: ursprünglich 4. Jh., achteckiger Bau aus dem 5. Jh., Umgestaltung innen 1637, grünes Basaltbecken umgeben von acht antiken Porphyrsäulen, antike Mosaike, durch das Drehen der antiken Bronzetür der Taufkapelle entsteht ein orgelähnlicher Klang.

Von San Giovanni in Laterano nach San Sebastiano fuori le Mura (4 km)

Vom Baptisterium links haltend weiter auf der Via dell’Amba Aradam abwärts und die erste Abzweigung nach links in die Via dei Laterani. Am Ende der Straße 10 m nach rechts versetzt geradeaus die Via Illiria weiter. Beim Mercato Latino halbrechts auf der Via Aquitania bis zur aurelianischen Stadtmauer und dieser links aufwärts in einem Rechtsbogen bis zur Porta Latina folgen. Weiter an der Stadtmauer entlang und nach einer 90-Grad-Rechtskurve leicht abwärts zu einer Viererkreuzung mit der Via Appia Antica (rechts die **Porta San Sebastiano** mit dem dahinterliegenden **Drususbogen**). Nun links der Via Appia Antica folgen, durch eine Unterführung und nach 500 m bei einer Straßengabelung : Die Via Appia Antica verläuft links weiter, ist aber ab hier für Fußgänger zu gefährlich. Daher in der Mitte der Straßengabelung geradeaus durch ein Tor in den Park mit den **Calixtus-Katakomben**. *Tipp*: Dieser Park ist am Mittwoch geschlossen. Daher fährt man von hier (100 m vor dem Tor rechts eine Bar und zuvor die Bushaltestelle) mit dem Bus Nr. 118 oder dem Arceo-Bus ca. 2 km bis nach San Sebastiano. Bevor wir durch das Tor treten, links die **Chiesa Domine Quo Vadis** (am Boden auf einer Marmorplatte werden die Fußabdrücke von Jesus Christus von der antiken Via Appia gezeigt, altes Fresko Madonna mit Kind). Also durch das Tor in den wunderschönen Park und hier 1,6 km immer geradeaus, teils durch Zypressenalleen. Bei einem Gebäudekomplex auf der Hinterseite des letzten Traktes Informationstafel und

San Sebastiano fuori le Mura – Sebastiansgrab von Giuseppe Giorgetti (1665)

Statue des hl. Tarzisius (Patron der Ministranten), vorbei am Parkplatz und am Eingang der Calixtuskatakomben, weiter entlang eines modernen Kreuzweges und am Ende (Schild Uscita Appia Antica) wieder hinaus zur Via Appia Antica. Noch 10 m geradeaus und schon sind wir bei der Kirche **San Sebastiano** und den dazugehörigen Sebastians-Katakomben.

San Sebastiano: liegt direkt an der Via Appia Antica, Grabeskirche des hl. Sebastian (Märtyrertod unter Diokletian), die Katakomben waren zeitweilige Begräbnisstätte für die Gebeine der hll. Petrus und Paulus zur Zeit der Christenverfolgungen unter den Kaisern Decius und Valerian; im 3. Jh. über Katakomben errichtet, heutiger Barockbau von 1612, Sebastiansgrab mit Statue von G. Giorgetti (1665); die Sebastians-Katakomben sind zugänglich (Eingang am Platz vor der Kirche, Eintrittsgeld). – Öffnungszeiten der Kirche: 8–17 Uhr.

Von San Sebastiano nach San Paolo fuori le Mura (4 km)

Von der Kirche heraus links einige Meter auf der Via Appia und sofort wieder links in den kleinen Vicolo delle Sette Chiese. Diese uralte Pilgerstraße führt nun durchgehend bis zum Apostelgrab des Paulus. Also dem Vicolo delle Sette Chiese folgen, bis dieser in die größere Via delle Sette Chiese mündet. Hier geradeaus und nach 600 m bei einer großen T-Kreuzung mit der vierspurigen Via Cristoforo Colombo kurz links. Vor einer Tankstelle rechts über die Straße und gegenüber in der etwas versteckt

gelegenen Via delle Sette Chiese weiter. Wir kommen zu einem Kreisverkehr, queren diesen, gehen geradeaus und nach 20 m rechts haltend auf der nunmehr gepflasterten Via delle Sette Chiese weiter. Vorbei an einem kleinen Park (die rechts sichtbare Kuppel ist noch nicht die Pauluskirche) bis zur nächsten Piazza. An deren Ende bei einem Kreisverkehr leicht rechts haltend die Via delle Sette Chiese abwärts, bald über die Bahnbrücke hinüber und schon sehen wir vor uns die gewaltige Paulusbasilika. Wir gehen nicht durch die vor uns liegende Säulenhalle des Nebeneingangs in die Kirche, sondern rechts am Langhaus entlang bis zum Haupteingang.

San Paolo fuori le Mura: Die erste Basilika wurde bereits im 4. Jh. von Konstantin über dem Grab des Apostels errichtet, aber bereits 386 unter den Kaisern Theodosius I. und Valentinian II. abgebrochen und als fünfschiffige Basilika neu erbaut. Der letzte Neubau stammt aus dem 19. Jh., nachdem 1823 ein Brand die alte Kirche großteils zerstörte. Der Haupteingang ist ein großartiger Quadriportikus mit 150 Säulen und der Paulusstatue in der Mitte, rechts die Heilige Pforte (Innenseite aus Bronze von 1070); fünfschiffiges Langhaus.

Basilika San Paolo fuori le Mura – mit dem Besuch des Paulusgrabes findet die Pilgerfahrt ihren krönenden Abschluss.

2008 wurde die Grabanlage einer grundlegenden Erneuerung unterzogen, bei der der Sarkophag des Apostels nach Jahrhunderten wieder zum Vorschein kam. Nach der Enthauptung des Apostels Paulus um 67 n. Chr. bei den Tre Fontane (heute Trappistenabtei delle Tre Fontane, ca. 1 km südlich von hier) erhielt die fromme Lucina den Leichnam und bestattete ihn auf ihrem Landgut an der ostiensischen Straße. Das Apostelgrab und die Verehrung an diesem Ort waren nie umstritten. Das Grab befindet sich unter dem Zimborium (von Arnolfo di Cambio 1285) am Papstaltar. Durch eine Maueröffnung sieht man hinter einem Gitter eine Seite des Sarkophags. Über dem Grab wird in einem Schrein eine Kette mit neun Gliedern gezeigt, an die der Apostel während seiner Gefangenschaft gekettet war. Darstellung aller Päpste auf den Seitenwänden. – **Kreuzgang**: Zugang von der Kirche, zum angrenzenden Benediktinerkloster gehörig, erbaut im 13. Jh., einer der schönsten Kreuzgänge überhaupt, Kosmaten-Mosaike an den gewundenen Säulen. – Öffnungszeiten der Basilika: 7–18.30 Uhr.

Zurück ins Zentrum mit der U-Bahn B (blau) ab der Station „San Paolo“ (200 m neben der Basilika).

„Ein Pilger kehrt nie nach Hause zurück
ohne ein Vorurteil weniger und eine Idee mehr.“

hl. Thomas Morus

Literaturverzeichnis

ADAC-Reiseführer *Emilia Romagna*, München 2011

ADAC-Reiseführer *Venetien und Friaul,* München 2009

Anzengruber, Toni/Honsal, Claudio, *Pecorino und die Kunst des Pilgerns*, Residenz-Verlag, St. Pölten 2011

Cioci, Adriano, *Assisi – Stadtführer,* Litovald-Verlag, Valdagno 1998

Dehio-Handbuch Tirol, Verlag Anton Schroll & Co, Wien 1980

Fischer, Heinz-Joachim, *Rom,* 6. Auflage, Dumont Kunst-Reiseführer, Ostfildern 2011

Freeman, Gerard Pieter, *Franziskus, ein Sohn Umbriens,* Dieter-Coelde-Verlag, Werl 1998

Frei, Mathias, *Kunstreise durch Südtirol,* SB-Verlag, Bozen 1977

Greco, Bernardino/Fuchs-Hauffen, Elisabeth, *Franziskus von Assisi,* Fotokunst-Verlag, Wörthsee 1989

Gruber, Eva, *Franziskusweg – Impressionen einer Pilgerreise,* Tyrolia-Verlag, Innsbruck 2012

Hennig, Christoph, *Mittelitalien,* 4. Auflage, Dumont Reiseführer, Köln 2000

Hye, Franz-Heinz von, *Auf den Spuren des Deutschen Ordens in Tirol,* Athesia-Verlag, Bozen 1991

Jakobsgemeinschaft Tirol, *Jakobskirchen und -kapellen in Nord-, Ost- und Südtirol,* Broschüre, Innsbruck 2006

Jakobsgemeinschaft Tirol, *Jakobsweg Tirol,* Broschüre, Innsbruck 2009

Kuster, Niklaus, *Franz und Klara von Assisi,* Matthias-Grünewald-Verlag, Ostfildern 2011

Lang, Justin, *Antonius von Padua begegnen*, Sant-Ulrich-Verlag, Augsburg 2007

Lindenthal, Peter, *Auf dem Jakobsweg durch Süd-Österreich,* 2. Auflage, Tyrolia-Verlag, Innsbruck 2007

Lindenthal, Peter, *Jakobswege in Südtirol,* Tyrolia-Verlag, Innsbruck 2008

Rimmel, Thomas Maria, *Weg zu Gott – das Geheimnis der Jakobswallfahrt*, Kirche heute Verlags-GmbH, Altötting 2009

Roodenburg, Kees, *Italien: Franziskusweg*, 3. Auflage, Conrad-Stein-Verlag, Welver 2011

Seracchioli, Angela Maria/Gasperi, Klaus, *Der Franziskusweg,* 3. Auflage, Tyrolia-Verlag, Innsbruck 2013

von Hülsen, Hans/Rast, Josef, *Rom,* Walter-Verlag, Olten und Freiburg 1985

Internetseiten

www.unterwegs-auf-alten-strassen.de (Informationen zum Abt-Albert-von-Stade-Weg)
www.ilcamminodisantantonio.org (Antoniusweg/Cammino di Sant'Antonio)
www.basilicadelsanto.it (Basilika Sant'Antonio in Padua)
www.camminodiassisi.it (Franziskusweg/Cammino di Assisi)
www.viafrancigenadisanfrancesco.com (Via Francigena di San Francesco/Via di Roma)
www.orpnet.org (Informationen zur Via di Roma)
www.pellegriniaroma.it – unter Englisch und leaflet with map (Plan Petersdom und Pilgerquartier der italienischen Jakobsgemeinschaft)
www.confraternitadisanjacopo.it (Homepage der italienischen Jakobsgesellschaft)
www.dibk.at – unter Diözesane Einrichtungen: Jakobsgemeinschaft Tirol
www.jakobsweg-tirol.net
www.diquipassofrancesco.it (Homepage „Franziskusweg" von Angela Seracchioli)
www.parks.it (National- und Regionalparks in Italien – auch auf Deutsch)
www.wikipedia.de

www.pilgerweg-nach-Rom.at – die Homepage zu diesem Buch

Dank

Mein Dank gilt in erster Linie meiner Familie und im Besonderen meiner lieben Frau Christine für ihre Unterstützung und die Begleitung bei den Recherchen vor Ort.
Dank an Bischof Dr. Manfred Scheuer für das Vorwort
Dank an Dr. Felix Gradl OFM und Jochen Heinke für die einleitenden Texte
Dank an Walter Graf für die Fotos und für die fotoGrafische Hilfe.
Ein Buch dieses Umfanges wäre nicht zu realisieren ohne Berater und Helfer im Hintergrund:
Dank an Cesare Cortesi, Kirsten Faust, Univ.-Prof. Dr. Franz-Heinz von Hye, Franz Lair, Robert Mader MSc, Dipl.-Ing. Gerhard Mair, Fritz Pellet, Klaus Springfeld, Dr. Franz Troyer, Romeo Vollera, Erwin Wanner, Beatrix und Siegfried Weger
Und zuletzt ganz herzlichen Dank für die Ermöglichung, Begleitung und Lektorierung dieses Pilgerführers an Mag. Gottfried Kompatscher und seine Mitarbeiter, Verlagsanstalt Tyrolia.

Jakobsweg- und Pilgerführer im Tyrolia-Verlag

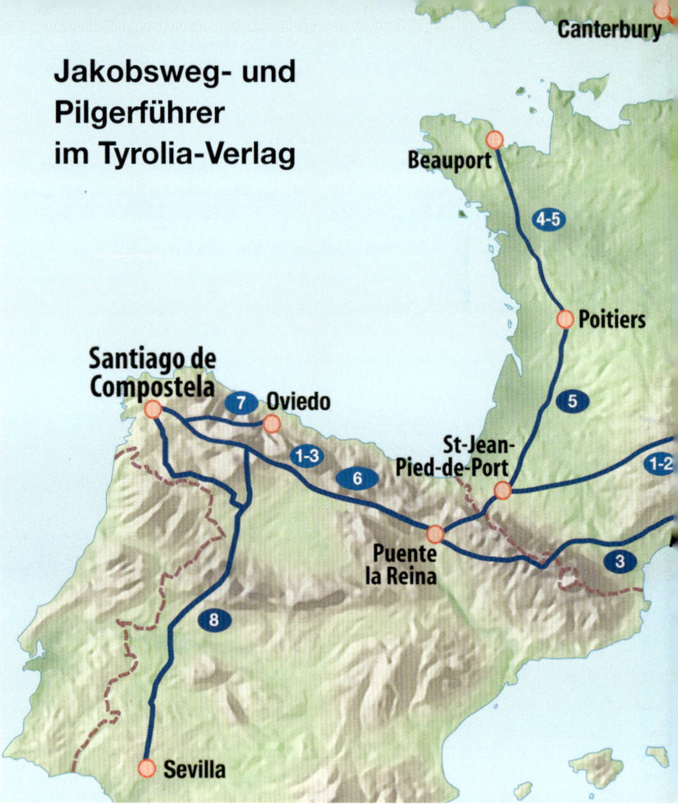

Blau: Jakobswege
Rot: andere Pilgerwege

1. ***Teklenborg*, Jakobsweg der Freude, Strasbourg – Santiago**
   978-3-7022-2625-1 € 7.95
2. ***Teklenborg*, Radwandern Jakobsweg, Rhein – Santiago**
   978-3-7022-2626-8 € 7.95
3. ***Lindenthal*, Nach Santiago …, Via Tolosana, Arles – Santiago**
   978-3-7022-2344-1 € 14.90
4. ***Lindenthal*, Jakobsweg Bretagne, Beauport – Poitiers**
   978-3-7022-2571-1 € 7.95
5. ***Lindenthal*, Auch Santiago …, Beauport – Saint-Jean-Pied-de-Port**
   978-3-7022-2739-5 € 14.90
6. **Grégoire, Der spanische Jakobsweg, Camino Francés**
   978-3-7022-3021-0 € 9.95
7. **Lindenthal, Camino Primitivo, Oviedo – Santiago**
   978-3-7022-3101-9 € 14.95
8. **Gruber, Via de la Plata, Bildband**
   978-3-7022-3053-1 € 29.95
9. ***Teklenborg*, Jakobsweg Süddeutschland / Schweiz – Le Puy / Arles**
   978-3-7022-2627-5 € 7.95
10. ***Kolbinger, Jakobsweg Prag – Regensburg – Eichstätt – Donauwörth***
    978-3-7022-2728-9 € 19.90

11 *Lindenthal*, Jakobsweg Österreich, Wien – Maria Einsiedeln
978-3-7022-2199-7 € 21.90

12 *Lindenthal*, Jakobsweg Süd-Österreich, Graz – Innsbruck
978-3-7022-2438-7 € 21.90

13 *Lindenthal*, Jakobswege Südtirol
978-3-7022-2910-8 € 17.90

14 *Wurst / Schlagnitweit*, Marienpilgerweg, Tschenstochau – Mariazell
978-3-7022-2729-6 € 7.95

15 *Hutter*, Pilgerwege im Salzburger Land
978-3-7022-2815-6 € 17.90

16 *Pfarl, Der Wolfgangweg, Regensburg – St. Wolfgang*
978-3-7022-3257-3 € 17.95

17 *Kromer*, Via Francigena, Canterbury – Rom
978-3-7022-2984-9 € 19.95

18 *Weinlich*, Via Francigena: Mein Pilgerweg nach Rom
978-3-7022-2927-6 € 14.95

19 *Treml, Der Pilgerweg nach Rom, Innsbruck – Assisi*
978-3-7022-3258-0 € 27.95

20 *Seracchioli*, Franziskusweg La Verna – Assisi – Rieti
978-3-7022-2825-5 € 19.95

21 *Gruber, Franziskusweg, Bildband*
978-3-7022-3167-5 € 29.95

Notizen:

Notizen:

Notizen: